JOACHIM TELGENBÜSCHER
Redaktionsleiter von GEO*EPOCHE*

Liebe Leserin, lieber Leser

Stellen Sie sich vor, ein Krieg bricht aus. Nicht im Herzen Europas, eher an seiner Peripherie, und doch beherrscht er schnell die Aufmerksamkeit der ganzen Welt. Nicht nur weil sich Fotos von Schlachtfeldern, Flüchtenden und zerbombten Städten in einer nie da gewesenen Eindrücklichkeit verbreiten, sondern auch weil die Menschen in anderen Ländern in den Ereignissen einen Konflikt zu erkennen glauben, der sie selbst betrifft: den Widerstreit zwischen Revolution und Reaktion, Demokratie und Autoritarismus, Zukunft und Vergangenheit, ja sogar zwischen Gut und Böse. Zehntausende, die so denken, ziehen daraufhin in die Fremde, um als Freiwillige ihren Teil zu diesem Ringen beizutragen.

Es fällt nicht schwer, die Parallelen zwischen dem Spanischen Bürgerkrieg und den aktuellen Geschehnissen in der Ukraine zu sehen. Wobei die Unterschiede bei historischen Vergleichen mindestens so wichtig sind wie die Gemeinsamkeiten: In Spanien zerfleischte sich eine Nation, die Ukraine ist das Opfer eines Angriffskriegs. Trotzdem lohnt es sich, gewisse Ähnlichkeiten aufzuzeigen, weil es einen überraschenden Zugang zur Vergangenheit öffnen kann. In beiden Fällen handelt es sich um Konflikte, die weit über das eigentliche Kampfgeschehen hinausweisen. Damals wie heute wurde in Europas Hauptstädten diskutiert, ob man Waffen in das Kriegsgebiet liefern sollte, auch die Schreckensvision einer Eskalation stand im Raum. Im Spanischen Bürgerkrieg weigerten sich die Demokratien schließlich, die Republik militärisch zu unterstützen. Die Putschisten um General Francisco Franco dagegen erhielten von Adolf Hitler und Benito Mussolini großzügige Waffenhilfe. Der demokratischen Regierung blieb nichts anderes übrig, als sich mit der diktatorischen Sowjetunion zu verbünden.

Auch aus diesem Grund zeichnen wir auf den folgenden Seiten ein nuancierteres Bild des Spanischen Bürgerkriegs, als mancher erwarten würde. Trotz aller anfänglicher Euphorie – am Ende stand tiefste Ernüchterung. Niemand hat Franco und seinen selbsterklärten Kreuzzug gegen den sozialen und kulturellen Wandel aufgehalten. Stattdessen konnten die faschistischen Diktatoren in Spanien ihre neuesten Waffen testen. Aus der Perspektive der Nachgeborenen besitzt der Bürgerkrieg eine weitere tragische Dimension, wurde er doch zur Generalprobe für den Zweiten Weltkrieg.

Vor allem aber hatte er tiefgreifende Folgen für Spanien. Wer verstehen will, was das Land und seine Menschen heute bewegt, der muss sich mit diesem Konflikt beschäftigen. Und mit seinem Erbe, das die Spanier bis heute spaltet.

Herzlich,

Joachim Telgenbüscher

KUNST UND WELTREICH
der Spanier hat GEO*EPOCHE* bereits in zwei früheren Ausgaben packend und bildgewaltig dargestellt

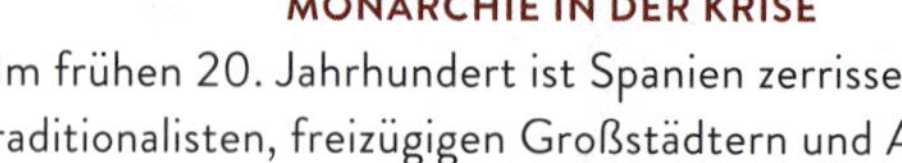

C.N.T.
19 Julio 1936

Nr. 116

Inhalt

Der Spanische Bürgerkrieg

MIT DER MACHT DER WORTE
Ernest Hemingway und Martha Gellhorn berichten als Kriegsreporter aus Spanien – und werden dabei zu Aktivisten. **SEITE 116**

GEGEN DIE SCHWÄCHSTEN
Nach seinem Sieg im Bürgerkrieg 1939 rächt sich Franco an den Linken – und lässt deren Kinder in Umerziehungsheime stecken. **SEITE 130**

DAS ENDE EINER DIKTATUR
Studenten und Touristen tragen freiheitliche Ideen in das Land. Doch der greise Franco will bis zuletzt nichts von all dem wissen. **SEITE 140**

Sie erreichen die GEO*EPOCHE*-Redaktion online auf Facebook, Twitter und Instagram oder unter *www.geo.de/epoche*

1936–1939

Bildessay

SPANIENS

TRAUMA

Der Krieg, der im Juli 1936 auf der Iberischen Halbinsel ausbricht, ist mehr als das Ringen zwischen nationalkonservativen und republikanischen Spaniern. Er wächst sich aus zu einem Waffengang, in den mehrere Großmächte eingreifen, in dem sich die grundlegenden Konflikte der Epoche mit Wucht entladen, der Spanien verheert – und das Land bis heute spaltet

BILDTEXTE: *Insa Bethke, Anja Fries, Johannes Teschner*

Getroffen fällt ein republikanischer Kämpfer im September 1936 zu Boden. Das Bild macht den Fotografen Robert Capa weltberühmt und wird zur Ikone des Spanischen Bürgerkrieges. Jahrzehnte später kommt der Verdacht auf, dass es gestellt sein könnte – eine Frage, die bis heute ungeklärt ist

GENERAL FRANCISCO FRANCO zögert lange, sich den Putschplänen zu verschreiben. Doch nachdem er sich den Umstürzlern angeschlossen hat, schwingt er sich durch Erfolge auf dem Schlachtfeld bald zu ihrem Anführer auf. Am 1. Oktober 1936 erklären ihn seine Mitstreiter zum obersten Befehlshaber ihrer Truppen und Chef ihrer illegitimen Gegenregierung

DER SCHNELLE UMSTURZ SCHEITERT

Weil sie die Republik als Staatsform ablehnen, putschen rechtskonservative Militärs im Juli 1936 gegen die linksgerichtete Regierung. Doch ihr Plan, die Macht innerhalb weniger Tage an sich zu reißen, misslingt – Spanien rutscht in einen zermürbenden Bürgerkrieg

SOLDATEN UND POLIZISTEN im Juli 1936 bei Gefechten in Barcelona: Die Putschisten können zunächst weder die katalanische Metropole noch die Hauptstadt Madrid einnehmen. Am Ende ihrer ersten Angriffswelle bleibt mehr als die Hälfte des Landes in republikanischer Hand

MIT EUPHORIE ZU DEN WAFFEN

Hunderttausende Arbeiter begeistern sich in den Jahren vor dem Bürgerkrieg für linke Ideen. Nach dem Putsch stellen gerade sie sich gegen die Nationalisten – und ziehen freiwillig und voller Enthusiasmus in den Kampf

EINE GRUPPE von anarchistischen Milizionären bricht am 28. August 1936 von Barcelona zur Front auf. Weil sich die Regierung anfangs weigert, die Bevölkerung zu bewaffnen, plündern Arbeiter mancherorts Waffenlager des Militärs

AIT

WO DIE ANHÄNGER der Republik obsiegen, attackieren sie massiv die katholische Kirche, töten Priester und Mönche, setzen Gotteshäuser in Brand. Denn landesweit steht die Geistlichkeit fast geschlossen aufseiten der Putschisten

EIN LAND IM GRIFF VON TERROR UND TOD

Mit großer Brutalität ringen Nationalisten und Republikaner um die Macht in Spanien, auch hinter der Front. Doch nur Franco und seine Schergen machen die Liquidierung politischer Gegner zum System – und ermorden während des Bürgerkriegs wohl mehr als 100 000 Menschen

LINKE KÄMPFER werden im Sommer 1936 nahe dem Dorf Somosierra nördlich von Madrid von Putschisten gefangen genommen. Es sind auch die Gewaltexzesse jener ersten Wochen des Konflikts, die eine Verständigung unmöglich machen und das Land im Bürgerkrieg versinken lassen

DER KAMPF UM DIE HERZEN UND KÖPFE

Grundverschieden sind die Ideologien der Bürgerkriegsparteien. Doch während das nationalistische Lager Francos einigermaßen geschlossen agiert, zerfleischt sich die Seite der Republikaner im Laufe des Konflikts

KOMMUNISTEN TRAGEN ein Banner mit Hammer und Sichel durch Barcelona. Als sich die Sowjetunion in den Krieg einmischt, erhält die Republik militärische Unterstützung, doch die linken Gruppierungen können sich nicht auf einen gemeinsamen Kurs einigen

1939 HEBEN KINDER im Speisesaal einer Wohlfahrtsorganisation der Falange in Madrid den Arm zum faschistischen Gruß. Bilder und Fahnen an den Wänden lassen keinen Zweifel aufkommen, wem die Jungen und Mädchen das Essen verdanken: Franco und seiner »Nationalen Bewegung«

IN EINEN unterirdischen Gang haben sich Kinder und Erwachsene auf der Balearen-Insel Menorca vor den Luftangriffen der Italiener geflüchtet. Wiederholt bombardieren Francos Verbündete das einzige bei den Republikanern verbliebene Eiland der Inselgruppe

SCHRECKEN AUS DER LUFT

Unterstützt von Luftstreitkräften des nationalsozialistischen Deutschland und des faschistischen Italien, kann Franco die Republikaner mehr und mehr zurückdrängen – und macht dabei sein Heimatland zu einem Experimentierfeld des modernen Bombenkrieges

ITALIENISCHE BOMBER fliegen einen Angriff auf republikanische Stellungen. Wie die Piloten der deutschen »Legion Condor« gehören auch die Soldaten der »Aviazione Legionaria« zu verdeckt agierenden Einheiten der beiden Nationen – denn offiziell hat das Ausland vereinbart, sich nicht in Spanien einzumischen

IM MAI 1937 richten Passanten in Bilbao ängstlich den Blick gen Himmel. Zu diesem Zeitpunkt liegt der verbrecherische Angriff der »Legion Condor« auf die baskische Stadt Guernica und ihre Bewohner Ende April noch keinen Monat zurück

AUGEN UND OHREN DES KRIEGES

In Scharen strömen Reporter und Journalistinnen nach Spanien, um über den Bürgerkrieg zu berichten. Unparteiisch bleiben die wenigsten. Die Mehrheit der rund 1000 internationalen Zeitungskorrespondenten steht aufseiten der Republikaner

REPUBLIKANISCHE SOLDATEN taxieren 1936 die gegnerischen Linien an der Cordoba-Front. Bei ihnen ist die deutsche Fotoreporterin Gerda Taro, die gemeinsam mit ihrem Kollegen und Gefährten, dem gebürtigen Ungarn Robert Capa, die Gräuel des Konflikts dokumentiert

KÄMPFER DER Regierung blicken aus dem zerstörten Gouverneurspalast auf die Stadt Teruel. Gut zwei Monate währt die Schlacht um den Ort, ist mit Zehntausenden Opfern eine der blutigsten des Krieges. Im Februar 1938 ist Teruel fest in der Hand der Putschisten – eine herbe Niederlage für die Republikaner

WIE TARO verfolgt auch der Kriegsfotograf Robert Capa, 1913 als Endre Friedmann in Budapest geboren, die Kämpfe in Spanien oft an vorderster Front. Sein Credo: »Wenn deine Bilder nicht gut genug sind, dann warst du nicht nah genug dran!« 1954 berichtet er aus dem Indochinakrieg, tritt auf eine Mine und stirbt

GERDA TARO geht im September 1936 hinter einem Soldaten in Deckung. Immer wieder setzt sie sich über Warnungen hinweg – und bezahlt dafür mit dem Leben: Sie wird in Spanien beim Rückzug republikanischer Truppen von einem Panzer überrollt, knapp ein Jahr nachdem Capa diese Aufnahme von ihr gemacht hat

DER VERLUST DER HEIMAT

Aus Furcht vor dem Krieg, vor allem aber vor Francos Soldaten, die kaum einen Unterschied machen zwischen Kämpfern und Zivilisten, verlassen Hunderttausende Männer, Frauen und Kinder ihre Wohnorte, viele sogar das Land

IMMER WIEDER fliehen Menschen – hier 1936 Einwohner des andalusischen Dorfes Cerro Muriano – vor der Gewalt. Vor allem Frankreich wird im Verlauf des Konflikts zum Ziel vieler: Rund eine halbe Million Spanierinnen und Spanier flüchten dorthin, die meisten von ihnen bleiben nach dem Sieg der Nationalisten im Frühjahr 1939 im Exil – und müssen miterleben, wie Frankreich 1940 vor Hitler-Deutschland kapituliert, dem Verbündeten Francos

Mai 1906

Alfons XIII.

Das WANK

ENDE Reich

Zu neuer Größe will der ehrgeizige König Alfons XIII. sein Land führen. Doch Spanien ist tief gespalten: Freizügige Großstädter, erzkatholische Offiziere, selbstherrliche Großgrundbesitzer und zornige Anarchisten ringen um Macht und Einfluss. Risse, die der Monarch nicht heilen kann. Schließlich entgleitet ihm die Kontrolle über den Staat vollends **TEXT:** *Mathias Mesenhöller*

MIT ALLEM POMP feiert König Alfons XIII. mit seiner Frau Victoria Eugénie 1929 die Eröffnung einer Ausstellung in Sevilla. Die Regierungsgeschäfte führt zu dieser Zeit der Militärdiktator Miguel Primo de Rivera (links, mit Schriftstück in der Hand), der Freiheitsrechte aussetzt und die Presse zensiert

M

Madrid, 31. Mai 1906, kurz nach Mittag. Durch ein Spalier von Uniformierten schreiten Braut und Bräutigam eine eigens errichtete Freitreppe vor der Kirche San Jerónimo el Real hinab: sie eine große, blonde, noch etwas pausbäckige Schönheit – er ein junger Mann von 20 Jahren, schmal und blass, um die scharf geschnittene Nase ein hochmütiger, verspielter Zug. Alfons XIII. von Spanien heiratet Victoria Eugénie von Battenberg, eine Nichte des englischen Königs.

Am Fuß der Treppe besteigt das Paar eine goldprunkende, von acht Schimmeln gezogene Karosse. Im Korso geht es Richtung Königspalast. Gedrängte Massen säumen die Route. Eine Viertelmillion Menschen aus halb Europa sind angereist, Schaulustige, Diplomaten, Prinzen und Fürstinnen. Ganz Madrid scheint in Fahnen und Girlanden und Blumen gehüllt; weiße Tauben mit Schleifen in den Nationalfarben Rot und Gelb fliegen auf.

Alfons XIII. ist ein beliebter, dabei ehrgeiziger, aktiver Monarch. Er ist überzeugt, dass von seiner Regentschaft die Zukunft der Dynastie abhängt, ja die Zukunft des gesamten Landes.

Indes hat er ein wankendes, orientierungsloses Reich geerbt. Außenpolitisch auf dem Rückzug, wird es im Innern gelähmt von den Machtspielen einer selbstsüchtigen Oligarchie. Weite Landstriche sind geprägt von bitterer Armut und Herrenwillkür. Andernorts wachsen Industrie und Wohlstand, moderne Innenstädte, Warenhäuser, frivole Vergnügungslokale – neben Elendsquartieren. In lichten Cafés streiten Intellektuelle über Anarchismus oder Sozialismus, derweil explodiert auf den Straßen der Zorn der Zurückgelassenen in ziellosem Aufruhr, Streiks, Straßenschlachten, Terroranschlägen. Mehr und mehr Macht sammelt sich beim Militär, das mit Waffengewalt die Ordnung garantiert – und zugleich einen zunehmend brutalen Kolonialkonflikt zu bestehen hat.

Dennoch trügt sein Selbstbewusstsein den jungen König nicht. In dem Ringen um die Zukunft Spaniens wird er eine entscheidende Rolle spielen, wenn auch eine wechselhafte und widersprüchliche. Vor allem gelingt es Alfons XIII. nie, jenes Übel einzudämmen, das die Epoche bestimmt wie kein zweites: politische Gewalt.

ARCHAISCHE TRADITIONEN prägen das Königreich: Hunderttausende verfolgen in Stierkampfarenen gebannt die blutigen Kämpfe auf Leben und Tod. Und am Karfreitag ziehen Prozessionen von Gläubigen in gespenstisch anmutenden Kapuzenmänteln durch die Städte, um des Leidens Christi zu gedenken

Am Tag seiner Hochzeit erreicht sie den Monarchen selbst. Als das Königspaar unter dem Jubel der Zuschauer die festlich geschmückte Calle Mayor entlangrollt, wirft ein Zuschauer von einem Balkon im vierten Stock des Hauses Nummer 88 einen großen Strauß Nelken hinab. Das Bouquet streift ein Straßenbahnkabel, wird abgelenkt und landet deshalb etwas abseits der Kutsche auf Höhe der Zugpferde oder des rechten Vorderrads. Vermutlich rettet dieser Zufall Alfons und Victoria das Leben.

Denn kaum trifft der Strauß auf das Pflaster der Calle Mayor, da gibt es einen ohrenbetäubenden, krachenden Schlag, einen grellen Blitz, dann die plötzliche Dunkelheit einer gewaltigen Rauchwolke. Glassplitter klirren, kreischendes Pferdewiehern, Schreie, Stöhnen.

Zwischen den Blumen steckte eine Bombe.

DER ANSCHLAG IN DER CALLE MAYOR entspringt einer über Jahrzehnte angewachsenen Verbitterung. Zwar ist Spanien seit 1876 eine konstitutionelle Monarchie: Parlament und Verfassung beschränken die Macht der Krone, Bürgerinnen und Bürger genießen weitgehende Freiheiten, Männer ein Wahlrecht. Von Demokratie jedoch kann kaum die Rede sein. Das Parlament wird von zwei Parteien beherrscht, Liberalen und Konservativen, die im Wechsel die Regierung stellen. Zeigt sich ein Kabinett schwach oder uneinig, ersetzt der König den Ministerpräsidenten durch einen Vertreter der Opposition, schreibt Wahlen aus und verschafft der neuen Regierung so eine parlamentarische Mehrheit: Die Abstimmungen werden im Einvernehmen beider Parteien manipuliert.

Das Verfahren ist Teil einer Übereinkunft, die Regierungsgewalt friedlich zwischen den beiden Lagern pendeln zu lassen. Und dergestalt die Vormacht von einigen Hundert sehr reichen, meist aristokratischen Familien zu sichern, die in den zwei Parteien den Ton angeben.

Dafür, dass die gewünschten Wahlergebnisse zustande kommen, sorgen „Kaziken" (spanisch *caciques*, Häuptlinge). Das karibische Wort hat es aus Madrids Kolonien in den spanischen Volksmund geschafft – und bezeichnet auf der Iberischen Halbinsel nun die großen und kleinen Machthaber vor Ort: in erster Linie Landbesitzer oder ihre Verwalter, die etwa darüber entscheiden, welcher Tagelöhner Arbeit erhält, wessen Familie hungern muss. Die Pächtern ein Darlehen gewähren oder verweigern, eine schützende Hand über Kleinkriminelle halten oder dabei helfen, eine Subvention zu ergattern, einen Posten. Und die vor einer Wahl zu verstehen geben, welches Stimmverhalten erwartet wird.

Wo ihre Autorität nicht hinreicht, kaufen die Kaziken Stimmen für Geld, greifen zu Einschüchterung und Gewalt oder fälschen Ergebnisse. In Andalusien mögen Zuckerbarone diese Rolle spielen, in Kastilien Getreidemühlenbesitzer, in Alicante Weinexporteure, in Cádiz oder auf Mallorca Reeder, vielerorts wohlhabende Anwälte: Die Männer von Besitz und Einfluss sind weder derselben Herkunft noch einer ideologischen Meinung, teilen nicht einmal einen Lebensstil. Erst recht nicht mit ihren Helfern, den Gemeinderäten, Verwaltungsbeamten und Pfarrern, die im Dorf oder Viertel den höheren Willen durchsetzen.

Doch sie alle reichen Gefälligkeiten weiter und beschaffen dafür die Wahlergebnisse, mit denen die Sieger wiederum das Parlament in eine Quelle der Zuwendungen für ihre Region, ihre Branche, ihre Leute verwandeln.

Das abgekartete System produziert verlässlich Regierungsmehrheiten – aber auch Wut bei den Ohnmächtigen, hilflose Gewalt, nicht zuletzt Attentate auf Vertreter der Führungsschicht.

Im Jahr 1898 schlägt die Spannung um in eine offene Krise. Nach erbitterten Kämpfen gegen örtliche Rebellen in Übersee und die mit ihnen verbündeten USA muss Madrid seine letzten Kolonien aufgeben, Kuba und Puerto Rico in der Karibik, in Asien die Philippinen. Spaniens Flotte ist in dem Krieg vernichtet worden, mehr als 60 000 Soldaten sind umgekommen, 400 Jahre Überseeherrschaft Geschichte. Das zeitweilig größte Imperium der Welt ist zurückgeworfen auf eine karge Halbinsel am Rand Europas. Nur noch die nordafrikanischen Exklaven Ceuta und Melilla, seit Jahrhunderten in spanischem Besitz, und ein wirtschaftlich bedeutungsloser Streifen im Westen der Sahara verbinden es mit dem Kreis der Kolonialmächte.

El desastre nennt die Öffentlichkeit die Niederlage und fragt, wie es so weit kommen konnte. Wer die Schuld trägt, was sich ändern muss in Spanien – grundlegend ändern. Konservative urteilen, das Land sei dekadent geworden, habe den nötigen Sinn für Autorität und Hierarchien verloren, müsse zurückfinden zu Tradition, katholischer Moral, Gehorsam. Entschiedene Linke dagegen sehen noch viel zu viel vom Alten, Rettung allein in Republik und Sozialismus, fordern Revolution und Abschaffung der Monarchie.

MIT NUR 16 JAHREN übernimmt Alfons XIII. die Herrschaft über Spanien (links ein Bild von 1905). Ein Großteil seiner Untertanen kann weder lesen noch schreiben, lebt in kargen Hütten auf dem Land. Die Wut der Unzufriedenen trifft den jungen König schon an seinem Hochzeitstag: Ein katalanischer Anarchist schleudert in Madrid eine Bombe auf die Kutsche der Neuvermählten

Die Mehrheit der Stimmen indes will eine weniger radikale *regeneracio*, eine Neuordnung des politischen Systems und effizientere Verwaltung – sowie bessere Straßen, bessere Schulen, technischen Fortschritt. Ein Schriftsteller prägt das bald geflügelte Wort, Spanien brauche einen „eisernen Chirurgen", der das Kazikentum aus der Gesellschaft herausschneide wie ein Krebsgeschwür.

Allein, am Ende geschieht wenig. Einige halbherzige Reformgesetze, ein paar Peseten für die Infrastruktur. Die üblichen Regierungswechsel. Zu fest gefügt erweist sich das Kartell der großen und kleinen Machthaber gegenüber dem Heer der Habenichtse.

In Uniform tritt Alfons XIII. am 17. Mai 1902 gegen 14.00 Uhr vor eine Versammlung spanischer und internationaler Würdenträger. Der Sohn eines früh verstorbenen Vaters ist von Offizieren erzogen worden und fühlt sich als einer von ihnen. Als Teil einer Kaste, deren Opferbereitschaft, Pflichtbewusstsein und Patriotismus sie nach eigenem Verständnis zum Rückgrat der Nation machen. Heute wird Alfons 16 Jahre alt. Damit ist er nach dem spanischen Thronrecht mündig, übernimmt ab sofort die Regentschaft.

Zu seiner Rechten ruhen auf purpurnem Samt Krone und Zepter, ein Evangelium, ein goldenes Kruzifix. Ein weiterer Tisch trägt ein gebundenes Exemplar der Verfassung von 1876. Mit ruhiger Stimme spricht der junge König den Eid auf die Konstitution.

Vermutlich ist es ein ehrlicher Schwur. Alfons achtet das Gesetz, sieht sich als Diener Spaniens, als Mann der Regeneracio, der die gedemütigte Nation wieder groß machen will. Eben deshalb ist er entschlossen, stärker in das politische Tagesgeschäft einzugreifen als zuletzt seine Mutter, die das Amt bisher für ihn verwaltet hat.

„Ich kann", notiert er kurz zuvor im Tagebuch, „ein König werden, der das Vaterland wieder aufrichtet. Aber ich kann auch ein König werden, der am Ende an die Grenze geschickt wird" – abgesetzt und verbannt.

Den jungen Monarchen treiben zugleich Mut und Angst. Er ist bemerkenswert weitsichtig – aber auch unstet und willkürlich. Und je älter er wird, desto mehr zeigt Alfons XIII. sich als ein Widerspruch aus Standesdünkel und sozialem Gewissen, Fortschrittsglauben und autoritärem Instinkt, Genusssucht und Idealismus. Der König ist in sich so gespalten wie die Nation. Gehen doch auch durch die spanische Gesellschaft tiefe Risse.

Reisende schildern das Landesinnere als sonnenverbrannte Ödnis, in deren Dörfern die Kirchen verfallen, die Wappen an den einst stolzen Gutshäusern abbröckeln, alte Frauen auf den Tod warten. Allenthalben finden sich

Zeugnisse einer düsteren Frömmigkeit, Leidensbilder Christi, Geißlerprozessionen, argwöhnische Priester.

Die Masse der Kleinbäuerinnen und Tagelöhner erwirtschaftet mit Mühe genug, um zu überleben. Hunger und mangelnde Hygiene lassen Krankheiten grassieren; viele Menschen sterben jung. Zwei Drittel der Bevölkerung sind Analphabeten, nur eine Minderheit der Kinder besucht überhaupt eine Schule. Jahr für Jahr wandern Zehntausende aus, überwiegend nach Amerika.

Derweil gehört ein Drittel des Bodens wenigen Tausend Großgrundbesitzern. Sie pflanzen Gemüse, Obst und Zitrusfrüchte für den Export; vor allem aber führt Spanien Olivenöl aus – und mehr Wein als jedes andere Land. Umgekehrt halten Schutzzölle auf ausländisches Getreide den Weizen teuer, sichern so den Profit einflussreicher einheimischer Produzenten – um den Preis, dass Spanien eine lokale Hungerrevolte nach der anderen erlebt.

Die meisten Besitzenden leben in der Stadt, fern der Not ihrer Leute. Insbesondere Madrid liegt wie ein fremdartiges Juwel in der kastilischen Hochebene. Zwischen den alten Palästen des Adels und den zahlreichen Klöstern haben sich Cafés und Restaurants angesiedelt, Theater und Kinos. Weite Boulevards haben schmale Gassen verdrängt; öffentliche Prachtbauten sind entstanden und elegante Wohnblocks für das gehobene Bürgertum, aber auch standardisierte, lichte Vororte für weniger Begüterte. Eine elektrische Straßenbahn verbindet das Zentrum mit der Stierkampfarena: Die *corrida* ist Spaniens beliebteste Massenunterhaltung und ein großes Geschäft; mehr als 100 Zeitungen und Magazine widmen sich speziell den Toreros und ihrem Sport.

Im ganzen Land wandeln sich mittelalterliche Städtchen zu modernen Zentren, schleifen ihre Ummauerung, erhalten mit Bahnhöfen aus Glas und Eisen. Zwischen Pferdefuhrwerken knattern die ersten Autos, nachts strahlen Glühlampen in die jahrhundertealte Dunkelheit. Darunter flanieren Angestellte und Selbstständige, die Vertreter einer rasch wachsenden Mittelschicht.

Noch rasanter freilich wächst die Zahl der städtischen Armen. Der Zuwanderer, die zu Hunderttausenden vor dem ländlichen Elend fliehen – und in heruntergekommenen, überfüllten Altbauten landen. In Fabrikjobs mit zehn Arbeitsstunden am Tag und mehr, gefährlich, dreckig, stickig, ohne Unfall- oder Altersabsicherung. Wenn die Not sie nicht in Prostitution und Kriminalität treibt.

Zwar werben in den Arbeiterkneipen und auf den Dorfplätzen längst Agitatoren für Gewerkschaften, sozialistische Ideen, den Umsturz. Doch unter den erschöpften, von der Gendarmerie und örtlichen Kaziken eingeschüchterten Armen finden sie nur mühsam Gehör.

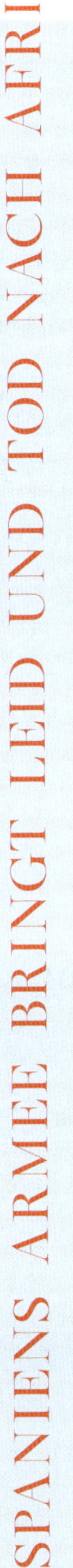

ÄUSSERST GRAUSAM führen die spanischen Kommandeure Francisco Franco (r.) und José Millán Astray um 1925 im Rif-Gebirge Krieg gegen einheimische Marokkaner (unten), setzen sogar Giftgas ein. Doch dank verklärender Zeitungsberichte gilt Franco in der Öffentlichkeit bald als Kriegsheld

Den meisten Erfolg haben noch die Anarchisten, die Ungleichheit und Ausbeutung abschaffen wollen, indem sie die Vermögenden enteignen, den Zentralstaat entmachten und eine Gesellschaft selbst verwalteter Kommunen erschaffen. Sie setzen vielfach auf „direkte Aktionen": auf spontanen Aufruhr, auf Streiks – und auf Terror.

Hunderte Anschläge richten sich gegen lokale Gewalthaber, hohe Militärs, regierende Politiker, aber auch ungezielt gegen Bürgertum und Kirche insgesamt, so mit Bombenwürfen im Theater oder bei einer Prozession.

ALS ALFONS XIII. UND Victoria Eugénie von Battenberg Ende Mai 1906 heiraten, wimmelt Madrid deshalb nicht nur von Besuchern, sondern auch von Polizisten. Der Innenminister weiß um die Gefahr eines Anschlags. Dennoch überprüft niemand die Fremdenzimmer entlang der Route, die das Brautpaar nehmen wird. Der spanischen Polizei mangelt es an Geld, an Spezialisten und Routine – eine Folge der Selbstbereicherung der politischen Elite.

So entgeht den Behörden, dass unter den vielen Tausend Besuchern auch Mateo Morral ist, der Sohn eines Textilfabrikanten aus dem katalanischen Sabadell. Ein modebewusster, sehr ernsthafter Mittzwanziger, der in Frankreich und Deutschland studiert hat, unter anderem die Philosophie Friedrich Nietzsches und Grundlagen der Chemie. Ein Idealist, der die Arbeiter seines Vaters zum Streik angeleitet und später das Elternhaus im Zank verlassen hat. Seither ein polizeibekannter Anarchist. Nun mietet Morral um den 20. Mai ein Zimmer mit Balkon im vierten Stock einer Pension an der Calle Mayor und zahlt mit einem großen Peseten-Schein vorab.

Während Alfons XIII. und Victoria Eugénie die Kirche verlassen, sitzen in Barcelona zwei führende Gegner der Monarchie in einem Café und warten auf Nachrichten aus der Hauptstadt. Die katalanische Metropole ist eine Hochburg von Anarchisten und Republikanern (siehe Seite 72); an diesem Tag aber sind noch einmal mehr von ihnen in der Stadt, warten ihrerseits auf Anweisungen aus dem Café. Viele tragen Messer oder Revolver bei sich. Sie halten sich bereit für den Moment, in dem ein erfolgreiches Attentat auf den König gemeldet wird. Während der anschließenden Staatskrise wollen sie die Republik ausrufen, von Barcelona aus die Revolution entfesseln.

Gegen 14 Uhr wirft Mateo Morral von seinem Balkon die in einem Nelkenstrauß verborgene Bombe. Augenblicke später löst der Aufschlagzünder aus. Morral eilt aus dem Zimmer, die Treppe hinab und ins Freie.

Die Detonation zerschmettert Frontpartie und Scheiben der geschlossenen Kutsche des Brautpaares, zerfetzt Schaulustige, Männer der Eskorte, Pferde, schreiend rennen Menschen auseinander, über Gestürzte hinweg. Gardisten sichern das beschädigte, blutbespritzte Gefährt.

Alfons und Victoria Eugénie sind über und über mit Glassplittern bedeckt, aber unverletzt – wohl auch, weil sie gerade zur anderen Seite gewinkt haben. Betont unbeeindruckt hilft der König seiner Frau aus der Kutsche heraus und geleitet sie zwischen Toten, Verletzten, verendenden Pferden und panischen Begleitern hindurch zu einer Ersatzkarosse. Victoria Eugénies Schuhe und ihr weißes Brautkleid sind blutverschmiert.

Mit rund 25 Toten ist es der bis dahin opferreichste Anschlag in Spanien. Und der wohl erste derartige Akt, den ein Fotograf einfängt – von dem es sogar eine Filmaufnahme gibt. Zeitungen drucken die dramatischen Bilder, bald kursieren sie im Postkartenformat. Gleichzeitig macht der Palast mit der Abscheulichkeit des Verbrechens, mehr aber noch mit der heroischen Haltung des Monarchen Propaganda: Alfons erscheint als tapferer Kavalier, dessen Gelassenheit unter Feuer seine soldatische Selbstdarstellung gleichsam beglaubigt. Statt die Monarchie zu erschüttern, hat das Attentat sie gefestigt.

Abgerissen und nervös, erregt Morral zwei Tage später in einem Ort außerhalb von Madrid Verdacht. Als ihm die Verhaftung droht, schießt er sich mit einer Pistole selbst ins Herz.

Da sind die Revolutionäre in Barcelona längst still und unentdeckt nach Hause gegangen. Zuversichtlich, dass ihre Stunde ein andermal kommen wird.

Das katalanische Barcelona ist die größte Handelsstadt Spaniens, vor allem Textilfabriken, Metall- und Leichtindustrie prägen das Gewerbe. Ähnlich dem zweiten großen industriellen Zentrum, der baskischen Provinz Biskaya um Bilbao mit ihren Eisenerzminen, Werften und Reedereien, tritt hier neben den sozialen ein kultureller Konflikt: Basken wie Katalanen haben eine eigene Sprache, eigene Traditionen und fühlen sich zunehmend als eigene Nationen. Als Teil Spaniens zwar, nicht jedoch eines spanischen Volkes. Die Wortführer dieses Eigenbewusstseins streben

ELEKTRISCHE STRASSENBAHNEN rattern um 1910 durch die Calle de Alcalá im Zentrum von Madrid. Spaniens Hauptstadt verändert sich rasant. Als in den zwanziger Jahren General Primo de Rivera (u.) die Regierung führt, ist sie bereits eine mondäne Metropole mit Kinos, Cafés und Ausstellungen avantgardistischer Kunst

keine Abspaltung an, wohl aber größere Autonomie. Den kastilischen Zentralisten gelten sie gleichwohl als gefährliche Verräter.

Bürgerliche Autonomie-Anhänger, zugewanderte Proletarierinnen, reformsozialistische Intellektuelle und gewaltbereite Anarchisten der Stadt finden nie zu einer gemeinsamen Protestbewegung zusammen. Doch macht die Vielfalt und Intensität der Auseinandersetzungen Barcelona seit der Jahrhundertwende zum Vorreiter einer Entwicklung, die den Kern des politischen Systems trifft: Ein neuer Typ Politiker kündigt das Übereinkommen der herrschenden Parteien auf, versucht deren Wähler für sich zu mobilisieren, die Abstimmungen in einen offenen Wettbewerb zu verwandeln. Immer mehr Katalanen folgen an der Urne nicht länger dem Willen eines Kaziken, sondern ihren eigenen Interessen und Ideen. Die Macht der lokalen Bosse zerfällt.

Die neuen Kräfte sind zumeist republikanisch, sozialistisch oder regional-nationalistisch. Bald aber brechen auch konservative Politiker aus dem alten Absprache-Pakt aus: Sie spekulieren darauf, dauerhaft Mehrheiten zu erreichen, indem sie den streng katholischen Teil der Gesellschaft an sich binden. So wird das überkommene System von den Rändern her demokratischer – und zugleich giftiger, aggressiver, weniger berechenbar. Instabil.

Alfons XIII. reagiert auf die wachsende Unruhe, indem er einerseits etablierte Politiker unterstützt, die Wirtschaft und Staat zu modernisieren versprechen – ohne freilich eine wirkliche Demokratie oder tiefgreifende soziale Reformen zu riskieren. Andererseits bindet er sich nochmals enger an die Armee, deren Führer ob der andauernden Krisen zunehmend auf die gewählten Politiker herabsehen, sie für unfähig halten.

Vor allem aber konzentriert Alfons sich auf auswärtige Angelegenheiten. Hier hat er nahezu freie Hand, hofft er auf den meisten Ruhm. Namentlich will der König Spanien zurück unter die großen europäischen Monarchien führen, und das bedeutet für den imperialen Zeitgeist: unter die Kolonialmächte.

1906 gelingt es seinen Diplomaten, sich im Zuge der europäischen Kolonialisierung Afrikas einen Zugriff auf den marokkanischen Küstenstreifen gegenüber von Gibraltar zu sichern. Bald beginnen spanische Firmen mit der Ausbeutung der dortigen Blei- und Eisenlager. Doch darüber kommt es zu Kämpfen mit Einheimischen, den Rifkabylen. Ein Guerillakrieg entbrennt, der unerwartet zäh und verlustreich verläuft. Im Juli 1909 werden 40 000 Reservisten einberufen, um die Linien zu verstärken.

DER KÖNIG WAGT KAUM REFORMEN

Das ist der Moment, in dem Barcelona ins Chaos stürzt. Die ohnehin aufrührerische Stadt ist ein wichtiger Einschiffungshafen für die Truppen. An den Kais spielen sich dramatische Szenen ab: Väter trennen sich von ihren weinenden Kindern, Ehefrauen brechen verzweifelt zusammen; andernorts legen sich Menschen auf die Schienen, um die Transporte zu stoppen. Als patriotische Damen der gehobenen Gesellschaft unter den Eingezogenen Heiligenbilder und Rosenkränze verteilen, tritt Zorn neben Angst und Abschiedsschmerz. Denn jeder weiß, dass sich deren Söhne von der Wehrpflicht freikaufen können, diese Mütter nichts zu befürchten haben – und die Reeder und Minenbesitzer unter ihren Ehemännern an der Expedition sogar noch verdienen werden.

„Alle sollen in den Krieg ziehen müssen oder keiner!“, lautet die Forderung spontaner Proteste. Sozialisten und Gewerkschaften rufen zum Generalstreik gegen den Krieg auf. Binnen Stunden steht die Stadt komplett still. Der Provinzgouverneur verhängt das Kriegsrecht, hat aber kaum reguläre Einheiten zur Verfügung. Führungslos, voller Wut stürmen Streikende die Zeughäuser, bewaffnen sich, reißen das Straßenpflaster auf und errichten aus den Steinen Barrikaden. Plünderungen und Ausschreitungen richten sich bald vor allem gegen die im Volk verhassten Kirchen, Klöster und religiösen Schulen; Dutzende klerikale Einrichtungen gehen in Flammen auf. Ängstlich harren die Besitzenden in ihren Wohnungen aus, blicken nachts vom Dach über die unheimliche, von Bränden durchloderte Stadt.

Nach drei Tagen trifft militärische Verstärkung ein. Straßenkämpfe beginnen. Um ihre Infanterie zu schonen, schaltet die Armee Barrikaden und Scharfschützennester mit Artillerie aus. Offiziellen Angaben zufolge kommen etwas mehr als 100 Zivilisten um, knapp zehn Polizisten und Soldaten, Hunderte werden verwundet. Die wahren Zahlen liegen zweifellos höher.

Im Anschluss an den Aufruhr, der nun die „Tragische Woche“ heißt, werden 2500 Menschen vorübergehend festgenommen, knapp 700 von Militärgerichten abgeurteilt und fünf Todesstrafen vollstreckt, Zeitungen verboten, Arbeiter-Kulturzentren geschlossen.

Die Krise des Systems dauert fort. Alfons XIII. bleibt zwar vergleichsweise beliebt, entspricht sein sorgfältig gepflegtes Image doch dem Selbstbild vieler Spanier als eigenwillig und impulsiv, dabei umgänglich, offen, idealistisch, mutig und verfängt selbst bei etlichen Anhängern einer Republik.

Sein Krieg jedoch, der ihm den Spottnamen „der Afrikaner" einträgt, hat wenige Anhänger. Darunter immerhin Teile des Offizierskorps, die in Marokko eine Chance sehen, das „Desaster" von 1898 auszuwetzen. Und sich auszuzeichnen, Karriere zu machen.

AM 17. FEBRUAR 1912 geht in Spaniens nordafrikanischer Niederlassung Melilla ein 19-jähriger Leutnant namens Francisco Franco an Land. Gerade einmal 1,64 Meter groß, feingliedrig, von hoher Stimmlage, nennen seine Kameraden ihn spöttisch „Franquito", Francolein.

Franco stammt aus Ferrol, einem abgelegenen galizischen Marinestützpunkt, den noch die alten Stadtmauern umfangen. Die Mutter war streng katholisch, der Vater ein jähzorniger, fremdgehender Verwaltungsoffizier der Marine. Seine Söhne prügelte er, wie es üblich war. Den stillen, zurückhaltenden Francisco indes strafte er zudem mit schneidender Verachtung.

Im Alter von 14 Jahren kam Franco an die Militärakademie des Heeres nach Toledo. Auch dort blieb er in sich gekehrt, distanziert; wenn die anderen später durch Toledos Kneipen und Bordelle zogen, ging Francisco nicht mit. 1910 schloss er die Akademie ab, auf Rang 251 von 312 Absolventen seines Jahrgangs. Er sehnte sich nach Bewährung im Kampf, doch das Reglement schrieb zunächst anderthalb Jahre Dienst in einer Kaserne vor.

Als Anfang 1912 endlich der Marschbefehl nach Afrika kommt, brennt Francisco Franco vor zurückgehaltenem Ehrgeiz.

Der Krieg, in den er nun gerät, hat mit den Lehrplänen der Akademie wenig zu tun. Im heißen, unwegsamen Bergland Marokkos überlebt, wer das Terrain kennt, sich zu tarnen versteht, improvisieren kann. Wer rücksichtslos ist: Beide Seiten kämpfen voll Hass, töten Gefangene, schänden Leichen.

Auch Franco lässt seinen Männern freie Hand, zu foltern, zu plündern, Frauen zu vergewaltigen. Dafür verlangt er blinden Gehorsam und Todesbereitschaft.

Er macht sich einen Namen als Draufgänger, der stolz auf einem Schimmel ins Gefecht reitet – aber auch als akribischer Arbeiter, der Gelände und Gegner gründlich studiert, sein Vorgehen methodisch plant. Er hat Erfolg, wird Oberleutnant, dann Hauptmann.

1916 trifft Franco ein Schuss in den Bauch. Normalerweise ist das der sichere Tod. Aber die Kugel verfehlt mehrere lebenswichtige Organe um Millimeter (wie eine

EINE KORRUPTE ELITE aus Landbesitzern und Verwaltern herrscht in der Provinz. Diese »Kaziken« genannten lokalen Machthaber kontrollieren die Geschicke der Ärmeren, bestimmen etwa, wer auf Feldern für wenig Lohn schuften darf. Die Macht der Kirche dagegen mag in Pilgerorten wie Santiago de Compostela (u.) noch ungebrochen erscheinen – in Großstädten aber leeren sich die Gotteshäuser

spätere Untersuchung zeigt). Vorsehung? Franco beginnt, es zu glauben.

Schließlich wird er zum Major befördert und nach Spanien zurückbeordert: ein 25-jähriger Veteran, der fortan Dienst tut mit Garnisonsoffizieren im gleichen Rang, die aber doppelt so alt sind, nie im Gefecht waren. Vermutlich verachtet er sie. So wie er auch die meisten Politiker verachtet, die der kämpfenden Truppe ihre Unterstützung nach Opportunität gewähren oder entziehen. Und die Antikriegsdemonstranten auf der Straße ohnehin.

DIE ALTE ORDNUNG SCHWINDET, DIE UNRUHE WÄCHST

Seit der „tragischen Woche" von 1909 sind Unzufriedenheit und Unruhe im Volk noch gewachsen. Zwar profitieren spanische Firmen von der Neutralität des Landes im Ersten Weltkrieg, beliefern alle Seiten und verdienen gutes Geld. Nur reichen sie ihre Gewinne nicht an die Arbeiterschaft weiter. Vielmehr leiden die Lohnabhängigen unter der Güterknappheit und den steigenden Preisen.

1917 erschüttert eine Welle von Streiks und Meutereien das Land. Sie bleiben weitgehend erfolglos, verschaffen aber den Gewerkschaften mehr und mehr Zulauf – zumal, als auf den Waffenstillstand von 1918 eine weltweite Nachkriegsdepression folgt, auch in Spanien Fabriken schließen, Männer und Frauen ihre Arbeit verlieren.

Die Madrider Zentralregierung versucht, die Lage mit Arbeits- und Sozialgesetzen zu entschärfen. Doch insbesondere die katalanischen Unternehmer zeigen sich unnachgiebig, bekämpfen die Arbeiterorganisationen mit Gewalt. In Barcelona liefern ihre bezahlten Terrorschwadronen den Anarchisten fast täglich Feuergefechte, reißen die Mordanschläge beider Seiten nicht ab. Aber auch auf dem Land, namentlich auf den Latifundien Andalusiens lehnen die Leute sich auf, streiken, revoltieren, besetzen Güter.

Immer öfter bildet Alfons XIII. die Regierung um. Allein, vielerorts ist das Kaziken-System zusammengebrochen; Neuwahlen liefern keine stabilen Mehrheiten mehr, sondern bringen Kleinparteien, Autonomisten, Sozialisten und Republikaner ins Parlament. Bei den Besitzenden breiten sich blanker Hass und Panik vor „bolschewistischen" Exzessen aus, seit Kommunisten 1917 in Russland die Macht übernommen haben, ihre Parolen in Spanien immer häufiger zu hören sind.

Bald erscheinen der Monarch und das Militär als die letzten Garanten einer wankenden Ordnung. Indes trübt sich auch das sorgsam gepflegte Ansehen des Königs selbst ein: Die zunehmend kritische Presse zeigt Alfons nun häufig als Dandy und Lebemann, der in den Vergnügungsorten der europäischen High Society feiert und Schürzen jagt, lastet ihm massive Korruption und Fehlentscheidungen an – die nicht zuletzt in Marokko die Verluste steigen lassen, abermals in eine demütigende Niederlage zu führen drohen.

Das überkommene konstitutionelle System ist faktisch am Ende. Ein denkbarer Ausweg wäre seine demokratische Öffnung, faire Wahlen, soziale Reformen. Doch dazu sind die herrschenden Parteien und Besitzenden, auch die konservativen Mittelschichten zu stark.

Eine Alternative präsentiert in der Nacht auf den 13. September 1923 der Chef des Militärbezirks Katalonien: General Miguel Primo de Rivera verhängt in seinem Kommandobereich das Kriegsrecht, lässt zentrale Plätze und öffentliche Gebäude besetzen und erklärt die Übernahme der Macht im gesamten Land durch die Armee.

Damit liegt die Entscheidung beim König. Denn die Mehrheit der Offiziere verachtet zwar die politische Klasse – würde sich aber nie gegen den Monarchen wenden, der für die Größe und Einheit der Nation steht. Verteidigt Alfons XIII. Parlament und Verfassung, ist der Putsch gescheitert.

Alfons ist älter geworden, selbstbewusster, konservativer, seit er 21 Jahre zuvor den Thron bestiegen hat. Weiterhin sieht er sich in erster Linie als Soldat und Diener Spaniens. Der Glaube an die Verfassung indes, auf die er einst seinen Eid geleistet hat, ist ihm abhandengekommen. Er teilt längst die Politiker-Verachtung seiner Offiziere. Und ist vermutlich in ihre Pläne eingeweiht.

Am 15. September ernennt Alfons XIII. Primo de Rivera zum Chef einer Militärregierung. Das Parlament wird aufgelöst, das Kriegsrecht auf ganz Spanien ausgedehnt. Die erschöpfte Gesellschaft nimmt den Putsch beinahe erleichtert hin. Selbst die republikanische Linke rafft sich nur zu einem kurzen, symbolischen Generalstreik auf; wo Anarchisten oder Kommunisten Widerstand leisten, schlägt das Militär ihn schnell und hart nieder.

Mit dem Einverständnis des Königs setzt die neue Regierung etliche Freiheitsrechte aus, unterdrückt Parteien und Gewerkschaften oder schaltet sie gleich, zwingt

IM TRIUMPH ziehen Sozialisten und Republikaner im April 1931 nach einer gewonnenen Wahl durch Madrid. Ihre Führer rufen die Republik aus, König Alfons XIII. verlässt sein Reich

den Arbeitgebern Zugeständnisse ab, unterdrückt den öffentlichen Gebrauch des Katalanischen: Primo de Rivera errichtet im Namen des Monarchen eine Diktatur. Er sieht sich als jenen „eisernen Chirurgen", der seit dem „Desaster" von 1898 beschworen wird, um das Land mit harter Hand zu heilen.

Dabei kommt ihm zustatten, dass die Weltwirtschaft wieder anzieht, auch in Spanien mehr Geld zu verteilen ist. Das Regime kann in Tausende Kilometer Fernstraßen investieren, Bahnstrecken elektrifizieren, Kraftwerke bauen, Staudämme und Bewässerungskanäle. Zugleich fördert Madrid Sozialwohnungen, drückt die Preise von Grundnahrungsmitteln, setzt eine Arbeitsunfallversicherung durch, bezahlten Urlaub, Familienzulagen auf den Grundlohn.

Die Diktatur stützt sich auf eine Kombination aus technischer Modernisierung und katholischer Soziallehre, brutaler Repression, nationalen Parolen – und auf den König: Nicht Miguel Primo de Rivera ist das prominenteste Gesicht der neuen Ordnung, sondern Alfons XIII.

Von der zensierten Presse wird der Monarch wohlwollend begleitet, in den Illustrierten mit ausländischen Granden gezeigt, zwischen einfachen Untertanen auf dem Dorf, bei der Eröffnung einer Industriemesse, am Steuer schneller Autos, rastlos, energisch, jovial. Mehr denn je will Alfons als Verkörperung der Nation erscheinen: einer konservativen, katholischen, antikommunistischen, gleichwohl modernen Nation. Und als Soldat. Fast immer in Uniform, steht der König für die Verschmelzung von Monarchie und Militär, für die politische Macht der Armee.

Dabei neigen jedoch sowohl Alfons XIII. als auch Primo de Rivera dazu, den verlustreichen, das Offizierskorps spaltenden Krieg in Marokko abzubrechen. Später wird Francisco Franco behaupten, dass er es war, der beide Machthaber in persönlichen Gesprächen überzeugen konnte, den Kampf fortzusetzen.

SEIT 1920 IST FRANCO ZURÜCK IN MAROKKO, als Bataillonskommandeur und später Chef der spanischen Fremdenlegion. Kurz darauf eskaliert der seit Jahren schwelende Konflikt mit den einheimischen Rebellen zu einem ausgewachsenen Krieg. Journalisten auf der Suche nach Heldengeschichten entdecken nun den wagemutigen Offizier und verklären ihn zum „Ass der Legion". Franco erkennt die Chancen dieser Prominenz, veröffentlicht ein Kriegstagebuch, wird zum Idol, erhält Orden und Ehrungen, die vorzeitige Beförderung zum Oberstleutnant, 1925 zum Oberst.

Weiterhin arbeitet er methodisch, zeigt persönlichen Mut und brutale Härte. Als Primo de Rivera die Truppe besucht, tritt eines der Bataillone mit abgetrennten, auf die Bajonette gesteckten Köpfen getöteter Gegner an. Es ist wohl der Kolonialkrieg, der Franco lehrt, Folter und Terror hochzuschätzen, den Wert eines Lebens gering.

Dass es tatsächlich zur Kriegswende kommt, verdanken die Spanier dem Einsatz von Giftgas und einem Pakt mit dem gleichfalls in Nordafrika vordringenden Frankreich. Gemeinsam gelingt es den Europäern, die Region weitgehend zu unterwerfen.

Mit 33 Jahren zum jüngsten General Europas befördert, kehrt Franco nach Spanien zurück und übernimmt Anfang 1928 eine neue Militärakademie in Saragossa, die künftig alle Offiziersanwärter des Heeres durchlaufen werden. Hier gibt er seinen seit zwei Jahrzehnten verinnerlichten, im Kolonialkrieg gefestigten Glauben weiter: an unbedingte Disziplin und Gehorsam, an taktische Intelligenz, kompromisslose Gewalt und an die Armee als Rückgrat der Nation.

Es ist die Hochphase der Diktatur, die Zeit ihrer Erfolge. Schon bald jedoch wird offenbar, wie brüchig deren Fundament ist.

Obwohl verboten und unterdrückt, nimmt die Agitation gegen Primos Ausgleichspolitik aus sozialen Reformen, wirtschaftsfreundlichen Zöllen und Kirchennähe von links wie rechts zu. Die Lust am Vergnügen, am amerikanischen Kino, an moderner Literatur, an einem neuen proletarischen Massensport, dem Fußball, an avantgardistischer Kunst und Mode unterspült während der zwanziger Jahre die propagierten konservativen Werte. Namentlich die Abkehr von der Kirche erfasst längst selbst Beamtenschaft und Armee. Die mundtot gemachten Intellektuellen laufen zuhauf ins Lager der Republikaner über. Vor allem jedoch überfordern die massiven Staatsausgaben für Soziales, Modernisierung, den Krieg auf die Dauer den Haushalt.

Als 1929 die Weltwirtschaft einbricht, kommt das Ende schnell. Primo de Rivera verliert den Rückhalt erst seiner militärischen Statthalter, dann des Königs. Anfang 1930 geht er nach Paris ins Exil. Alfons XIII. beauftragt einen weiteren General, die Monarchie zu retten, muss aber zumindest Kommunalwahlen zugestehen – die am 12. April 1931 einen überwältigenden Triumph der Republikaner und Sozialisten bringen.

Der Tag, den der König einst als junger Thronanwärter gefürchtet hat, ist da. Vor der Wahl, das Ergebnis zu akzeptieren oder einen Bürgerkrieg zu wagen, entscheidet sich Alfons zum Machtverzicht. Am frühen Morgen des 15. April besteigt er in Cartagena einen Kreuzer nach Marseille und folgt Primo de Rivera ins französische Exil. Eine Abdankung jedoch verweigert er. Vielmehr behält sich Alfons XIII. alle Rechte vor, zumal das auf den Thron. Am Ende vergeblich: Er wird die Heimat nicht wiedersehen, 1941 an seinem letzten Wohnsitz Rom weitgehend ohne Macht und Einfluss sterben.

Noch am Morgen des 15. April meldet sich der Generalkapitän des zuständige Militärbezirks telefonisch beim Chef der Offiziersschule in Saragossa und befiehlt, die goldgelb-rote Flagge des Königreichs einzuholen und an ihrer Stelle die rot-gelb-purpurfarbene Trikolore der Republik zu hissen. Franco lehnt ab. Ein Wechsel staatlicher Insignien bedürfe der schriftlichen Anordnung.

Rund eine weitere Woche weht über der Akademie das Banner der Monarchie. Dann trifft das Schreiben ein – und Franco lässt die Flaggen tauschen. Für den jüngsten General Europas ist auch das eine Frage der Disziplin. Und vor allem kein Grund, sich die Karriere zu verderben.

Während die Menschen auf den Straßen der Städte den Aufbruch in ihre neue, demokratische Republik feiern, zweifelt Franco indes keine Minute daran, dass die Nation bei den Militärs in besseren Händen wäre. Und tief in ihm glimmt weiter die Überzeugung, dass zum Anführer, zum *Caudillo* einer neuen Diktatur keiner besser taugen würde als er selbst.

Dass die Vorsehung auf seiner Seite ist. ◊

DER KÖNIG KEHRT NIE MEHR IN SEINE HEIMAT ZURÜCK

LITERATURTIPPS

CHARLES PETRIE
»King Alfonso XIII and His Age«
Ältere, aber nach wie vor nützliche Biografie (Chapman & Hall).

FRANCISCO J. ROMERO SALVADÓ
»Political Comedy and Social Tragedy«
Fundierte Darstellung der Epoche Alfons' XIII. (Sussex Academic Press).

Lesen Sie auch **»Kampf um die Freiheit«** (aus GEO*EPOCHE* Nr. 109) über die Rebellion der Filipinos gegen die spanischen Kolonialherren auf *www.geo-epoche.de*

IN KÜRZE

Nach dem endgültigen Verlust seines Kolonialreiches 1898 ist Spanien ein orientierungsloses, zerrissenes Land. Viele setzen ihre Hoffnungen in den jungen König Alfons XIII. Doch auch der kann die Gewalt auf den Straßen zwischen Linken und Rechten nicht stoppen, unterstützt den umstrittenen Kampf spanischer Truppen in Marokko. Als nach einem Sieg linker Parteien 1931 die Republik ausgerufen wird, geht Alfons ins Exil.

Oktober 1934

Asturischer Aufstand

REBEL

ZAHLLOSE GRUBEN, in denen Kohle gefördert wird, entstehen seit dem 19. Jahrhundert im Bergland Asturiens. Hier die Zeche Sotón im Tal des Flusses Nalón, um 1900

LION DER BERGLEUTE

Asturien ist eine eher rückständige Provinz im Norden Spaniens. Ihre Bergarbeiter aber sind stolz und klassenbewusst. Als im Herbst 1934 in Madrid eine reaktionäre Partei in die Regierung eintritt, greifen die Kumpel zu den Waffen, erobern zahlreiche Orte und beginnen, eine sozialistische Ordnung aufzubauen. Dann schlägt der Staat zurück

IHRE ARBEIT ist schwer und schmutzig, doch das Selbstbewusstsein der Grubenarbeiter ist groß: Viele von ihnen kämpfen in Gewerkschaften für höhere Löhne und kürzere Arbeitszeiten

TEXT: *Reymer Klüver*

Die Arbeit ist hart in den Bergwerken Asturiens. So wie das ganze Leben in der Provinz, die sich im Nordwesten Spaniens zwischen Atlantik und Kantabrischem Gebirge erstreckt. Viele der Bergleute, zähe, kräftige Kerle, hauen liegend oder kauernd die Kohle mit Schlägel und Eisen aus den Flözen. Andere räumen das schwarze Gold und die wertlosen Gesteinsbrocken weg. Und wenn das Werkzeug nicht reicht, treiben Spezialisten unter den Männern die Stollen und Strecken mit Sprengstoff voran.

Anfang der 1930er Jahre ist Handarbeit noch weit verbreitet in den Gruben des asturischen Kohlereviers im Süden und Osten der Provinzhauptstadt Oviedo. Maschinen wie Drucklufthämmer, die an der Ruhr oder in Belgien längst Standard sind, oder Grubenbahnen zum Abtransport der Kohle gibt es bei Weitem noch nicht in allen asturischen Bergwerken.

Technisch rückständig ist die Gegend aber nicht nur unter Tage. Auf den Straßen der Täler ziehen Esel und Maultiere Lastenkarren, Autos sind kaum zu sehen. Elektrische Kühlschränke oder Staubsauger, die in Spaniens Metropolen modern werden, gibt es in den Bergmannsdörfern nicht. Zeitungen aus Madrid oder Barcelona bezieht hier kaum jemand, auch Radios sind selten.

Doch die Menschen sind stolz, viele beackern neben der Arbeit noch ein bisschen Land und lassen sich von den Grubenbesitzern und ihren Managern, die häufig nicht aus der Region stammen, nicht gern herumkommandieren. Und sie haben ein Klassenbewusstsein entwickelt, seit dem Ende des 19. Jahrhunderts haben die Sozialisten viele Anhänger unter den Bergleuten gewonnen. Damals schoss die Produktion asturischer Kohle in die Höhe, und unter der wachsenden Arbeiterschaft verbreitete sich die Lehre von Proletariern auf der einen und Kapitalisten auf der anderen Seite. Demnach waren die Grubenbesitzer Ausbeuter, seit jeher gestützt von Staat und Kirche.

Die Männer der Region haben seitdem gelernt zu kämpfen, vor allem gegen Lohnsenkungen und Verschlechterungen der Arbeitsbedingungen, die durchzusetzen die Grubenbesitzer immer wieder versuchen. Anfang der 1930er Jahre wird hier und in Katalonien mehr gestreikt als irgendwo sonst in Spanien. In diesem Jahr, 1934, hat es bisher nicht weniger als 32 Ausstände gegeben, im September allein zwei – wenn auch kurze – Generalstreiks.

Seit Jahrzehnten sind die meisten *mineros*, die Bergarbeiter, gewerkschaftlich organisiert, vor allem im sozialistischen Sindicato de Obreros Mineros de Asturia. Manche haben sich hingegen der Organisation der moskautreuen Kommunisten angeschlossen oder der Gewerkschaft der Anarchosyndikalisten, die in anderen Teilen Spaniens ein großes Gefolge haben, zumal in Katalonien (siehe Seite 72). Nun aber, im Frühjahr 1934, haben sich in Asturien die verschiedenen linken Strömungen zur Alianza Obrera, der „Arbeiterallianz", zusammengetan. „Uníos Hermanos Proletarios" ist ihr Kampfruf: „Vereint euch, proletarische Brüder".

Mit dem Schulterschluss reagieren sie auf die politische Lage im Lande, die nichts Gutes verheißt für Arbeiter wie sie. Die junge Spanische Republik, drei Jahre zuvor erst gegründet, ist bereits zerrüttet; Linke und Rechte stehen sich zunehmend unversöhnlich gegenüber. Nach ihrem Wahlsieg vom November 1933 gehen Rechtsliberale mit Unterstützung

NOCH IMMER arbeiten die asturischen Bergleute oft per Hand. Sie liegen oder hocken in engen Stollen und Strecken, schlagen die Kohle mit einfachen Werkzeugen. Hier Kumpel der »Mina Baltasara« beim Ort Mieres im Jahr 1926

IN DEN ENTLEGENEN Tälern der Bergbauregion sind moderne Maschinen kaum verbreitet. Vielerorts ziehen noch Maultiere schwere Waggons voller Kohle. Und nur wenige Einwohner besitzen Autos oder Radios

ultrakonservativer Parteien daran, von der Vorgängerregierung begonnene Sozialreformen wieder rückgängig zu machen, verbieten zudem schon bald die anarchistische Gewerkschaft.

Auch in Asturien fürchten die Arbeiter und speziell die Bergleute Repressionen, etwa ein Streikverbot. Heimlich legen sie Waffenlager an, 14 sind es im Herbst 1934 mit etwa 1300 Gewehren, großen Mengen Sprengstoff und ein paar MGs, wie spätere Recherchen ergeben. Viele Waffen haben sie, in Einzelteile zerlegt, aus den Fabriken der Gegend geschmuggelt, Dynamitstangen aus den Bergwerken.

So abgelegen und in vielerlei Hinsicht rückständig die Region auch sein mag. Die meisten Arbeiter Asturiens eint nun die Überzeugung, gemeinsam für ihre Sache einstehen zu müssen. Stärker als in allen anderen Gegenden Spaniens – auch in Katalonien – haben sie es hier geschafft, ihre ideologischen Differenzen ruhen zu lassen und eine umfassende Alianza Obrera zu bilden.

Und so sind sie vorbereitet, als Anfang Oktober 1934 in Madrid erfolgt, was alle linken Gruppen Spaniens seit Monaten fürchten: der Griff der antidemokratischen Ultrakonservativen nach der Macht in Madrid. Seit den Wahlen im November 1933 stellen sie, die den Linken als Faschisten gelten, mit ihrer Sammlungsbewegung Confederación Española de Derechas Autónomas (CEDA) die größte Fraktion im Parlament, waren bisher aber nicht in der Regierung vertreten, tolerierten ein Kabinett der Rechtsliberalen. Im Herbst 1934 aber verweigern sie der Regierung ihre Unterstützung, erzwingen so den Rücktritt des Ministerpräsidenten am 1. Oktober. Und ziehen drei Tage später mit drei Ministern in eine neue rechte Koalitionsregierung ein.

Schon am Abend des 4. Oktober rufen die Sozialisten die Arbeiterschaft Spaniens zum Widerstand gegen die neue Koalition auf. Für sie ist die Beteiligung der CEDA eine Kriegserklärung. Ein Generalstreik soll die Regierung der Rechten stürzen. Die Parteispitze in Madrid beauftragt den sozialistischen Parlamentsabgeordneten aus Asturien, Teodomiro Menéndez Fernández, seinen Genossen in der Heimat den Befehl zum Aufstand zu überbringen. Der in Oviedo geborene Menéndez, 55, ein groß gewachsener Mann mit markanten Augenbrauen und spär-

ÜBER JAHRZEHNTE wächst die Produktion von Kohle in Asturien. Keine andere Region liefert so viel von dem schwarzen Gestein

lichem Haupthaar, ist ein ehemaliger Fabrikarbeiter und altgedienter Parteifunktionär. Als einer der wenigen in der sozialistischen Führung glaubt er nicht, dass die Zeit für einen bewaffneten Aufstand gekommen ist. Doch er ist seiner Partei gegenüber loyal. Und so reist er nach Asturien, in seinem Hutband versteckt hat er einen Zettel mit dem Passwort, das die Revolte auslösen wird. Für ihn wird diese Mission schreckliche Folgen haben.

Noch in der Nacht öffnen die Männer im Kohlerevier ihre Waffenverstecke. Sie werden gegen die Regierung jener Republik kämpfen, die nur drei Jahre zuvor so hoffnungsvoll für sie begann.

Bereits Anfang 1930 war der Diktator Miguel Primo de Rivera nach Monaten der Wirtschaftskrise und Proteste zurückgetreten. Gut ein Jahr später ging König Alfons XIII. ins Exil, und am gleichen Tag, dem 14. April 1931, wurde die Republik ausgerufen (siehe Seite 22). Zwei Jahre lang regierte ein Bündnis aus einigen bürgerlichen Parteien und den Sozialisten. Es plante, kleinen Bauern per Bodenreform zu mehr Landbesitz zu verhelfen, die Lebensbedingungen der Werktätigen durch höhere Löhne, kürzere Arbeitszeiten und gesteigerte Sozialleistungen zu verbessern. Viele Arbeiter sahen mit der Republik eine neue Gesellschaft kommen, in der sie endlich einen angemessenen Platz erhalten würden.

Doch gegen den Widerstand der katholischen Kirche (Papst Pius XI. verurteilt 1933 in einer Enzyklika die neuen Gesetze, die eine strikte Trennung von Staat und Kirche verwirklichen sollen, aufs Schärfste), der Großgrundbesitzer und der Industriellen fiel es der Linksregierung schwer, ihre Reformvorhaben durchzusetzen. Zudem erfasste mit einigen Jahren Verzögerung die vom Zusammenbruch der New Yorker Börse 1929 ausgelöste Weltwirtschaftskrise das Land.

Viele Arbeiter wandten sich enttäuscht ab; bei den Wahlen im November 1933 siegten rechte Parteien. Und die Sozialisten begannen, sich in der Opposition zu radikalisieren.

„Die Stunde der entscheidenden Konfrontationen rückt näher", äußert Sozialistenführer Francisco Largo Caballero Anfang 1934, „die Arbeiterbewegung muss sich auf die Revolution vorbereiten." Seine Haltung hat sich durchgesetzt gegen die der Moderaten – etwa des Asturiers Menéndez –, die weiterhin auf gesellschaftlichen Ausgleich im Rahmen einer parlamentarischen Demokratie setzen.

MANCHE Aufständische tragen beim Kampf die traditionellen asturischen Holzschuhe, genannt *madreñas*

BEI IHRER ATTACKE auf die Provinzhauptstadt Oviedo nutzen die Bergleute Dynamit, mit dem sie sonst die Strecken unter Tage vorantreiben. Den explosiven Stoff feuern sie von selbst gebauten Stahlschleudern ab. Auch bei erneuten Kämpfen 1937 (Foto) nutzen Arbeiter Sprengmaterial aus den Bergwerken

Ohnehin bildet Spaniens Arbeiterbewegung ja keinen homogenen Block, im Gegenteil: Sie ist tief gespalten. Schlägereien zwischen den Parteigängern konkurrierender Gruppen sind alltäglich, es kommt zu Schießereien und Straßenkämpfen. Am stärksten sind die Sozialisten, doch auch Anarchosyndikalisten, antistalinistische Marxisten, moskautreue Kommunisten beanspruchen die Führung der Arbeiterschaft. Die Alianza Obrera, die Arbeiterallianz, bleibt mit Ausnahme Asturiens weitgehend eine Utopie.

So verhallt auch der Aufruf der Sozialisten zum Generalstreik am 5. Oktober 1934 in den meisten Teilen des Landes nahezu ungehört. Viele Anarchisten und Kommunisten machen wegen ideologischer Differenzen nicht mit, sogar in der sozialistischen Gewerkschaft organisierte Arbeiter folgen ihrer Führung oftmals nicht. Vielerorts scheitert der Streik schon im Ansatz, auch weil die Regierung umgehend das Kriegsrecht verhängt und in Madrid die sozialistischen Führer verhaften lässt; diejenigen, die der Polizei entwischen, müssen sich verstecken.

In Barcelona löst der Streikaufruf politisches Chaos aus: Katalanische Nationalisten wollen die Unruhe nutzen, um die Unabhängigkeit ihrer Region zu erreichen. Schließlich ruft der Chef der Regionalregierung einen Katalanischen Staat innerhalb einer spanischen Bundesrepublik aus, doch bricht das Unterfangen nach Eingreifen des Militärs wenig später zusammen.

SOZIALISTENCHEF Largo Caballero drängt 1934 zur Revolution (hier ein Plakat von 1936/37)

Wie anders in Asturien! Hier sind die Arbeiter sich einig – und sie haben einen Plan.

In Mieres, dem größten Ort des Kohlereviers, umzingeln 200 Kämpfer noch in der Nacht das Rathaus und die Kaserne der Polizei. Die Streikenden verfügen nur über 30 Gewehre, feuern die Waffen aber aus verschiedenen Richtungen ab und täuschen so eine Übermacht vor. Die Polizisten ergeben sich; am Morgen ruft ein Arbeiter vom Rathausbalkon die sozialistische Republik aus, zumindest einmal für Asturien.

Auch in den anderen Orten der Grubenregion stürmen die Arbeiter die Polizeiposten, um Waffen zu erbeuten. Zwar leisten viele Gardisten erbittert Widerstand, gibt es Dutzende Tote, doch am 6. Oktober steht das Revier unter der Kontrolle der Arbeiter, und die Aufständischen beginnen den geplanten Marsch auf die ungefähr 80 000 Einwohner zählende Provinzhauptstadt Oviedo: 1200 Mann in drei Kolonnen.

Sie haben zu wenige Gewehre und keine Geschütze, aber dafür Sprengstoff. Und die revoltierenden Bergleute, die auch *dinamiteros* genannt werden, wissen damit umzugehen, haben selbst gebaute Sprengstoffschleudern dabei – tragbare Stahlkonstruktionen, mit denen sie Dynamitladungen abschießen können. Das Überraschungsmoment ist allerdings passé. Die 300 Angehörigen der Polizei und die in Oviedo stationierte Garnison der Armee mit 1400 Soldaten sind inzwischen in Alarmbereitschaft. Der Kampf wird noch blutiger.

Die Aufständischen besetzen zwar rasch große Teile der Stadt. Vier Tage dauern dennoch die brutalen Straßenkämpfe, ehe die Aufständischen das Stadtzentrum von Oviedo mit Ausnahme einiger weniger Widerstandsnester kontrollieren.

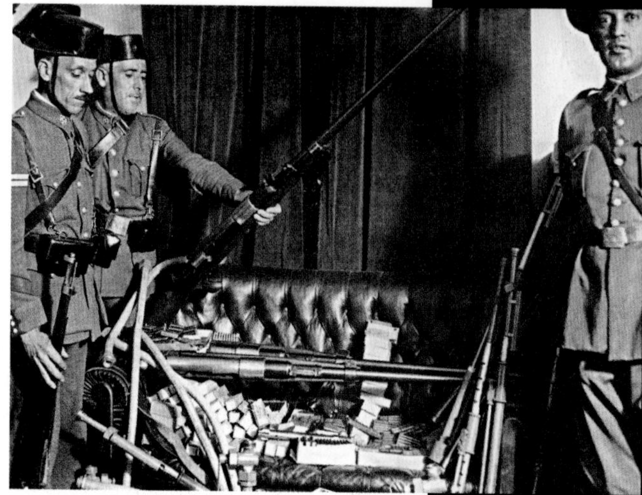

DIE GUARDIA CIVIL – hier Angehörige der Polizeitruppe beim Ausheben eines Waffenlagers – ist bei den Bergleuten besonders verhasst, sie gilt ihnen als Handlanger der Grubenbesitzer

Unterdessen gelingt es ihnen auch im Umland, die Staatsmacht niederzuringen; vor allem können sie etliche Waffen- und Munitionsfabriken des Industriegebiets erobern. Allein in der rund zehn Kilometer von Oviedo entfernten Geschützfabrik von Trubia erbeuten sie 27 Kanonen, in einem anderen Betrieb in der Stadt selbst rund 24 000 Gewehre, Karabiner und MGs. Allerdings fehlen ihnen die Zünder für die Geschosse der Artilleriegeschütze. Die waren vermutlich von Regierungssoldaten nach Beginn des Aufstands im Revier noch rasch entfernt worden. Und Gewehrmunition ist ebenfalls knapp; die etwa 3000 Kugeln täglich, deren Produktion sie auf die Schnelle organisieren, reichen bei Weitem nicht, den Bedarf zu decken.

Eilig gebildete lokale Revolutionskomitees in den eroberten Orten treiben mit Eifer die neue Ordnung voran. Sie wollen proletarische Moral demonstrieren: Schnapstrinken ist verboten; „die Revolution ist nüchtern", erklärt später einer ihrer Spitzenleute. Die Komitees beschlagnahmen private Fahrzeuge und Geschäfte und führen die Rationierung von Lebensmitteln ein. Jedem steht die gleiche Menge zu, egal ob Bürger oder Proletarier.

Kollektivküchen werden eingerichtet, Ärzte zwangsverpflichtet. Sie sollen Verwundete beider Seiten gleichermaßen gut behandeln, ganz gleich ob Soldaten, Angehörige der Polizei oder Kämpfer der Arbeitermilizen. Eigene Ordnungskräfte, auch „Rote Garde" genannt, werden aufgestellt; sie sollen Plünderungen verhindern.

Teodomiro Menéndez, der Zweifler, wird in diesen Tagen von vielen Seiten bedrängt. Einige Revolutionäre wollen ihn als Verräter an der Revolution festsetzen, denn er hat sich nicht an den Kämpfen beteiligt (tatsächlich wird er kurzzeitig inhaftiert). Andererseits überträgt ihm das Revolutionskomitee von Oviedo den Auftrag, Häftlinge unter Aufsicht in Privatunterkünften unterzubringen – um sicherzustellen, dass die politischen Gegner vor Übergriffen geschützt sind. (Und das Gros der Gefangenen wird während des Aufstands gut behandelt.)

Doch revolutionärer Anspruch und die Wirklichkeit gehen immer wieder auseinander. Nicht alle Arbeiter sehen es als Diebstahl an, in Geschäfte oder Bürgerhäuser einzudringen und dort Beute zu machen. Für sie sind Plünderungen, in den Kategorien des Klassenkampfes gesehen, schlicht Umverteilung. Andere wiederum wollen sich rächen für Ausbeutung und

Unterdrückung. Schon in den ersten Stunden erschießen Kämpfer in Mieres einen vermutlich wegen früherer Übergriffe verhassten gefangenen Angehörigen der Polizei, als der in Panik fliehen will. Insgesamt vielleicht 40 Menschen werden von den Aufständischen ermordet; die meisten von ihnen sind Priester.

Spaniens rechte Presse wird die Vorfälle ausschlachten, neue hinzudichten und die öffentliche Meinung gegen die Revolutionäre aufputschen. Die Berichte über deren angebliche Gräueltaten sind haarsträubend: Sie würden Nonnen vergewaltigen und Kindern von Polizisten die Augen ausstechen. Im Ort Sama soll eine Priesterleiche am Fleischerhaken in einer Metzgerei aufgehängt worden sein, um den Hals die Aufschrift „Schweinefleisch zu verkaufen". Alles erfunden, werden später mit der Nachforschung beauftragte Parlamentsangehörige befinden – doch da steht das Urteil in weiten Teilen der spanischen Öffentlichkeit über den Aufstand als brutalen Angriff auf die rechtmäßige Ordnung des Landes schon fest.

Die Tage, die die revolutionären Bergarbeiter damit verbringen, die Provinzkapitale Oviedo komplett unter ihre Kontrolle zu bringen, erweisen sich bald als strategischer Fehler. Denn es gibt einen weiteren überaus bedeutenden Ort in der Region: Gijón an der Küste, die größte Stadt Asturiens.

Bereits am 7. Oktober, zwei Tage nach seinem Beginn, ist der von Anfang an lückenhafte Generalstreik im Rest des Landes komplett zusammengebrochen. Die rechte Regierung kann nun alle Aufmerksamkeit auf die Niederschlagung des Aufstands in Asturien lenken.

In Madrid hatte Kriegsminister Diego Hidalgo zwei Generäle um Rat gebeten, einer von ihnen: Francisco Franco Bahamonde. Franco, der in den Jahren zuvor eine steile Karriere hingelegt hat, gilt in den Kreisen der reaktionären Rechten als Gesinnungsgenosse.

Er empfiehlt den Einsatz der „Afrikanischen Armee", Teile des Heeres, die in den spanischen Besitzungen in Nordafrika stationiert sind und in denen er lange selbst als Offizier gedient hat. Sie setzen sich zusammen aus einer *Legión* genannten Eliteeinheit nach Vorbild der französischen Fremdenlegion und den *Regulares*, Truppen aus marokkanischen Soldaten unter spanischen Offizieren. Kaum jemand in dieser Armee hat familiäre oder politische Verbindungen nach Asturien. Franco fürchtet, dass im spanischen Kernland einberufene Soldaten sich weigern könnten, auf ihre Landsleute zu schießen.

Vor allem aber sind die afrikanischen Einheiten berüchtigt für ihre Erbarmungslosigkeit. In Kämpfen gegen marokkanische Einheimische haben sie Terror und Brutalität zur Methode gemacht, Giftgas eingesetzt, abgetrennte Gliedmaßen und Köpfe ihrer Gegner zur Schau gestellt. Nun sollen sie als Sturmtruppen dienen, die

PLAKATE wie dieses feiern den dritten Jahrestag der »Oktoberrevolution« in Asturien

ANDERS ALS im restlichen Spanien haben die Arbeiter in der asturischen Bergbauregion eine umfassende Allianz geschlossen und sich gut vorbereitet auf den bewaffneten Kampf (Bild von 1937)

NACH IHREM SIEG verhaften Ordnungskräfte der Regierung, hier Angehörige der Guardia Civil, Tausende Rebellen – und foltern sie oftmals brutal

Hauptlast des Angriffs in Asturien übernehmen, unterstützt von Armeeverbänden aus dem Kernland. Insgesamt schickt Madrid 26 000 professionelle Soldaten.

Franco übernimmt de facto ihre Führung – auf Geheiß des Ministers, aber inoffiziell und unter Umgehung des normalen Dienstwegs. Denn eigentlich zuständig wäre der eher liberal gesinnte Generalstabschef des Heeres. Doch Hidalgo vertraut dem jüngeren Offizier mehr, dessen kühle militärische Professionalität ihn beeindruckt. Seine Kommandozentrale richtet sich Franco im Telegrafenzimmer des Kriegsministeriums in Madrid ein.

Schon am 7. Oktober erhalten die Truppen in Nordafrika Marschorder, einen Tag später gehen die ersten Soldaten der Legion an Bord eines Kreuzers, Kurs Gijón.

Die Hafenstadt an der Küste Asturiens ist die offenkundige strategische Schwachstelle der Revolutionäre. Von hier aus lassen sich Truppen rasch nach Oviedo und ins Kohlerevier bringen, viel leichter als über die engen Gebirgsstraßen im Landesinneren oder über Eisenbahnstrecken, die sich leicht blockieren lassen. Franco weiß das, er war selbst von 1917 bis 1920 in Oviedo stationiert.

Im Morgengrauen des 10. Oktobers landen die ersten Legionäre im Hafen von Gijón außerhalb des Zentrums. Ein anderer Kreuzer der Marine hatte zuvor schon die Stadt unter Feuer genommen, in der Revolutionäre Barrikaden errichtet haben, vor allem Fischer und Hafenarbeiter, die aufseiten der Mineros kämpfen.

Die Soldaten aus Afrika gehen mit aller Härte gegen die mit nur wenigen Gewehren ausgerüsteten Arbeiter vor. Dringend vom Revolutionskomitee in Oviedo angeforderte Waffen sind nicht gekommen; dort ist bis kurz zuvor selbst noch gekämpft worden. Binnen Stunden brechen die Soldaten den Widerstand in Gijón. Wer sich ihnen in den Weg stellt, wird niedergemacht.

Am Abend darauf stehen die Regierungstruppen schon vor dem 25 Kilometer entfernten Oviedo, wo sich die Revolutionäre aus dem Kohlerevier verschanzt haben. Ein erbitterter Häuserkampf beginnt. Teilweise von Zimmer zu Zimmer verteidigen die Arbeiter die Gebäude. Doch der Feuerkraft des professionellen Militärs, vor

IN KÜRZE

Als im Oktober 1934 die ultrakonservative Partei CEDA an der Regierung der Republik beteiligt wird, rufen Spaniens Sozialisten den Aufstand aus. Doch nur in Asturien beginnen Bergleute des dortigen Kohlereviers und andere Arbeiter energisch den Kampf gegen den Staat. Sie erobern die Provinzhauptstadt Oviedo und weitere Orte, versuchen dort, eine revolutionäre Gesellschaft nach sozialistischen Idealen zu verwirklichen. Aber die Machthaber in Madrid schicken eine Armee nach Asturien, die – dirigiert von General Francisco Franco – den Aufstand mit maßloser Gewalt niederschlägt.

Lesen Sie auch **»Aufstand und Okkupation: Jahre des Zorns«** (aus GEO*EPOCHE* Nr. 114) über Konflikte im Ruhrgebiet der 1920er Jahre auf *www.geo-epoche.de*

allem den Maschinengewehren der Legionseinheiten, haben die Milizionäre wenig entgegenzusetzen. Zudem tauchen immer wieder Bomber der spanischen Luftwaffe über Oviedo auf, klinken ihre zerstörerische Last aus, feuern aus ihren MGs. Den Verteidigern bleibt nur, Deckung zu suchen.

Am 14. Oktober haben die Kampftruppen der Regierung das Rathaus und die Zweigstelle der Bank von Spanien zurückerobert. Fünf Tage später besetzen sie auch Mieres im Herzen des Reviers, dort, wo der Aufstand seinen Ausgang genommen hatte.

Die Asturische Revolution ist nach zwei Wochen zusammengeschossen, mit schrecklichem Blutzoll. Schätzungsweise 1500 Arbeiter sind gefallen, mehrere Hundert Regierungssoldaten und Polizisten sind ebenfalls tot. Die Einheiten der Legion aus Nordafrika zählen lediglich 13 Gefallene.

Die Legionäre und die Angehörigen der Regulares behandeln die Region wie besetztes Feindesland. Sie vergewaltigen und morden, stehlen Schmuck und Uhren, ja selbst Bettzeug, das sie später in den Straßen an die verängstigten Bürger zurückverkaufen. Viele der Befehlshaber schauen weg, manche fördern den Terror sogar noch.

LITERATURTIPPS

GABRIEL JACKSON
»The Spanish Republic and the Civil War, 1931–1939«
Klassiker über den Bürgerkrieg – und den Weg dorthin (Princeton University Press).

ADRIAN SHUBERT
»The Road to Revolution in Spain – The Coal Miners of Asturias 1860–1934«
Erzählt umfassend die Geschichte der Kohlearbeiter in Asturien (University of Illinois Press).

Am 24. Oktober folgt eine Machtdemonstration des von Rechten dominierten Staates: Der Justizminister von der ultrakonservativen CEDA, der Bauminister sowie Kriegsminister Hidalgo nehmen im zerstörten Oviedo eine Parade der Sturmtruppen ab. Mit dabei, als der eigentliche Kopf des Gegenschlages: Francisco Franco. Er gilt den Linksgerichteten in der Bevölkerung künftig als „Schlächter Asturiens“.

Doch damit ist für die Arbeiter die Leidenszeit nicht vorbei. Hidalgo ernennt einen für seine Grausamkeit berüchtigten Offizier der Guardia Civil, Major Lisardo Doval, zum „Beauftragten für die öffentliche Ordnung“ und stattet ihn mit Sondervollmachten aus. Gestützt auf Einheiten von Polizei und Armee und ungehindert durch Gesetz und Gerichte, kann er nach Belieben foltern, um Geständnisse von mutmaßlichen Teilnehmern am Aufstand zu erpressen – und tut dies auch mit brutalen Methoden.

Wohl an die 30 000 Menschen, Männer, Frauen, Heranwachsende, werden in den Wochen nach Niederschlagung des Aufstands verhaftet, viele misshandelt und gefoltert. Doval ist ein Sadist – er lässt seinen Opfern etwa Holzsplitter unter die Fingernägel treiben und Männern die Hoden quetschen.

Als die unsäglichen Taten publik werden und öffentliche Empörung auslösen, lässt der Ministerpräsent Anfang Dezember 1934 Doval seines Amtes entheben, offiziell wegen Insubordination.

Den Sozialisten Teodomiro Menéndez indes, der den bewaffneten Kampf seiner Genossen abgelehnt hatte, verhaften Regierungssoldaten als angeblichen Rädelsführer. Im Gefängnis wird er schwer misshandelt, ein Gericht verurteilt ihn zum Tode, bei einem Fluchtversuch stürzt er aus einem Fenster und bricht sich mehrere Knochen. Doch er überlebt.

Und muss bald mitansehen, wie die taumelnde Republik in einem abermaligen, weit größeren Ringen von Rechten gegen Linke versinkt. ◊

ZWEI WOCHEN nach Beginn des Aufstands ist Oviedo ein Trümmerfeld. Die Truppen der rechten Regierung haben Asturien besetzt. Mehr als 1000 Arbeiter sind tot, dazu Hunderte Regierungssoldaten und Polizeikräfte

Juli 1936

Staatsstreich

Der PUTSCH

Eine linke Regierung in Madrid, Attentate auf den Straßen, niedergebrannte Kirchen. Eine Gruppe rechtsgerichteter Offiziere nimmt die angespannte politische Lage in Spanien im Frühjahr 1936 als Vorwand für einen Staatsstreich. Doch ihr Plan, die Macht innerhalb weniger Tage an sich zu reißen, scheitert. Aus dem Aufstand erwächst ein grausamer Bürgerkrieg

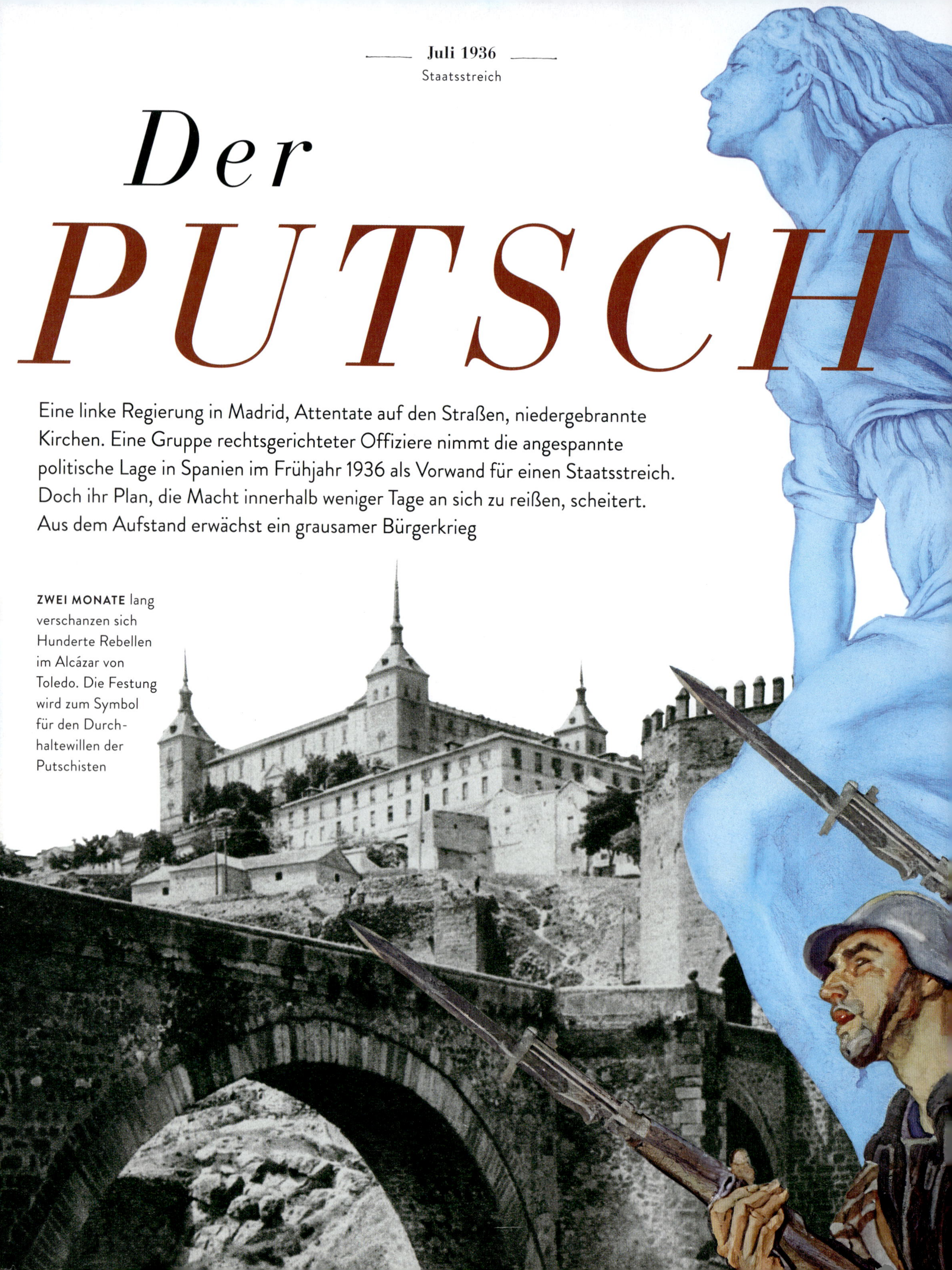

ZWEI MONATE lang verschanzen sich Hunderte Rebellen im Alcázar von Toledo. Die Festung wird zum Symbol für den Durchhaltewillen der Putschisten

DIE MACHT der Bilder nutzen während des Putsches sowohl Nationalisten als auch ihre linken Gegner. Ein besonders eifriger Propagandist aufseiten der Aufständischen ist Carlos Sáenz de Tejada. In seinem Werk »Cara al Sol« (»Gesicht zur Sonne«) verherrlicht er 1940 die gleichnamige faschistische Hymne. Von ihm stammen auch die Illustrationen auf den folgenden Seiten

der Generäle

TEXT: *Cay Rademacher*

DIE OFFIZIERE PLANEN EINE BLUTIGE DIKTATUR

Sonntag, 8. März 1936, Madrid. Im Haus des Geschäftsmannes José Delgado versammeln sich einige Generäle zu einem heimlichen Treffen – so heimlich, dass selbst heute nicht ganz klar ist, welche Offiziere genau daran teilnehmen. Unbestritten sind bloß wenige Fakten: Die Militärs planen einen Putsch. Und ihr Anführer ist ein asketischer Mann, der einen Beobachter „eher an einen päpstlichen Sekretär als an einen General" erinnert. General Emilio Mola.

Mola war Sicherheitschef unter dem Regime von König Alfons XIII. (siehe Seite 22). Nach dem klandestinen Treffen in der Hauptstadt wird er nach Pamplona gehen, um einen von insgesamt acht spanischen Militärbezirken zu kommandieren – ein mächtiger, doch keineswegs der ranghöchste General Spaniens.

Doch er ist in Sorge. Aus Molas Sicht versinkt seine Heimat im Chaos. 269 politische Morde, 1287 körperliche Angriffe, 160 niedergebrannte Kirchen, 113 Generalstreiks, 228 regionale Streiks und zehn verwüstete Zeitungsredaktionen wird ein konservativer Politiker allein für die ersten vier Monate des Jahres 1936 bilanzieren.

Nur drei Wochen zuvor haben Wahlen stattgefunden: Gut 34 Prozent stimmten dabei für die zur „Volksfront" zusammengeschlossenen Linksparteien, etwa 33 Prozent für die Rechten der „Nationalen Front", nur gut fünf Prozent erhielt das bürgerliche Zentrum. (Die restlichen Stimmen waren überwiegend Enthaltungen oder entfielen auf andere Parteien und Separatisten.)

Die Rechten verachten die Republik. Ihr charismatischer Anführer José Calvo Sotelo verkündet: „Ich nenne mich selbst stolz einen Faschisten!" Er träumt von einem Spanien nach dem Vorbild von Mussolinis Italien.

In der größten Linkspartei – den Sozialisten – träumen viele von einer iberischen Variante der bolschewistischen Revolution. Der 66-jährige Gewerkschaftsboss Francisco Largo Caballero hält aufrührerische Reden – und verhindert, dass die Sozialisten in die gewählte Regierung eintreten, sie tolerieren bloß widerstrebend ein Kabinett der Republikaner.

Präsident wird schließlich im Mai Manuel Azaña, ein Intellektueller, der Voltaire übersetzt, doch körperlich so unattraktiv ist, dass er sein Leben zurückgezogen verbringt, arrogant, bitter, ein schlechter Menschenkenner. Sein Premier- und Marineminister Santiago Casares Quiroga, wohlhabend, liberal, gibt sich schon beinahe irrational optimistisch, obwohl (oder vielleicht weil) er von Tuberkulose gezeichnet ist.

Kein Politiker, so sieht es Mola, kann die Nation aus ihren endemischen Konflikten führen, das kann nur die Armee. Die ist allerdings absurd kopflastig, auf weniger als 150 000 Soldaten kommen mehr als 10 000 Offiziere, darunter beinahe 200 Generäle. Und auch die Monarchie hat abgewirtschaftet, wer wüsste das besser als Mola, der für die Sicherheit unter dem letzten König verantwortlich war?

Er bereitet die Verschwörer, die im Haus des Geschäftsmannes José Delgado zusammengekommen sind, an diesem Sonntag deshalb auf einen Putsch neuer Art vor: Die Armee soll sich zum gegebenen Zeitpunkt in jeder der 50 Provinzen erheben und dabei mit ihnen zugewandten Beamten der Provinzverwaltungen zusammenarbeiten. Wenn irgend möglich sollen auch Anhänger der populären faschistischen Bewegung Falange dabei sein, damit die Rebellion im Volk unterstützt wird. Nur so könne man den Feind so schnell wie möglich dezimieren und die Macht im ganzen Land übernehmen.

Eine Macht, die Mola keineswegs einem unfähigen König in die Hände legen will. Er plant, den alten General José Sanjurjo als Staatschef einzusetzen. Sanjurjo ist ein Lebemann und miserabler Organisator, der 1932 einen Putsch anführte, bei dem selbst die Prostituierten Madrids vorab wussten, wann die Offiziere losschlagen wollten. Er scheiterte kläglich und lebt seither im portugiesischen Exil. Doch Sanjurjo ist trotz allem hochverehrt – der ideale Strohmann.

Die eigentliche Gewalt soll von Mola ausgehen, *El Director* nennen ihn seine Gefolgsleute, den Mann, der nach dem Putsch als eine Art Militär-Premier die Politik bestimmen will, und die wird blutig sein: Der Feind – gemeint sind alle, die nicht Nationalisten sind – solle sofort „sehr gewaltsam vernichtet werden", verkündet er, Gegnern drohen „exemplarische Strafen", Streiks werden „erwürgt". Molas Ideal ist wohl

AUFSTÄNDISCHE führen Ende August 1936 nahe Madrid republiktreue Kämpfer ab. Doch anders als geplant gelingt den Nationalisten die rasche Einnahme der Hauptstadt nicht

nicht der Faschismus, denn er führt keine Partei und ist kein Demagoge, sondern eine Form von Militär- und Technokraten-Diktatur.

Das Treffen in Madrid ist nur das erste einer langen Reihe heimlicher Übereinkünfte. Fortan reisen Soldaten in Zivilkleidung oder junge Frauen aus erzkonservativen reichen Familien durch Spanien. Sie überbringen Briefe und weihen weitere Offiziere ein: etliche Generäle, vor allem jedoch jüngere Oberste, Majore, Hauptleute, die energischer und gewalttätiger sind und eher zum Losschlagen bereit. Denn für sie bedeutet ein Putsch auch: bessere Karrierechancen.

Ein Problem kann Mola jedoch weder während des ersten Treffens noch in den nächsten Wochen lösen: Die kampfkräftigsten Truppen der Armee stehen in der Kolonie Marokko: 47 000 Mann. Und diese Einheiten sind einem anderen General ergeben – Francisco Franco.

Und obwohl Franco in Madrid dabei ist, weiß niemand so ganz genau, was er denkt.

°

DIENSTAG, 23. JUNI, Teneriffa. Franco schreibt einen Brief an Premier- und Kriegsminister Quiroga, in dem er gegen die Versetzung von rechtsgerichteten Offizieren auf unbedeutende Posten protestiert. Dies habe „Einfluss auf die Disziplin der Armee." Was meint er damit? Ist das eine verklausulierte Warnung? Will Franco die Regierung auf diese Weise gar indirekt über den Putschplan informieren, ohne dabei die Namen seiner Kameraden zu nennen? Oder ist das ein Alibi-Brief? Plant Franco, mit Mola zu putschen, und schickt dieses Dokument bloß ab, damit später in den Geschichtsbüchern steht, er habe aber auch wirklich alles versucht, um die Regierung auf die Seite der Armee zu ziehen, sei dann aber förmlich zum Aufstand gezwungen worden? Quiroga jedenfalls beantwortet das Schreiben nicht einmal.

Dabei ist der Absender genau einer jener Offiziere, vor denen der Brief warnt: rechtsgerichtet und von der Regierung kaltgestellt. Francisco Franco Bahamonde ist als 15-Jähriger in die Armee eingetreten: klein gewachsen, dicklich, hohe Stimme, schüchtern. Er trinkt keinen Alkohol und hat keine außerehelichen Affären, ist aber auch nicht sonderlich religiös. Er ist diszipliniert bis zur Grausamkeit, auch den eigenen Leuten gegenüber, dazu vom Schlachtenglück gesegnet. Von 1912 an kämpft er in Marokko. Die in Nordafrika stationierten Einheiten verehren ihn wie keinen zweiten Truppenführer. 1935, da ist er gerade Mitte vierzig, wird er Generalstabschef in Madrid.

Dann der Sturz: Die neue Regierung misstraut den politischen Ambitionen Francos, der 1934 einen Arbeiteraufstand in Asturien brutal

EMILIO MOLA
Der 49-jährige General ist der Drahtzieher des Putsches. Mit dem Militärcoup will er das angebliche politische Chaos im Land beenden

FRANCISCO FRANCO
Die ihm ergebene Afrika-Armee ist entscheidend für den Erfolg des Umsturzes. Doch Franco zögert lange, sich den Putschisten anzuschließen

JOSÉ CALVO SOTELO
Der populäre Rechtsradikale wird Mitte Juli von einem Polizisten erschossen. Für die Verschwörer um Mola der Anlass zum Losschlagen

niedergeschlagen hatte, und versetzt ihn am 21. Februar als militärischen Befehlshaber über die Kanaren mit Hauptquartier auf Teneriffa.

Die Kanareninsel ist militärisch nicht nur unbedeutend, sie ist vor allem isoliert. Sollte der General aufs Festland, nach Marokko oder selbst nur nach Gran Canaria übersetzen wollen, muss er zunächst das Kriegsministerium um Erlaubnis fragen. Und selbst wenn er heimlich fortgehen wollte, wie könnte er das tun? Spanien verfügt kaum über militärische und keine zuverlässigen zivilen Flugzeuge. Franco ist gewissermaßen auf Teneriffa gefangen.

Selbst Mola und die anderen Verschwörer werden nicht klug aus seiner *retranca*, seinen „Hintergedanken". Kaum jemand sieht ihn ja seit dem ersten Treffen in Madrid persönlich. Ein amerikanischer Journalist nennt Franco in dieser Zeit „den am wenigsten aufrechten Menschen, dem ich je begegnet bin". Und General Sanjurjo, nominell der Kopf der Putschisten, gesteht einem Vertrauten gegenüber ratlos: „Wir werden Spanien mit oder ohne Franquito retten."

°

FREITAG, 10. JULI, Pamplona. Junge Bullen werden während des Festivals San Fermín durch die engen Straßen getrieben, Männer laufen vor ihnen her. Hier, in der erzkonservativen Provinz Navarra, ist wenigstens diese Tradition noch intakt – in Madrid streiken unterdessen selbst die Stierkämpfer (und die Kellner, die Liftboys, die Bauarbeiter).

Mola mischt sich unter die Zuschauer, neben ihm ein anderer Offizier, ein Oberst. Vertrauliche Gespräche. Wohl an diesem Tag (oder möglicherweise an einem der folgenden) kommt eine Nachricht aus Teneriffa: Franco macht mit! Gut möglich, dass sich der Zauderer erst jetzt endgültig zur Verschwörung bekennt, weil inzwischen sehr viele Offiziere dabei sind. Er soll die ihm ergebenen Truppen in Marokko zum Aufstand führen. Nur: Wie kommt Franco von den Kanaren nach Nordafrika?

°

SAMSTAG, 11. JULI, Flughafen Croydon bei London. Eine zweimotorige De Havilland Dragon Rapide der Olley Airways Company startet. Der Londoner Korrespondent einer monarchistischen Zeitung hat die Maschine gechartert, das Geld hat Juan March gegeben, ein reicher spanischer Unternehmer. Der Journalist sitzt im Flieger, neben ihm nehmen ein britischer Bekannter und zwei junge Frauen Platz. Die Damen und der Freund glauben, ebenso wie der britische Pilot, an einen touristischen Rundflug durch Spanien und Marokko. Erst in der Luft erfährt der Pilot, dass er in Wahrheit ein ganz anderes Endziel ansteuern soll: Las Palmas.

Madrid. In der Regierung laufen Gerüchte um, dass ein Putsch bevorsteht. Ein Luftwaffenmajor etwa warnt Premierminister Quiroga, dass Piloten heimlich Waffen und Bomben zur Seite schaffen. Der Marineminister José Giral annulliert alle Manöver vor den Küsten Marokkos und der Kanaren, damit keine Schiffe Truppen nach Spanien bringen könnten. Außerdem beordert er einige als besonders verlässlich geltende Seeleute als Funker auf die Schiffe und in das Hauptquartier des Marinefunks in Madrid, um die Kommunikation zu allen Einheiten zu sichern.

Selbst als Quiroga weitere Warnungen erreichen, antwortet er jedoch bloß jovial: „So, es gibt eine Rebellion? Ich für meinen Teil werde mich jetzt zur Ruhe legen."

°

SONNTAG, 12. JULI, Lissabon. Die Dragon Rapide ist in Portugal zwischengelandet. Der Journalist trifft Sanjurjo. Der alte General versichert: „Franco ist *der* Mann für einen erfolgreichen Aufstand!" Das Flugzeug startet Richtung Casablanca. Von Nordafrika aus wird es auf den Atlantik hinausfliegen, zu den Kanaren.

°

MONTAG, 13. JULI, Madrid, gegen 3.00 Uhr morgens. Mehrere Offiziere der Guardia Civil verhaften Calvo Sotelo in dessen Wohnung. Sie sind wütend, weil Stunden zuvor Falangisten einen Polizisten in Madrid ermordet haben. Der Monarchistenführer wehrt sich nicht, steigt ins Auto. Eine Viertelmeile Fahrt durch die Sommernacht. Schweigen. Plötzlich zieht einer der Polizisten seine Waffe und schießt Sotelo eine Kugel in den Nacken. Die Männer fahren die Leiche mit dem Wagen zum Ostfriedhof, sagen dem Friedhofswächter aber nicht, wer der Tote ist.

Gegen Mittag. Irgendwie spricht sich herum, dass Sotelo erschossen worden ist, auch die Details sickern durch. (Der Mörder selbst hat noch in der Nacht sozialistische Journalisten informiert.) Ein Schock. Calvo Sotelo ist Abgeordneter in den Cortes, dem Parlament Spaniens, seine Mörder sind Offiziere der Guardia Civil – selbst gemäßigte Konservative und Liberale glauben nun, die Regierung schicke uniformierte Killer aus, um Gegner zu beseitigen. An diesem Tag verliert die Republik den Rückhalt in großen Teilen des Bürgertums.

Premier Quiroga tagt stundenlang mit den Ministern. Dazu bedrängen ihn Sozialisten, dass Armee und Polizei ihre Waffenkammern öffnen und den Arbeitern Gewehre und Munition aushändigen. Nur die Arbeiter könnten jetzt noch den Staat verteidigen! Doch Quiroga verweigert das, denn in seinen Augen würde er damit einen Bürgerkrieg auslösen.

Pamplona. Mola hat bislang organisiert und organisiert und noch mehr organisiert, und vielleicht hat er doch immer gezögert, den entscheidenden Schritt zu wagen. Nach dem Mord an Sotelo aber zwingen ihn die Mitverschwörer zum Handeln. Der Anwalt José Antonio Primo de Rivera, Sohn des vormaligen Diktators (siehe Seite 22) und zweiter Führer der Faschisten, der bereits seit einigen Monaten im Gefängnis sitzt, schickt aus der Haft ein Ultimatum: Wenn die Armee nicht innerhalb von 72 Stunden putsche, dann werde die Falange allein losschlagen.

Mola sendet ein codiertes Telegramm an eingeweihte Offiziere: „Am vergangenen 15., um 4.00 Uhr morgens, wurde Helena ein schönes Kind geboren.“ Es bedeutet: Der Putsch beginnt am 18. Juli um 5.00 Uhr morgens mit den Kolonialtruppen in Marokko (die hauptsächlich aus Berufssoldaten und Söldnern bestehen), 24 Stunden später mit einer Revolte in Spanien selbst (wo viele Wehrpflichtige dienen).

El Director plant, dass Franco nach Marokko fliegt und mit seinen Soldaten die Kolonie sichert. Ist das erreicht, sollen die weniger kampfstarken Einheiten auf dem Festland losschlagen. Mola selbst will den ganzen Norden

BILDER BESCHWÖREN DEN KAMPF BIS ZUM LETZTEN

VOLLER PATHOS feiert dieses Bild den Durchhaltewillen der Garnison von Oviedo. In Asturiens Hauptstadt verbarrikadieren sich Rebellen im Juli 1936 und halten drei Monate linken Milizen stand

JOSÉ SANJURJO
Der im Exil lebende alte General soll neuer Staatschef werden. Aber auf dem Weg zurück nach Spanien stürzt sein Flugzeug ab

SANTIAGO CASARES QUIROGA
Der republikanische Premierminister nimmt die Rebellion zunächst nicht ernst, weigert sich, Gewehre an Arbeiter auszugeben

GONZALO QUEIPO DE LLANO
Der General erobert die linke Hochburg Sevilla – und schüchtert mit aggressiven Reden im Radio die Bewohner ein

unter seine Kontrolle bringen und anschließend gegen Madrid marschieren, wo sich die dortige Garnison ebenfalls erhebt. Weitere Generäle sollen Barcelona und Katalonien einnehmen (auch dort unterstützt von lokalen Verschwörern). Und Franco muss nach der Sicherung Marokkos über das Mittelmeer wechseln, um die Putschisten im Süden der Iberischen Halbinsel zu unterstützen.

Ernsthaften Widerstand erwartet Mola nur in Madrid und der linken Hochburg Sevilla. Der Rest Spaniens, so denkt er, wird leicht zu unterwerfen sein.

°

DIENSTAG, 14. JULI, Madrid. Quiroga unterbindet Sitzungen der Cortes zeitweilig und lässt zwei rechte Zeitungen verbieten, um die Erregung zu mildern. Derweil schießen in einigen südlichen Vororten Anhänger der rivalisierenden sozialistischen und anarchistischen Gewerkschaften aufeinander. Konservative Politiker packen ihre Sachen und fliehen mit ihren Familien aus der Hauptstadt, manche nach Norden, andere bis nach Frankreich. Die Atmosphäre ist immer angespannter.

°

DONNERSTAG, 16. JULI, südliches Mittelmeer. Die Admiralität beordert nun doch den Zerstörer „Churruca“ und das Kanonenboot „Dato“ in die Gewässer zwischen Spanien und Marokko. Sie sollen verhindern, dass die Truppen von Nordafrika auf die Iberische Halbinsel übersetzen.

Las Palmas. Der Militärgouverneur der Kanaren, ein Mann der Regierung, wird bei Übungen auf dem Schießstand versehentlich tödlich in den Bauch getroffen. (Oder auch nicht versehentlich: Bis heute halten sich Gerüchte, dass Franco bei diesem „Unfall“ seine Hand im Spiel hatte.) Franco jedenfalls ist den lästigen Vorgesetzten los und hat zugleich einen Vorwand, Teneriffa zu verlassen: Er verkündet, er werde zur Beisetzung des Militärgouverneurs nach Las Palmas reisen.

Mitten in der Nacht besteigt Franco ein kleines Boot, das ihn übersetzt. Ein eingeweihter Beamter händigt ihm einen Diplomatenpass aus, mit dem er ohne strenge Kontrollen die Kanaren verlassen könnte.

°

FREITAG, 17. JULI, Melilla, gegen Mittag. Offiziere treffen sich heimlich im Kartenraum der Garnison in der östlichsten Stadt von Spanisch-Marokko. Sie verstecken Waffen für den Aufstand und weihen die Führer der örtlichen Falangisten ein – einer von denen ist jedoch ein Spitzel der Regierung.

General Manuel Romerales Quintero, fett, träge, aber loyal, will die Verschwörer daraufhin verhaften – und wird von ihnen erschossen. Die Offiziere verhängen das Kriegsrecht über Melilla, besetzen wichtige Gebäude, informieren telefonisch Kameraden in Marokko sowie telegrafisch Franco, der inzwischen auf Las Palmas eingetroffen ist.

Der Putsch beginnt einen Tag früher als geplant.

Innerhalb weniger Stunden besetzen Verschwörer Tetuán und Ceuta, die beiden anderen bedeutenden Städte der Kolonie. Ein Oberst, der Arabisch spricht, kontaktiert den Kalifen und den Großwesir und bringt diese auf die Seite der Putschisten – indem er ihnen weismacht, die weltliche Republik werde sie entmachten.

Franco antwortet mit einem Telegramm, das nicht nur den Putschisten in Marokko, sondern praktisch allen Armee-Einheiten zugesandt wird: „Ruhm der heldenhaften Afrika-Armee. Spanien über alles. Blinder Glaube an den Sieg.“

Allerdings gelingt es loyalen Beamten, die Regierung in Madrid zu alarmieren. Und einige regierungstreue Soldaten unter Major Ricardo de la Puente Bahamonde halten den Flughafen von Tetuán – obwohl der Offizier ein Cousin Francos ist.

°

SAMSTAG, 18. JULI, Las Palmas. Franco übernimmt das Kommando über die Truppen auf den Kanaren. Er verliest im Radio ein Manifest. Er verkündet seinen „Sieg“ und verspricht eine „neue Ordnung“ für Spanien, sogar „Brüderlichkeit, Freiheit und Gleichheit“. Alle Stationen der

UNERWARTETE GEGNER der Nationalisten sind die vielen linken Freiwilligen, die sich zur Verteidigung der Republik in Milizen zusammengeschlossen haben. Uniformen tragen die Hilfssoldaten oft nicht, wie dieser MG-Schütze nahe Huesca

Kanaren und Marokkos senden den Text. Einerseits ist das eine klare Rebellion, andererseits doch ziemlich vage. Was haben die Putschisten wirklich vor? Der Name General Sanjurjos, der doch der Anführer der Verschwörer sein soll, wird von Franco beispielsweise nicht einmal erwähnt.

Madrid. Kabinettssitzung, Empörung, Entscheidungsschwäche. Noch immer bleiben die Waffenkammern verschlossen, wer Arbeitern Gewehre gibt, droht Quiroga, „der wird erschossen". Und Franco nimmt er kaum ernst: „Der ist auf den Kanaren in der Abstellkammer."

Chaos auf den Straßen: Die Taxifahrer stellen ihre 3000 Autos bereit, um Freiwillige dorthin zu fahren, wo sich die Putschisten erheben. Nur: Wohin genau? Und wen soll man fahren, die meisten Männer sind ja noch unbewaffnet?

Nach und nach treffen Nachrichten aus Andalusien ein: Córdoba, Algeciras, Jerez sind bereits von Putschisten der lokalen Garnisonen besetzt. Sogar Sevilla fällt – ein Großteil der Stadt wird im Handstreich vom draufgängerischen General Gonzalo Queipo de Llano erobert, der regierungstreue Offiziere gnadenlos exekutieren lässt. Die überrumpelten Arbeiter zünden zwar Kirchen an und errichten Barrikaden, doch die wichtigsten Gebäude der Stadt gehören bereits den Verschwörern. Queipo de Llano nutzt Radio Sevilla, um fortan prahlerische Propagandareden zu halten, die von vielen Leuten gehört werden.

Erst gegen Abend sendet Radio Madrid eine Nachricht, dass der Putsch „niedergeschlagen" sei – was das erste offizielle Eingeständnis der Regierung ist, dass es überhaupt einen Putsch gegeben hat. Danach wird leichte Musik gespielt. Zur Beruhigung der Massen.

An Bord des Zerstörers „Sánchez Barcaíztegui". Auch dieses Schiff ist von Marineminister José Giral nach Marokko geschickt worden, um die Putschisten zu blockieren – doch Kapitän und Offiziere hören Francos Aufruf und schließen sich ihm an. Sie lassen vor Melilla ankern. Erst jetzt versammelt der Kapitän die Matrosen und verkündet, dass sie fortan aufseiten Francos kämpfen werden. Eisiges Schweigen. Dann ruft jemand: „Nach Cartagena!" Meuterei.

Die Matrosen sperren ihre Offiziere ein, lichten Anker. Die „Sánchez Barcaíztegui" beschießt die Putschisten zuerst in Melilla, später in Ceuta. Schließlich kehrt sie nach Spanien in einen noch von der Regierung kontrollierten Hafen zurück.

Madrid, 21.00 Uhr. Nachtsitzung des Kabinetts. Quiroga tritt zurück. Präsident Azaña

MANUEL AZAÑA
Der introvertierte Intellektuelle und republikanische Politiker steht formal bis zu Francos Sieg im Frühjahr 1939 an der Spitze des Staates

BENITO MUSSOLINI
Italiens faschistischer Diktator unterstützt die Rebellen mit Flugzeugen – ohne diese Hilfe wäre der Umsturz wohl bald zusammengebrochen

JOSÉ ANTONIO PRIMO DE RIVERA
Der Gründer der faschistischen Falange führt die Bewegung aus dem Gefängnis heraus und schließt sich den Putschisten an

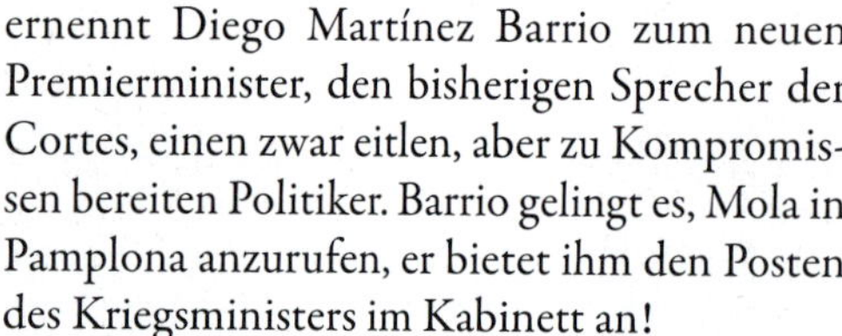

ernennt Diego Martínez Barrio zum neuen Premierminister, den bisherigen Sprecher der Cortes, einen zwar eitlen, aber zu Kompromissen bereiten Politiker. Barrio gelingt es, Mola in Pamplona anzurufen, er bietet ihm den Posten des Kriegsministers im Kabinett an!

Doch der Putschist sieht die Lage realistischer. „Jeder ist bereit zur Schlacht“, erwidert Mola höflich. „Wenn ich diesen Männern jetzt sage, dass ich mich mit Ihnen arrangiert habe, wird mein Kopf der erste sein, der fällt. Und dasselbe würde Ihnen in Madrid passieren. Keiner von uns kann die Massen noch kontrollieren.“

°

SONNTAG, 19. JULI, Madrid. Barrio gibt nach nicht einmal zwölf Stunden den Premierministerposten auf, sein Nachfolger wird Marineminister José Giral, ein ehemaliger Professor. Der, endlich, öffnet die Madrider Arsenale und lässt auf Lastwagen Gewehre zu den Gewerkschaftshäusern bringen. Sozialisten, Anarchisten und Kommunisten werden bewaffnet, zuerst in der Hauptstadt und in Barcelona, dann überall im Land – sofern die Regierung dort noch Macht hat. Für die Gebiete, die bereits von Putschisten kontrolliert werden, kommt der Befehl zu spät.

Giral sendet ein Telegramm an den linksgerichteten französischen Regierungschef Léon Blum: „Von gefährlichem Putsch überrascht – stopp – Bitte um sofortige Unterstützung mit Waffen und Flugzeugen – stopp – Brüderliche Grüße, Giral.“

Doch Blum zögert. Die verbündete britische Regierung hat Geschäftsinteressen in Spanien und deshalb Sympathien für die Verschwörer, London will nicht eingreifen. Blum will aber nicht allein handeln – und schickt nur einige Flugzeuge.

Barcelona, 4.00 Uhr morgens. Putschende Offiziere führen Soldaten aus einer Kaserne im Westen der Metropole Richtung Zentrum. Doch die Arbeiter haben einige Waffenlager gestürmt, etwa das im Hafen liegende Gefängnisschiff „Uruguay“. Außerdem bleiben die meisten Polizisten und Angehörige der Guardia Civil loyal, sogar viele einfache Soldaten laufen zu ihnen über.

Schüsse, Barrikaden, schwere Kämpfe in der Stadt. Der Angriff der Verschwörer auf Barcelona scheitert, der kommandierende General wird gegen Abend gefangengenommen – und gezwungen, über Radio Barcelona die Kapitulation zu verlesen. Viele Stationen im Land wiederholen die Sendung.

Tetuán. Die Verteidiger ergeben sich, weil die Putschisten drohen, sie mit Kanonen zusammenzuschießen. Franco landet mit der Dragon Rapide. Er glaubt schon nicht mehr an einen raschen Erfolg. „Es mag länger dauern als die meisten Leute denken“, sagt er einem Vertrauten während des Flugs, „aber wir werden sicherlich gewinnen.“

Kaum gelandet, bestätigt er das Todesurteil gegen den Verteidiger des Flughafens, Major de la Puente Bahamonde – sein Cousin wird daraufhin exekutiert.

Der Zerstörer „Churruca“ bringt die ersten 200 Soldaten von Marokko nach Cádiz – an Bord ist das Funkgerät defekt, die Matrosen wissen nichts vom Putsch. Die Offiziere jedoch haben, vermutlich über Radio, davon erfahren und sich auf Francos Seite geschlagen. Doch nur kurz – bald meutern die Matrosen, wie auf den anderen Booten der Marine. Auf einem anderen Zerstörer ermorden Seeleute alle Offiziere. Ein Matrosenrat übernimmt das Kommando und fragt bei der Admiralität an, was man mit den Leichen machen solle. „Leichen in feierlicher Zeremonie über Bord werfen“, kommt die lakonische Antwort.

In den folgenden Stunden werden etwa ein Drittel aller Offiziere der Flotte von den eigenen Crews getötet, die meisten Kriegsschiffe bleiben unter Regierungskontrolle. Franco sitzt mit seinen kampfkräftigen Truppen in Nordafrika fest. Nur mit einem Kanonenboot und einigen Flugzeugen kann er fortan noch Männer nach Andalusien schmuggeln.

Pamplona. Mola hat fast keinen Widerstand zu überwinden – im Gegenteil. Jubel, Begeisterung, Kriegslust! Aus der konservativen Provinz Navarra strömen binnen weniger Stunden Tausende Freiwillige in die Stadt. Mola lässt sie aus den Arsenalen der Armee bewaffnen.

Doch ansonsten sind die Nachrichten weniger gut: In Kastilien, ähnlich konservativ wie Navarra, fallen zwar nach kurzen Scharmützeln oder ganz ohne Kämpfe Burgos, Saragossa, Segovia, Salamanca, Ávila, Valladolid. Auch Mallorca und Ibiza sind in seiner Hand. Doch Madrid, Barcelona, fast ganz Katalonien, Teile Südspaniens stehen fest an der Seite der Regierung, dazu Menorca und zwei der vier Provinzen des Baskenlandes mit den beiden größten Städten dort, Bilbao und San Sebastián.

Ähnlich wie Franco erkennt auch Mola, dass dieser Sonntag ein Entscheidungstag ist: Der rasche Putsch ist gescheitert, stattdessen beginnt ein Bürgerkrieg. Die Verschwörer sind besser bewaffnet, doch selbst dort, wo sie die Macht übernommen haben, zahlenmäßig oft in der Minderheit. In einer Rede vor Bürgermeistern des Distrikts von Pamplona verkündet Mola deshalb: „Es ist notwendig, dass wir eine Atmosphäre des Terrors verbreiten. Wir müssen den Eindruck erwecken, die Macht zu haben. Jeder, der offen oder heimlich ein Unterstützter der Volksfront ist, muss erschossen werden."

In den Putschistenregionen beginnen Massenexekutionen von Gouverneuren und Beamten, loyalen Soldaten und Polizisten, Gewerkschaftern, Intellektuellen, Arbeitern – mit dem Segen der Kirche. Die Geistlichen bitten zumeist nur darum, dass man den Opfern die Zeit für eine letzte Beichte gewährt.

°

MONTAG, 20. JULI, Tetuán. Franco kontaktiert den italienischen Konsul und den Militärattaché in Tanger und bittet das faschistische Italien um Waffenlieferungen. Er deutet dabei an, dass er selbst ein zukünftiges faschistisches Spanien führen werde. Doch Mussolini, der außenpolitische Verwicklungen vor allem mit Frankreich fürchtet, ist zunächst vorsichtig und antwortet zehn Tage lang nicht auf die Depeschen. (Dann aber wird er Kampfflugzeuge zu Franco nach Marokko schicken.)

Bald darauf spricht der General mit zwei deutschen Geschäftsleuten in Nordafrika, sie mögen seine Bitten um Unterstützung an Adolf Hitler weiterreichen. Hier sind die Verhandlungen noch komplizierter – unter anderem, weil sich viele Vermittler einschalten, bis Francos Demarche überhaupt in Hitlers Hände gelangt. Im August allerdings wird das nationalsozialis-

DER AUFSTAND TOBT AUF DER SEE, AN LAND UND IN DER LUFT

MIT DEM GEWEHRKOLBEN schlägt ein linker Meuterer auf einen anderen Marinesoldaten ein. In den ersten Tagen des Putsches erheben sich auf vielen Schiffen Matrosen gegen nationalistische Offiziere

IM INNENHOF der Montaña-Kaserne von Madrid reihen sich Tote. Truppen der Regierung haben den Komplex gestürmt und Hunderte Rebellen ermordet. Schon bald verüben die Truppen der Putschisten noch fürchterlichere Massaker

tische Deutschland im „Unternehmen Feuerzauber" ebenfalls auf Francos Seite in den Konflikt eingreifen (siehe Seite 86).

Madrid. Arbeiter, regierungstreue Soldaten und Guardia Civil belagern die Montaña-Kaserne im Westen der Metropole. Dort haben sich etwa 2500 Putschisten, Monarchisten und Falangisten verschanzt. Die Baracken werden beschossen, sogar von einem Flugzeug aus bombardiert. Gegen Mittag ergeben sich die Putschisten, Hunderte werden massakriert.

Im Radio hält die kommunistische Abgeordnete Dolores Ibárruri eine anfeuernde Rede, in der sie die Parole „¡No Pasarán!" ausgibt: „Sie werden nicht durchkommen!" Bis zum Abend sind alle Kasernen der Stadt in Regierungshand. Etwa 50 Kirchen werden niedergebrannt, konservative Zeitungsredaktionen besetzt. Überall werden spontan echte oder vermeintliche Gegner der Republik getötet.

Sevilla. Auf dem strategisch wichtigen Flughafen der Stadt landet eine Fokker mit Soldaten aus Marokko. Um den Terror zu steigern, exekutieren diese Kolonialsoldaten gefangene Arbeiter nicht mit Gewehren, sondern metzeln sie mit Messern nieder.

Putschisten gewinnen schließlich auch Granada, Teile Galiziens mit der Hauptstadt La Coruña (wo Falangisten den 27-jährigen Gouverneur und später auch seine schwangere Frau umbringen) sowie die Provinz León. Dort leben zwar viele gut organisierte, linksgerichtete Bergleute, doch die sind nach Madrid gezogen, um in der Hauptstadt zu kämpfen, und fehlen nun bei der Verteidigung ihrer Heimat.

Allerdings bleiben Valencia, Almería und Alicante loyal (in dieser Stadt ist der Faschistenführer José Primo de Rivera inhaftiert – er wird ein paar Wochen später erschossen). Auch viele Schiffsbesatzungen stehen zur Regierung.

Lissabon. General Mola hat eine De Havilland Puss Moth, ein winziges Flugzeug, gen Portugal geschickt, um General Sanjurjo nach Spanien zu bringen. Der Pilot grüßt den alten Offizier militärisch-zackig als „Oberhaupt des spanischen Staates". Die etwa 40-köpfige Entourage Sanjurjos stimmt spontan patriotische Lieder an, der General ist gerührt. Doch zum Entsetzen des Piloten besteht er darauf, schweres Gepäck mitzunehmen: Er müsse sich ja schließlich in Paradeuniform präsentieren, wenn er in Spanien die Macht übernehme.

Die gefährlich überladene Maschine startet, kommt nicht richtig in die Luft, der Propeller streift Baumwipfel – und die Puss Moth stürzt ab. Sanjurjo verbrennt im Flugzeugwrack.

Die Putschisten haben ihren nominellen Anführer verloren. Der Falange-Führer Calvo Sotelo ist bereits tot, Primo de Rivera verhaftet. Bleiben als Köpfe der Verschwörung nur noch Mola und Franco.

°

FREITAG, 24. JULI, Burgos. In der zentralspanischen Putschistenhochburg beruft Mola auf

LITERATURTIPPS

HUGH THOMAS
»The Spanish Civil War«
Gute und klare Gesamtdarstellung des Bürgerkriegs (Penguin)

ANTONY BEEVOR
»Der Spanische Bürgerkrieg«
Gut lesbarer Band mit Schwerpunkt auf den Kriegsverlauf (C. Bertelsmann)

Drängen einiger konservativer Politiker eine Junta ein, damit die Verschwörer endlich so etwas wie eine offizielle Regierung bilden. Wieder entscheidet er sich für einen Strohmann als Vorsitzenden: General Miguel Cabanellas. Neben Mola amtieren drei weitere Generäle und zwei Oberste – aber kein Zivilist, kein Führer der Falange und nicht einmal Franco.

Der ist immer noch in Marokko und für Mola so etwas wie ein Mythos. Er entsendet mit dem Flugzeug einen Hauptmann dorthin, um zu erfahren, was sein Kamerad eigentlich vorhat. Erst im August wird er ihn in die Junta aufnehmen, ohne dass die beiden Generäle bis dahin je richtigen persönlichen Kontakt haben werden. (Und erst am 21. September 1936 werden sich auf einem Flugfeld nahe von Salamanca alle führenden Putschisten treffen – und Franco zum militärischen Oberkommandierenden wählen. Es ist für ihn der entscheidende Schritt hin zur Alleinherrschaft.)

Tatsächlich ist Spanien nun politisch zerrissen. Madrid, Barcelona, der Osten und Südosten, weite Bereiche des Baskenlandes, Asturien sowie Menorca sind republikanisch geblieben. Mola kommandiert den Nordwesten und Teile des Westens, die meisten Balearen-Inseln. Franco ist Herr von Marokko und den Kanaren. Der erratische General Queipo de Llano bestimmt in Teilen Andalusiens die Dinge.

Und das ist noch eine vereinfachte Darstellung der chaotischen Lage, denn tatsächlich bilden sich inmitten des Territoriums der einen Seite Widerstandsnester der anderen – so ist etwa Granada eine Festung der Putschisten im republikanischen Südosten.

Allerdings haben die Verschwörer zwei Organisationen, die zumindest in ihren Gebieten so etwas wie ein einigendes Band schaffen: die Kirche und die Falange.

Bis auf zwei sprechen sich alle Bischöfe Spaniens für die Putschisten aus. Franco wiederum entdeckt auf einmal seine fromme Gesinnung, gibt sich respektvoll gegenüber der Kirche, besucht die Messe. Mit den Kirchen und Klöstern gewinnen die Putschisten einen landesweiten Rückhalt.

Die Falange ist zwar undiszipliniert – selbst ein aus NS-Deutschland angereister Beobachter schimpft sie „nur einige junge Leute, die mit Feuerwaffen herumspielen". Doch die Faschisten sind beinahe die einzige Organisation, in der Sympathisanten der Verschwörer eintreten können, ohne in die Armee oder Kirche zu gehen. Die Falange nimmt binnen weniger Wochen Tausende Neumitglieder auf.

Aus Molas Militärregime wird ein faschistischer Staat, weil es für seine Anhänger kaum eine andere Möglichkeit als die Falange gibt, um ihn zu unterstützen.

°

IM SOMMER 1936, in jener kurzen Spanne, da sich die Rebellion einiger Offiziere in einen Bürgerkrieg verwandelt, werden von allen Seiten echte oder vermeintliche Gegner umgebracht oder einfach bloß alte Rechnungen beglichen. Da viele Täter kein Interesse daran haben, die Zahl ihrer Opfer zu registrieren, lässt sich die Dimension des Grauens nur schätzen.

In den Putschistenregionen begehen Soldaten, Falangisten und Monarchisten in den ersten sechs Monaten des Bürgerkrieges mindestens 50 000 Morde. Zahllose Arbeiter (Frauen wie Männer) sind unter den Toten, aber auch 34 Parlamentsabgeordnete sowie Professoren, Lehrer, Ärzte, Buchhändler. Die Gewalt ist von den Anführern des Aufstandes gewollt und oft explizit angeordnet.

In den republikanischen Gebieten geht der Terror meist von spontan gebildeten „Komitees" aus Sozialisten, Kommunisten oder Anarchisten aus. Auch sie exekutieren, fast immer ohne Autorisierung durch die Regierung, mehrere Zehntausend Menschen, darunter mehr als 6800 Kleriker und Nonnen.

Der Putsch führt Spanien nicht allein in den Bürgerkrieg, weil sich am Ende jener fatalen Aufstandswoche zwei Machtblöcke das Land teilen. Sondern auch und vor allem, weil die Verschwörung in einem Massaker mündet.

Fortan ist kein Kompromiss mehr möglich und Frieden schon gar nicht. Jede Seite muss bis zum bitteren Ende kämpfen, denn auf beiden Seiten haben Tausende Blut an den Händen.

Der ehemalige Präsident Manuel Azaña wird Jahre später die Folgen des Putsches resigniert so bilanzieren: „Ein Teil des Landes hasste den anderen – und fürchtete ihn." ◊

Lesen Sie auch **»Benito Mussolini – Der Zerstörer«** (aus GEO*EPOCHE* Nr. 110) auf *www.geo-epoche.de*

IN KÜRZE

Nach einem knappen Wahlsieg linker Parteien im Februar 1936 planen rechtsgerichtete Generäle um Emilio Mola einen Staatsstreich. Auch Francisco Franco soll sich mit dem kampfstarken Afrika-Korps den Verschwörern anschließen. Sie schlagen Mitte Juli los, doch anders als erhofft können sie nur Teile des Landes unter ihre Kontrolle bringen. Ein langer, zäher Bürgerkrieg beginnt.

AUS DER konservativen Provinz zieht Amparo Barayón nach Madrid, um ein freieres Leben zu führen. Nach dem Putsch flieht sie zurück in die Heimat, wird dort jedoch von Rechten ermordet, wie Tausende andere

IM VISIER DER TÄTER

Weil sie gegen die überkommene Ordnung verstoßen, werden viele emanzipierte, selbstbewusste Frauen von den Traditionalisten und Faschisten verfolgt. So auch Amparo Barayón, die sich mit dem örtlichen Gouverneur anlegt – und stirbt

TEXT: *Tanja Beuthien*

Am 28. August 1936 kommen sie, um Amparo Barayón zu holen. Vier bewaffnete Männer hämmern an ihre Tür in der Kleinstadt Zamora im Nordwesten Spaniens. Als die 32-Jährige öffnet, zerren sie Barayón von ihrer sechs Monate alten Tochter und von ihrem Sohn fort. Augenzeugen berichten später, wie sich der fast zweijährige Ramón brüllend an sie klammert und auf der Treppe die Lippen blutig schlägt, während sie seine Mutter mit Gewalt fortbringen. Er wird sie nie wiedersehen.

Amparo Barayón ist eines von Tausenden Opfern, die in den ersten Monaten des Spanischen Bürgerkrieges von rechten Bürgerwehren verschleppt werden. Es sind Anhänger der antirepublikanischen Putschisten und der faschistischen Bewegung Falange, die sich gegen Nachbarn, manchmal sogar gegen Mitglieder der eigenen Familie wenden. Gegen Republikaner, Demokraten, Linke.

Zu ihrem Feindbild gehören außerdem emanzipierte Frauen. Denn in den Augen von Traditionalisten und Faschisten stellen sie die althergebrachte patriarchalische und klerikale Gesellschaftsordnung infrage, gefährden die soziale Stabilität Spaniens.

Barayón ist eine dieser modernen Frauen. Mit 26 Jahren flüchtet sie aus der Enge Zamoras nach Madrid. Als kurz darauf die Zeit der Republik anbricht, findet sie eine Stellung bei der Telefongesellschaft, besucht Lesungen und Literatentreffen – und lernt den republikanischen Schriftsteller Ramón Sender kennen, der sich für die Ideen anarchistischer Arbeitervertreter einsetzt. Auch Barayón engagiert sich, streikt etwa für eine bessere Bezahlung und legt im Auftrag der Gewerkschaft sogar einmal eine Bombe in ihrer Arbeitsstelle (niemand kommt dabei zu Schaden).

Die Fotos, die sie ihren Verwandten nach Zamora schickt, zeigen eine Frau mit herausforderndem Blick, burschikosem Kurzhaarschnitt und extravaganter Kappe. Im Oktober 1934 bringt sie ihren Sohn zur Welt. Doch erst 1935, als sie mit ihrer Tochter Andrea schwanger ist, heiratet sie den Vater der Kinder, Ramón Sender, auf dem Standesamt.

Von ihrem unkonventionellen Leben berichtet Barayón freimütig in den Briefen nach Hause. Ihr jüngerer und ihr älterer Bruder teilen ihre Ansichten, aber der Mann ihrer älteren Schwester entwickelt sich zum Anhänger der Falangisten.

Nach dem Militärputsch im Juli 1936 und den ersten Massakern an mutmaßlich linken, marxistischen und atheistischen Zivilisten befürchten Barayón und Sender auch Unruhen in Madrid. Mit den Kindern ziehen sie daher in das Bergbauerndorf San Rafael, gut 50 Kilometer nordwestlich der Hauptstadt gelegen. Als wenig später auch dort Bombardierungen beginnen, ist Sender bereits abgereist und schließt sich kurz darauf den republikanischen Truppen an. Abwechselnd hält er sich an der Front und in Madrid auf. Barayón flieht mit den Kindern in ihre Heimatstadt. Sie ahnt wohl nicht, dass dort die Putschisten die Oberhand gewonnen haben.

In Zamora erfährt Barayón vermutlich am 28. August von der Ermordung ihres jüngeren Bruders, der Mitglied in der Sozialistischen Partei war. Am selben Tag vermittelt ihr ihr Schwager Berichten zufolge einen Termin beim Militärgouverneur, es soll um die Ausstellung eines Passes für die Ausreise nach Portugal gehen. Doch beim Gouverneur verliert Barayón die Fassung, beschimpft den Mann, macht ihn für den Tod ihres Bruders verantwortlich. Kurz nach ihrer Rückkehr in die Wohnung holt die Bürgerwehr sie ab.

Polizeibeamte werfen sie am darauffolgenden Tag im Gefängnis in eine Zelle, in der sich bis zu 40 Frauen drängeln: verschmutzt, verängstigt, manche halb verhungert. Viele haben ihre Kinder bei sich, auch Barayón bekommt ihre Tochter zum Stillen zurück. Aufseher und Geistliche misshandeln die Frauen, beschimpfen sie. Jeden Tag verlesen Falangisten im Gefängnis die Todeslisten, erschießen Junge, Schwangere, Alte. Insgesamt werden mehrere Tausend Menschen allein in Zamora ermordet.

Am 10. Oktober kurz vor Mitternacht schleppen Männer Amparo Barayón aus der Zelle. Der Priester hat ihr bei der letzten Beichte die Absolution verweigert – weil sie nicht kirchlich getraut ist und deshalb in Sünde gelebt habe. Auf dem Friedhof schießt ein früherer Verehrer, mittlerweile Rechtsanwalt und Mitglied einer Todesschwadron, sie im Licht der einzigen Laterne nieder.

Mehr als vier Jahrzehnte später wird ihr Sohn Ramón Sender Barayón Familienangehörige und andere Zeitzeugen aufsuchen, die Geschichte seiner Mutter rekonstruieren und ein Buch darüber schreiben. Es heißt: „Ein Tod in Zamora." ◊

Die RETTER

Anfang November steht Francos Armee in den Vororten von Madrid. Der Premierminister ist geflohen, die Einwohner fürchten ein grausames Massaker der Nationalisten. Doch dann erscheint eine Truppe, mit der niemand gerechnet hat: die Internationalen Brigaden, ein Heer von Freiwilligen aus ganz Europa

von MADRID

DIE KOMMUNISTISCHE Politikerin Dolores Ibárruri ruft übers Radio die Madrilenen zum Widerstand auf. Auch außerhalb Spaniens wirbt sie um Unterstützung für die rechtmäßige linke Regierung, wie hier in Paris

WIE EIN CANYON zieht sich die Gran Vía weit durch Madrids Innenstadt. Auf diesem Prachtboulevard erblicken die Einwohner erstmals die neu gegründete internationale Armee, die den Angriff der rechten Rebellen auf die Hauptstadt aufhalten wird

TEXT: *Oliver Fischer*

Das Wunder beginnt an einem trostlosen Sonntagmorgen. Nieselregen sprüht über die Gran Vía, die schluchtartige Hauptstraße Madrids mit ihren Banken, Hotels und Cafés. Nur wenige Passanten sind an diesem 8. November 1936 unterwegs – und werden um kurz vor zehn Uhr Zeugen einer Szenerie, die ihnen unwirklich vorkommen muss: Eine große Schar Soldaten marschiert von Osten her die Straße hinunter, vielleicht 2000 Mann, bekleidet mit Korduniformen und blauen Baretts, die Gewehre geschultert. Am Ende des Zuges rollen Lastwagen, hoch beladen mit Munition und Maschinengewehren.

Manche Passanten beobachten die Kolonne zunächst mit Argwohn: Wer sind diese Soldaten? Seit Tagen hören die Einwohner Madrids immer neue, beklemmende Nachrichten: Die nationalistischen Rebellen unter General Francisco Franco, die seit ihrem Putsch im Juli mit ungeheurer Grausamkeit durchs Land ziehen, haben zwei Tage zuvor die Außenbezirke der Hauptstadt erreicht. Das Feuer ihrer Geschütze ist bis ins Zentrum zu hören.

Der sozialistische Premierminister der Republik, Francisco Largo Caballero, ist mit seinem Kabinett nach Valencia geflohen. Und die regierungstreuen Truppen, die immer wieder den Putschisten weichen müssen, sind demoralisiert, können die Stadt kaum noch schützen. Zugleich gehen Gerüchte um, dass sich in der Stadt längst Tausende heimliche Franco-Anhänger bereithalten, um jeden Moment zu den Waffen zu greifen.

Zu wem also gehören die Soldaten in den Korduniformen?

Einer der Offiziere, der über die Gran Vía marschiert, bemerkt die Unsicherheit der Passanten. Und lässt seine Männer ein Lied anstimmen, das alle Zweifel beseitigen soll: „Die Internationale". Auf Deutsch, Französisch und Italienisch singen die Soldaten das Kampflied der Arbeiterbewegung.

Groß ist die Erleichterung bei den Menschen auf den Bürgersteigen. Sie beginnen zu klatschen, recken geballte Fäuste in die Luft und rufen laut: „Salud". Aus Cafés eilen Kellner und Gäste herbei, aus den Seitenstraßen Anwohner. Manche weinen vor Freude, andere umarmen die Soldaten.

Und Dolores Ibárruri, eine populäre kommunistische Abgeordnete, feiert die gute Nachricht kurz darauf im Radio: „Legionen von Kämpfern kommen, um uns zu helfen."

PASSANTEN weinen vor Freude

Die Soldaten auf der Gran Vía gehören zu den „Internationalen Brigaden". Erst drei Wochen alt ist diese Armee aus Freiwilligen. Aber in dieser kurzen Zeit haben sich ihr schon mehrere Tausend Männer (und einige Frauen) angeschlossen, um den Spaniern im Kampf gegen die nationalistischen Rebellen zu helfen. Franzosen, Italiener, Deutsche und Polen sind unter ihnen, aber auch Ungarn, Jugoslawen und Juden aus Palästina – in diesem Herbst schon Bürger aus rund zehn Staaten. Manche treibt Abenteuerlust, andere die Aussicht auf Sold. Die meisten aber kommen der aus ihrer Sicht guten Sache wegen, um den Vormarsch des Faschismus in Spanien aufzuhalten.

Es sind Männer wie Jakob Lorscheider, ein gelernter Schlosser aus dem Saarland, der sich schon in jungen Jahren in seiner Heimat bei den Kommunisten engagiert hat. Nach dem Anschluss des Saargebiets an das nationalsozialistische Deutschland ist er 1935 nach Frankreich geflohen – und ein Jahr später mit 700 weiteren Freiwilligen per Schiff nach Spanien gereist.

Oder John Cornford, 31, ein Urenkel Charles Darwins, der politische Gedichte schreibt und den Sport liebt – und sich gemeinsam mit mehreren Freunden bei

FREIWILLIGE aus mehr als 50 Nationen kommen nach Spanien, um die Republik zu verteidigen. Hier britische Brigadisten während einer Kampfpause im Juli 1937

den Brigaden gemeldet hat. Und Jan Kurzke, ein Hamburger Maler und überzeugter Sozialist, der seit dem Aufstieg Hitlers im Exil gelebt hat, zuletzt in London, und von dort auf die Iberische Halbinsel gekommen ist.

Die Angehörigen der Internationalen Brigaden kämpfen für einen Staat, über den sie meist nur wenig wissen. Kaum einer beherrscht die Landessprache. Und ein Großteil von ihnen hat bis vor einigen Wochen noch nie mit einem Gewehr geschossen oder eine Handgranate geschleudert. Doch dieser von Improvisation und Idealismus zusammengehaltenen Truppe wird sehr bald etwas gelingen, was bei ihrem Einzug in Madrid Anfang November fast unvorstellbar scheint: Sie tragen entscheidend dazu bei, der Armee Francos ihre erste große Niederlage zu bereiten.

Dabei haben Franco und seine Mitverschwörer nach ihrem Putsch zunächst Glück gehabt und einen mächtigen Verbündeten gefunden: Adolf Hitler. Als ihr Aufstand im Juli 1936 nach wenigen Tagen ins Stocken geraten war (siehe Seite 46), haben sie Ende des Monates zwei Unterhändler nach Bayreuth gesandt. Dort besucht der Diktator gerade die Wagner-Festspiele. Noch beschwingt von einer Aufführung des „Siegfried" hört Hitler sich die Bitten der Emissäre an: Sie benötigen dringend Transportflugzeuge, Luftabwehrgeschütze und Soldaten – sonst bricht ihr Aufstand rasch zusammen.

Hitler gewährt ihnen die Unterstützung, denn der Putsch kommt ihm höchst gelegen: Würde sich die von Kommunisten, Sozialisten und bürgerlichen Republikanern getragene Volksfront-Regierung in Madrid an der Macht halten, wäre Spanien neben Frankreich bereits das zweite große europäische Land unter linker Führung. In Hitlers wahnhafter Weltsicht ein bolschewistischer Block, der die deutschen Machtansprüche gefährdet.

Schon zwei Tage nach dem Besuch der Unterhändler starten mehrere Ju-52-Transportflugzeuge der Luftwaffe in Richtung Spanien. Bald sind 20 dieser Maschinen am Mittelmeer stationiert. Sie pendeln über die Straße von Gibraltar und bringen so 15 000 Sol-

ANFANG NOVEMBER 1936 stehen Francos Truppen bereits in den Außenbezirken von Madrid. Vor allem im Nordwesten der Stadt lauern Soldaten mit schussbereiten Gewehren in Häusern, auf Hügeln und Bäumen, darunter viele marokkanische Söldner

daten von Francos Afrika-Armee aus Spanisch-Marokko auf die Iberische Halbinsel, unterstützt von Fliegern aus dem ebenfalls faschistisch regierten Italien und deutschen Kriegsschiffen. Es ist die erste große Luftbrücke der Geschichte – ohne die von Deutschen und Italienern eingeflogenen Truppen hätten die Putschisten den Kampf gegen die linke Regierung in Madrid verloren.

So aber weitet sich der Krieg in Spanien zu einem internationalen Konflikt aus (auch das ebenfalls faschistisch regierte Portugal beteiligt sich mit Waffenlieferungen und Krediten).

Die aus Afrika eingetroffenen Soldaten sammeln sich bei Sevilla im Südwesten. Die meisten von ihnen sind Marokkaner. Diese von den Spaniern *Moros* genannten Söldner ziehen unter Francos Oberbefehl in mehreren Kolonnen Richtung Madrid – denn nur wer die Hauptstadt besitzt, ist Herr über Spanien.

Gemeinsam mit den Bombardements deutscher und italienischer Flieger bringen sie Terror und Tod über etliche Orte. In jeder Stadt, jedem Dorf, das sie einnehmen, machen sie Jagd auf tatsächliche oder vermeintliche Linke. Vergewaltigen Arbeiterfrauen, treiben Männer in Stierkampfarenen, bauen auf den Balustraden Maschinengewehre auf und töten Tausende.

Die Moros sind von den Einheimischen besonders gefürchtet. Allerdings sind ihre Gewaltexzesse keine Taten einer außer Kontrolle geratenen Soldateska – sondern von den nationalistischen Militärführern ausdrücklich gewünscht. Schon vor Beginn der Rebellion hielt einer der Verschwörer in einem Geheimpapier fest: „Man muss im Kopf behalten, dass die Aktion auf extreme Weise gewalttätig sein muss, um die feindlichen Kräfte so schnell wie möglich zu reduzieren.“ So erlauben die Offiziere den Nordafrikanern, in neu eroberten Orten zwei Stunden lang zügellos zu plündern.

Die Blutschneise, die Francos Krieger durch den Südwesten Spaniens schlagen, ist eine Warnung an alle, die sich ihm widersetzen wollen. Und das sind viele.

Da sind die regierungstreuen Bataillone der regulären spanischen Armee – an die 100 000 Mann. Dazu die unüberschaubar große Zahl von Bürgerinnen und Bürgern in den Milizen – Freiwilligenverbände, vor wenigen Wochen erst gegründet, oft von Gewerkschaften oder Parteien.

Sie haben sich in den ersten chaotischen Tagen nach dem Umsturzversuch Waffen besorgt und den ersten Vorstoß der Rebellen in Katalonien, dem Baskenland und vielen anderen Orten zurückgedrängt. Noch operieren sie unabhängig von der staatlichen Armee – und haben erreicht, dass mehr als die Hälfte des Landes unter Kontrolle der linken Regierung bleibt, darunter Madrid und der südliche Teil Kastiliens, Katalonien und die Region um Valencia. Die Rebellen dagegen herrschen über Gebiete im Norden und Westen, die Kanarischen Inseln und Mallorca.

Wie auf der Seite Francos kämpfen auch bei den Milizen viele Menschen aus dem Ausland. Die ersten von ihnen sind kurz vor dem Putsch Mitte Juli nach Spanien gereist, als Teilnehmer und Gäste der „Volksolympiade“ in Barcelona. Sie ist eine Gegenveranstaltung zu den Olympischen Spielen, die Hitler in diesem Jahr in Berlin ausrichten lässt – Juden und Schwarze etwa sind hier ausdrücklich willkommen. Nach dem Putsch der Generäle einen Tag vor der Eröffnung sind viele der meist linksgerichteten Athleten und ihrer Begleiter im Land geblieben – und den Milizen der Einheimischen beigetreten.

Und das war erst der Anfang. Aufgerüttelt durch den Staatsstreich reisen den gesamten Sommer über junge Menschen zu Hunderten nach Spanien. Sie kommen allein oder in kleinen Gruppen, überqueren in Zügen, Bussen, manchmal auch auf Fahrrädern die französische Südgrenze und gelangen so direkt in die Gebiete der Republikaner.

Viele der ausländischen Milizionäre stammen aus Deutschland und Italien und waren vor den faschistischen Regimen dort bereits zuvor in Nachbarländer geflohen. Nach Spanien in den Krieg zu ziehen ist für sie eine Chance, der Taten- und Perspektivlosigkeit des Exils zu entkommen – und der Angst vor einer Abschiebung in die diktatorische Heimat.

Freiwillige aus Großbritannien und den USA treibt oft die Sorge, dass sich nach einem Sieg der Rechten in Spanien der Faschismus weiter ausbreiten und auch in ihren Heimatländern neue Anhänger finden könnte. Sie haben bedrückt verfolgt, wie nicht nur in Deutschland und Italien, sondern auch in anderen westlichen Staaten faschistische Bewegungen erwachsen sind, in Norwegen etwa oder Rumänien.

Fast alle dieser ausländischen Kämpfer eint das Gefühl, an einem Wendepunkt der Weltgeschichte zu stehen: dem großen, weit über Spanien hinausreichenden Ringen zwischen Faschismus und Kommunismus, zwischen rechter Menschenverachtung und linkem Streben nach einer gerechteren Welt. Oder, wie es der englische Schriftsteller Stephen Spender, der für britische Zeitungen aus Spanien berichtet, einmal ausdrückt: dem „Kampf um die Seele Europas".

Obwohl viele dieser Freiwilligen sich als Kommunisten verstehen, bleibt Josef Stalin, Herrscher über die mächtige kommunistische Sowjetunion, auf Distanz zu ihnen. Denn der Diktator befindet sich in diesem Sommer in einem Dilemma: Er möchte die Beziehungen seines außenpolitisch isolierten Landes mit den Demokratien Frankreich und Großbritannien verbessern, um sich vor dem militärisch erstarkten Deutschland zu schützen.

DIE KÄMPFER der Internationalen Brigaden und weitere Truppen der Republikaner verteidigen die Universitätsstadt gegen die Putschisten. Auf diesem Areal verläuft die hart umkämpfte Front

Unterstützt er die linken Milizen in Spanien offen, schickt er gar Truppen, so seine Sorge, würde das besonders den konservativen britischen Premierminister Stanley Baldwin abschrecken. Andererseits kann er nicht untätig zusehen, wie Franco daran arbeitet, eine linke Regierung zu stürzen. Stalin entscheidet sich Ende September für eine Strategie der gezügelten Hilfe: Er schickt der Republik Panzer, Bomber und Ausbilder – aber eben keine sowjetischen Soldaten.

Damit beteiligen sich nun vier Diktaturen am Krieg in Spanien: Deutschland, Italien, Portugal und die UdSSR. (Dass die Sowjetunion unter Stalin eine Diktatur ist, können oder wollen viele der linken Freiwilligen nicht sehen.)

Von den europäischen Demokratien eilt keine der Regierung in Madrid zu Hilfe. Besonders Großbritannien fürchtet, dass sich der Konflikt in Spanien zu einem großen europäischen Krieg ausweiten könnte. Daher hat das Königreich im August mit Frankreich und 25 weiteren europäischen Staaten ein „Nicht-Einmischungs-Komitee" gegründet, das etwa Waffenlieferungen auf die Iberische Halbinsel stoppen soll. Allerdings gehören dem Komitee auch Deutschland, Italien und die Sowjetunion an – drei Staaten, die bereits in den ersten Wochen die Vereinbarung unterlaufen. Da die Hilfe durch Stalin spärlicher ausfällt als die durch die Faschisten, hilft die Nichteinmischungspolitik der übrigen Länder faktisch den Rebellen um Franco.

Eben weil der sowjetische Staatschef keine Soldaten schickt, entwickelt die Kommunistische Internationale – die von Stalin gelenkte Weltorganisation der Kommunisten – einen Plan, wie andere ausländische Truppen unter roter Flagge in Spanien kämpfen können. Aus den vielen Freiwilligen unterschiedlicher Nationen, die bis jetzt spontan und unorganisiert ins Land gekommen sind, will sie eine straffe, Zehntausende Mann starke Armee aufbauen: die „Internationalen Brigaden", eine Streitmacht von Linken aus aller Welt.

Dem Premierminister in Madrid gefällt die Idee nicht: Zwar sollen die Brigaden formell unter dem Oberkommando der Spanier stehen, allerdings werden ausländische Funktionäre der Komintern den Großteil der Führungsposten übernehmen. Aber weil Largo Caballero nicht auf Stalins Waffenlieferungen verzichten kann, stimmt er Mitte Oktober schließlich notgedrungen zu.

Rom und BERLIN helfen Franco

Bereits einige Tage zuvor haben Komintern-Vertreter begonnen, ein Hauptquartier für die Internationalen Brigaden einzurichten: in Albacete, einer reizlosen kastilischen Provinzstadt, die aber so gut ans Eisenbahnnetz angebunden ist, dass sich die neu ausgebildeten Truppen bei Bedarf über die Schiene rasch nach Madrid oder Barcelona transportieren lassen.

„Die Stadt war weder alt noch pittoresk noch interessant", hält Jan Kurzke, der Hamburger Maler, später in seinen Erinnerungen fest. Er gehört zu den ersten, die in diesem Herbst in dem spröden Ort einquartiert werden.

Zuvor hatte er sich in Paris bei einem der Rekrutierungsbüros der Brigaden – betrieben vom Gewerkschaftsbund und der französischen KP – eingeschrieben.

Mit vielen anderen Rekruten ist der Künstler dann in einem überfüllten Zug nach Marseille gereist und von dort per Schiff nach Spanien. Unterwegs hat er John Cornford kennengelernt, den Dichter und Darwin-Urenkel, und sich mit ihm und dessen Begleitern angefreundet.

Als Kurzke und seine neuen Bekannten in Albacete aus dem Zug steigen, empfangen die Einheimischen sie mit Jubel. Dankbar, dass Hilfe gegen die Franco-Truppen eingetroffen ist, werfen sie ihnen Blumen zu, begleiten sie zu ihren Quartieren.

Die Unterkünfte der Brigadisten liegen über den Ort verstreut in Polizeibaracken, einer alten Klosterschule und weiteren Gebäuden. Die Dächer sind oft erst Stunden zuvor geflickt worden. Immerhin kann Kurzke auf einer Matratze schlafen, viele seiner Kameraden nächtigen auf Zementböden oder in den stickigen Gewölben der Stierkampfarena. Für bald mehr als 1000 Männer gibt es nur zwei Wasserpumpen.

Auch Jakob Lorscheider, der kommunistische Schlosser aus dem Saarland, zieht im Oktober in eines der Quartiere ein. Arbeiter wie er stellen die Mehrheit in Al-

AUS PFLASTERSTEINEN bauen Nachbarn eilig Barrikaden, um sich vor Francos Truppen zu schützen. Oft übernehmen Frauen diese Arbeit

bacete; die Intellektuellengruppe um Kurzke ist eine Ausnahme.

Wenn die Neuankömmlinge in den folgenden Tagen durch die beiden Hauptstraßen laufen oder das Rotlichtviertel des Ortes besuchen, hören sie ein Stimmengewirr aus Polnisch, Italienisch, Deutsch und vielen anderen Sprachen, dazu das Spanisch der Einheimischen. Wohl kaum ein Ort in Europa klingt in diesen Wochen so polyglott wie das kleine Albacete.

Oberkommandierender der Brigaden ist André Marty, ein Franzose aus Marseille, der zum Führungskader der Kommunistischen Internationalen gehört. Er ist ein prahlerischer Mann, versessen auf Disziplin und hartes Exerzieren. Er soll aus den Männern, viele davon ohne jegliche Militärerfahrung, schlagkräftige Stoßtruppen formen – Einheiten, die ganz vorn an der Front den Feind attackieren.

Fünf Stunden Drill pro Tag haben Marty und sein Stab angeordnet. Kurzke und seine britischen Freunde werden dazu täglich von einem korpulenten französischen Offizier in einen Wald vor der Stadt geführt. Dort lernen sie, beobachtet von vielen Einheimischen, nach Kommando zu marschieren. Einige freisinnige Rekruten stören sich an solchen Übungen und wollen diskutieren: Warum im Marschschritt laufen? Warum salutieren? Haben sie sich dafür dem Kommunismus verschrieben? Eine „absurde Demokratisierung“ nennt ein Komintern-Funktionär solche Einwürfe.

Da Ausbilder fehlen, exerzieren Kurzke und seine Kameraden oft weniger als fünf Stunden. Den Umgang mit Schusswaffen lernen sie wohl nur oberflächlich. Dazu sind die Gewehre oft veraltet. Zum Teil sind sie von Unterstützern aus dem Ausland gespendet, und auch die Rote Armee ist froh, in Spanien angejahrtes Material loszuwerden. Ein Offizier spottet, das Arsenal der Brigadisten sähe aus „wie die Sammlung eines Waffenmuseums“.

Doch der Dienst bei der Freiwilligen-Truppe ist lukrativ: Die spanische Regierung zahlt den Brigadisten zehn Peseten am Tag. Das ist viel für Männer, die im Exil oft jahrelang in Armut lebten – und mehr, als manch einheimischer Zivilist verdient. Und fast jeder, der schon einmal einen höheren Rang als Gefreiter bekleidet hat, darf damit rechnen, zum Befehlshaber einer Gruppe befördert zu werden.

Überraschend schnell endet die Zeit in Albacete für Kurzke und viele seiner Kameraden. Denn

U-BAHNHÖFE werden in diesem Herbst zu Bunkern. Tief unter der Erde hoffen die Einwohner Madrids, den Bomben deutscher und italienischer Flieger zu entkommen

Ende Oktober stehen die Putschisten nur noch zehn Kilometer von Madrid entfernt – die Hauptstadt ist in großer Gefahr!

Marty und sein Stab fassen daher gut 2000 Mann zur XI. Internationalen Brigade zusammen (da die reguläre spanische Armee zehn Brigaden hat, erhalten die internationalen Verbände nun die Nummern XI bis XV). Anfang November schicken sie die Freiwilligen in den Krieg. Kurzke, Cornford und Lorscheider besteigen Züge in Richtung Madrid – nach höchstens zwei Wochen Ausbildung und mit Waffen, an denen sie kaum geschult sind.

Madrid! Das ist eine Stadt von 900 000 Einwohnern, in gewöhnlichen Zeiten eine mondäne, vergnügungslustige Metropole. Straßenbahnen rattern über die breiten Boulevards im Zentrum, an denen sich prachtvolle Etagenhäuser reihen. Adelige, Anwälte und Politiker wohnen hier. In fast jedem Straßenblock finden sich Cafés, in denen Journalisten und Künstler bis in den Morgen über die neuesten Gerüchte debattieren, die aus den Regierungsgebäuden dringen. In Theatern führen Schauspieler neben Klassikern die Stücke von Federico García Lorca auf, dem avantgardistischen Dichter aus Andalusien.

In diesen Kriegszeiten aber ist die Stimmung gedrückt. Die Regierung hat eine Ausgangssperre ab 23 Uhr angeordnet. In den Vororten beginnen Einwohner, Barrikaden aus Pflastersteinen und mit Sand gefüllten Weinfässern zu bauen. Und aus Lautsprechern in den Straßen ist die heisere Stimme von Dolores Ibárruri zu hören, der kommunistischen Abgeordneten mit dem Gesicht einer strengen Bäuerin, die in diesen Wochen zu einer Ikone des Widerstands wird.

In aufrüttelnden Reden ruft sie zum Kampf gegen die heranrückenden Putschisten auf: „Besser stehend sterben, als auf Knien leben." Die Frauen der Stadt fordert sie auf, Öl aufzukochen und über die Feinde zu gießen. Und beschwört gewiss immer wieder ihre bekannteste Parole: *¡No pasarán!* „Sie werden nicht durchkommen!" – so ist es auch auf Bannern zu lesen, die über die Straßen gespannt sind.

Fraglos sehen auch die Soldaten der XI. Internationalen Brigade solche Transparente, als sie am Morgen des 8. November vom zentralen Atocha-Bahnhof her über die Gran Vía durch Madrid marschieren. Doch haben sie kaum Zeit, die Hochrufe der Passanten auf sich wirken zu lassen. Denn Francos Truppen sind an diesem Morgen noch dichter an die Innenstadt herangerückt und nur noch ein, zwei Kilometer vom Zentrum entfernt.

Die Brigadisten ziehen rasch an den westlichen Stadtrand. Dort verläuft nun die Front, entlang des Flusstals des Manzanares, eines flachen, von Bäumen gesäumten Gewässers. Die Freiwilligen stehen an einer Anhöhe über dem Ostufer, auf der sich die noch unfertige „Universitätsstadt" erstreckt, ein weitläufiges Campusgelände für später einmal 15 000 Studenten mit einer Handvoll Fakultätsgebäuden. Am anderen Ufer erblicken sie ein riesiges Parkgelände, den Casa de Campo, geschützt von einer gut zwei Meter hohen Mauer. In dieses ehemalige Jagdrevier der spanischen Könige sind am Vormittag Francos Truppen eingedrungen.

An diesen beiden Orten, dem Park und der Universitätsstadt, wird sich in den folgenden zwei Wochen die Schlacht um Madrid entscheiden. Mit den linken Freiwilligen und den spanischen Milizen auf der einen und Francos Truppen auf der anderen Seite.

Das erste Gefecht beginnt am Morgen nach der Ankunft der Freiwilligen. Eine Kompanie von ungarischen und jugoslawischen Brigadisten erspäht am anderen Flussufer einen Trupp Marokkaner (die man oft an ihren roten Hüten erkennt.)

Wohl aus dem Bedürfnis, endlich etwas tun zu wollen, befiehlt der Kommandeur seinen Männern, durch den hüfthohen Fluss zu waten und die Moros zu attackieren. Doch die Nordafrikaner feuern mit Maschinengewehren auf die unerfahrenen Kämpfer, treiben sie zurück ans Ostufer. Die Marokkaner setzen nach, stürmen auf die andere Flussseite.

Plötzliches Chaos, Panik unter den Einwohnern. Schon kursieren Gerüchte, einige Moros seien nur 800 Meter von der Gran Vía gesehen worden. Bomben und Artilleriegeschosse gehen nieder, abgefeuert wohl von den Rebellen. Der Oberkommandant von Madrid fürchtet, mindestens ein Teil der Stadt werde an diesem Tag fallen.

Dann, inmitten dieses Durcheinanders, aus unkontrollierter Wut, stoßen zwei weitere Kompanien der XI. Brigade in Richtung des Manzanares vor. Voller Macht greifen sie eine Gruppe marokkanischer Söldner an und drängen sie über den Abhang zum Fluss hinunter.

Die Nordafrikaner sind seit Wochen auf keine energische Gegenwehr getroffen. „Auf einmal stand ihnen eine Truppe gegenüber, mit der sie nicht gerechnet hatten“, schreibt später Jakob Lorscheider, der Saarländer, der zu dieser Kompanie gehört. Sie treiben die Marokkaner ans andere Ufer zurück. Dann errichtet Lorscheider mit einigen saarländischen Bergleuten, die er aus der Heimat kennt, gut ausgebaute Verteidigungsstellungen am Ostufer.

Schon an diesem zweiten Einsatztag werden die Brigadisten zu einem Mythos. Als „Retter von Madrid“ feiern die Einwohner sie. Zwar haben Brigadisten am frühen Morgen mit ihrem unüberlegten Vorstoß Madrid erst in große Gefahr gebracht. Aber dass es dennoch gelungen ist, Francos Truppen zurückzudrängen, gibt Einwohnern und Soldaten neue Kraft und Entschlossenheit.

An den folgenden Tagen überqueren Brigadisten den Fluss und dringen in den Casa de Campo ein. In Patrouillen streifen sie ängstlich durch die nebelverhangene Parklandschaft, Scharfschützen steigen vorsichtig auf Eichen und Pinien. Sie wollen die Nationalisten aus der fast 20 Quadratkilometer großen Anlage vertreiben – und ihnen einen strategisch wichtigen Hügel abnehmen, von dem die Feinde die Universitätsstadt genau im Blick haben. Doch mehrere Einheiten der Brigaden werden brutal aufgerieben. Am Ende der Woche sind ein Drittel der Männer tot, die am Sonntag zuvor noch über die Gran Vía marschiert waren.

Dann ein weiteres, furchtbares Versagen: Eine unerfahrene Truppe katalanischer Anarchisten, die die geschwächte XI. Brigade unterstützen soll, startet von der Universitätsstadt eine Offensive und gerät rasch ins MG-Feuer der Nationalisten. Die Katalanen weigern sich, weiter in Richtung der feindlichen Stellungen vorzurücken, weichen stattdessen zurück. Francos Soldaten nutzen den Moment, stürmen die

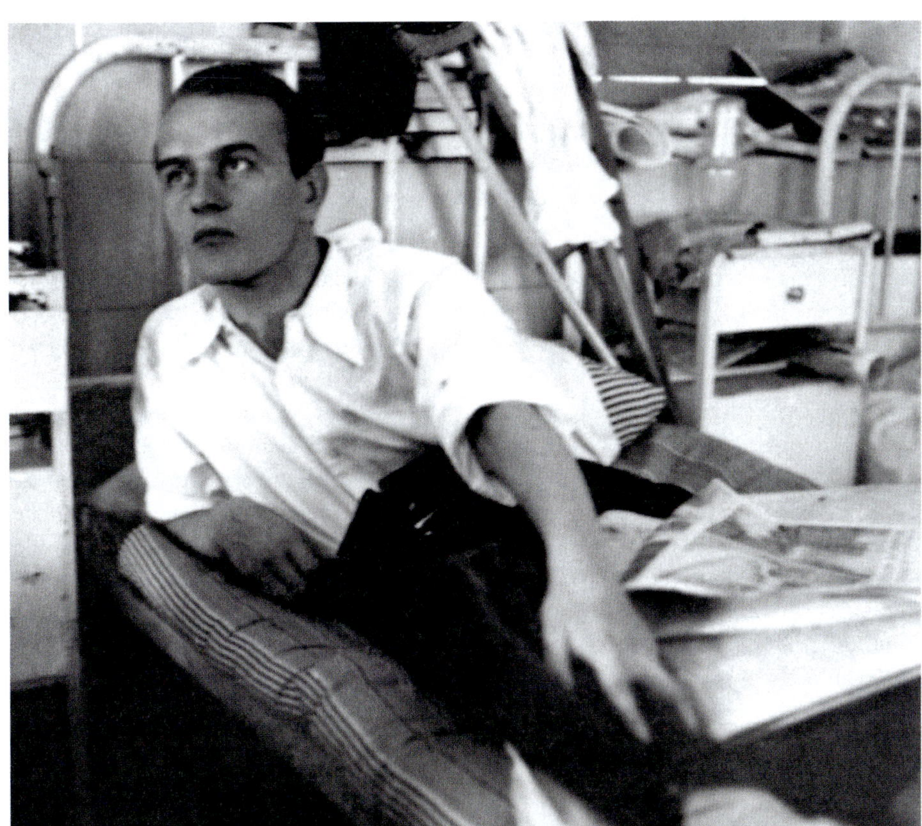

DER HAMBURGER Maler Jan Kurzke verteidigt erfolgreich die Stellungen der Brigadisten in der Universitätsstadt. Kurz darauf wird er schwer verwundet und in ein Hospital in Valencia gebracht

IM HERBST 1938 werden die Brigaden aufgelöst (hier die Abschiedsparade in Barcelona). Francos Vormarsch haben sie nicht stoppen können, im März 1939 fällt schließlich auch Madrid

Anhöhe zur Universitätsstadt hinauf, besetzen die Architektur-, Landwirtschafts- und Medizinfakultät, dazu weitere Gebäude.

Ein beträchtlicher Teil der Brigadisten war zu dieser Zeit in einem nahen Vorort, um ihren Vorrat an Brandy und Zigaretten aufzustocken. Rasch kehren sie zurück und versuchen, die Feinde wenigstens aus der großen Medizinfakultät zu verdrängen. Sie kämpfen sich von Stockwerk zu Stockwerk vor. Granaten explodieren in Aufzugschächten. Soldaten hacken Löcher in die Wände und schießen auf Gegner, die das Nachbarzimmer besetzt halten.

Tatsächlich gelingt es den Brigadisten, das Mediziner-Gebäude zurückzugewinnen. Doch ganz können sie Francos Soldaten nicht aus der Universitätsstadt vertreiben: Die Nationalisten halten einen Brückenkopf am Ostufer des Manzanares.

Die Front verläuft jetzt quer über den Campus. Ein erbitterter Stellungskrieg beginnt. Tag für Tag hallt MG-Feuer über das Gelände. Jan Kurzke und seine Freunde, die sich im 4. Stock der philosophischen Fakultät verschanzt haben, verfallen auf eine neue Methode, sich vor Kugeln zu schützen: Sie bauen Wälle aus Büchern, suchen dazu in der Bibliothek nach besonders dicken Bänden. Kugelsicher, so haben sie festgestellt, sind Exemplare mit mindestens 350 Seiten.

Allerdings merken sie auch, wie sehr der Krieg sie verändert. Junge Männer, die sich vor Kurzem noch als Pazifisten verstanden, empfinden nun Freude am Töten. Cornford schreibt seiner Freundin aufgeregt: „Ich glaube, ich habe einen Faschisten getötet. Es war wohl ein Glückstreffer." Umgekehrt bedrückt die Männer der Tod vieler ihrer Mitkämpfer: „Du drückst morgens Kameraden die Hand, und noch vor dem Abend sind sie tot", sagt einer der Kommandeure fassungslos.

Nach zwei Wochen, am 23. November, ebbt das Töten auf dem Campus ab. In Madrid verbreitet sich eine zunächst schwer glaubhafte Nachricht: Die aufständischen Generäle stellen den Angriff auf die Hauptstadt ein. Durch den unerwartet starken Widerstand der Internationalen Brigaden und der Milizen sind ihre Truppen ausgedünnt, die Überlebenden erschöpft und schlecht ernährt. Dazu kommt, dass Franco wenige Tage zuvor einen diplomatischen Sieg errungen hat: Deutschland und Italien haben ihn als Staatschef Spaniens anerkannt – er muss nicht mehr zwingend Madrid einnehmen, um als Herr des Landes zu gelten.

Zwar rücken die Truppen der Putschisten nicht ab. Noch fast zweieinhalb Jahre lang werden sich Gräben, Panzersperren und Stacheldraht durch die Universitätsstadt ziehen.

Die Brigadisten beginnen bald, sich dauerhaft in den zerschossenen Fakultätsgebäuden am Stadtrand einzurichten, spannen zum Schutz vor Kälte Wandteppiche und Handtücher vor die längst glaslosen Fenster. Täglich dringen Schüsse über den zertrümmerten Campus, immer wieder sterben Soldaten beider Seiten durch Kugeln von Scharfschützen und Artilleriegeschosse.

Doch der Fall von Spaniens Hauptstadt, der zwei Wochen zuvor unabwendbar schien, ist vereitelt. Die unerfahrenen Brigadisten haben schon in ihrer ersten Schlacht eine professionelle Armee gestoppt – und mit Zähigkeit und Todesmut einen unwahrscheinlichen Sieg errungen.

Aber Franco greift bald wieder nach der Hauptstadt. Im folgenden Jahr führt er mehrere Schlachten, um Verbindungsstraßen nach Madrid zu kappen und die Stadt einzukesseln. Bei all diesen Kämpfen streiten die Internationalen Brigaden aufseiten der regierungstreuen Truppen.

Im Februar 1937 kämpfen die Freiwilligen nahe der Hauptstadt am Fluss Jarama in einem der fürchterlichsten Gemetzel des Krieges mit bis zu 40 000 Toten, Verletzten und Gefangenen. Weder Rebellen noch Republikaner können die Schlacht klar für sich entscheiden.

Einen Monat später verhelfen die Brigadisten den regierungstreuen Truppen in einer weiteren Schlacht zu einem letzten Sieg. Danach allerdings müssen die Kommandeure die Brigaden wegen der großen Zahl der Gefallenen und Verwundeten neu aufstellen. Spanier füllen nun oft die Ränge auf, da kaum noch neue Freiwillige ins Land kommen. Denn der Krieg in Spanien gerät langsam aus dem Blick der Weltöffentlichkeit, die besorgt auf das immer aggressiver auftretende Deutschland schaut.

Im Herbst 1938 bietet die militärisch zunehmend bedrängte Regierung den Nationalisten an, alle auf ihrer Seite stehenden ausländischen Kämpfer in ihre Heimat zurückzuschicken – in der Hoffnung auf die Zusage Francos, im Falle seines Sieges allen Republikanern Straffreiheit zu gewähren. Zugleich spekulieren die Politiker in Madrid darauf, dass durch dieses Signal doch noch der internationale Druck auf Deutschland und Italien steigen werde, ihrerseits alle Kämpfer aus Spanien zurückzuziehen.

Und so werden die Internationalen Brigaden fast genau zwei Jahre nach ihrer Gründung aufgelöst – ohne dass der Republik daraus der erhoffte Vorteil erwächst. Denn Franco, den nahen Sieg vor Augen, denkt nicht daran, von seinem Ziel der Vernichtung aller Gegner abzurücken, ist an einem Kompromissfrieden mithin nicht interessiert. Und unter den westlichen Politikern dominiert in dieser Zeit die Appeasement-Politik, der Versuch, Adolf Hitler durch Zugeständnisse zu beschwichtigen – wegen seiner Intervention in Spanien will da niemand den deutschen Diktator unter Druck setzen.

Mit einer großen Parade in Barcelona werden die Brigadisten Ende Oktober 1938 verabschiedet. Über 40 000 Mann aus mehr als 50 Staaten haben in dieser einzigartigen Truppe gedient und – wenn auch letztlich vergeblich – versucht, die Zeitläufte aufzuhalten. Dolores Ibárruri ruft den Brigadisten bei der Feier zu: „Ihr könnt mit Stolz gehen. Ihr seid Geschichte. Ihr seid Legende."

Zu diesem Zeitpunkt hat Jan Kurzke Spanien bereits verlassen. Bei Gefechten in einem Dorf nahe der Hauptstadt hatte er im Dezember 1936 eine schwere Beinverletzung erlitten und war einige Monate später ins Exil nach Großbritannien zurückgekehrt. Er stirbt 1981. John Cornford hatte noch geholfen, den verletzten Kurzke vom Schlachtfeld zu führen, ist aber wenige Wochen später gefallen.

Jakob Lorscheider, der in den Brigaden zum Verbindungsoffizier aufgestiegen ist, verlässt Spanien wohl 1938, hält sich eine Zeit lang in Südfrankreich auf und lebt in den 1970er Jahren in München. Über sein weiteres Leben gibt es keine sicheren Auskünfte. ◊

LITERATURTIPPS

GILES TREMLETT
»The International Brigades. Fascism, Freedom and the Spanish Civil War«
Packend und lebendig geschrieben (Bloomsbury)

JAN KURZKE
»The Good Comrade. Memoirs of an International Brigader«
Lakonische Erinnerungen eines Spanienkämpfers (Clapton Press)

IN KÜRZE

Um die linke Regierung Spaniens im Ringen gegen die Putschisten zu unterstützen, stellt die Komintern, die kommunistische Weltorganisation, 1936 »Internationale Brigaden« auf. Über 40 000 freiwillige Kämpfer reisen insgesamt nach Spanien. Die Verteidigung Madrids im Herbst 1936 wird zu ihrem größten Erfolg. Nach weiteren Schlachten löst der spanische Regierungschef allerdings die Freiwilligen-Verbände auf – in der vergeblichen Hoffnung, einen Friedensschluss mit den Nationalisten erreichen zu können.

BARCE

In Barcelona vereiteln anarchistische Milizionäre im Juli 1936 die Machtergreifung der konservativen Putschisten – und beherrschen fortan die Stadt. Kurzzeitig scheint in der katalanischen Metropole der Traum der klassenlosen, freien Gesellschaft Realität zu werden. Doch zusehends versinkt das linksradikale Utopia in Chaos und Gewalt

LONA

STADT DER ANARCHISTEN

ALS NATIONALISTISCHE MILITÄRS im Juli 1936 putschen, greifen im ganzen Land Männer und Frauen der zivilen Bevölkerung zu den Waffen, um die Republik zu verteidigen. Besonders viele sind es in Barcelona, wo Anarchisten Zehntausende Gewehre aus Armeedepots rauben

TEXT:
Jörg-Uwe Albig

Schwarz und rot! Die ganze Stadt trägt jetzt diese Farben. Schwarz-rot die Banner vor den Bürohäusern und Behörden, schwarz-rot die Fahnen an den Balkonen. Schwarz-rot bemalt sind Straßenbahnen, Busse und Taxis, sogar die Kästen der Schuhputzer. Schwarz-rot sind die Mützen, Schals und Anstecker an den Verkaufsständen der Straßenhändler auf der berühmten Rambla, der Galapromenade Barcelonas. Denn Schwarz und Rot sind die Farben der Anarchisten. Und denen gehört jetzt die Stadt.

George Orwell kann kaum glauben, was er sieht: Es ist ein Karneval, ein Triumph über hergebrachte Normen, ein Fest der Freiheit, der Gleichheit und der Brüderlichkeit. „Etwas Überraschendes und Überwältigendes" weht ihn in diesem Trubel an: „Zum ersten Mal", wird er sich erinnern, „war ich in einer Stadt, in der die Arbeiterklasse im Sattel saß."

Ende Dezember 1936 ist der englische Schriftsteller nach Barcelona gekommen, um über den Bürgerkrieg zu berichten und sich als Freiwilliger den republikanischen Milizen anzuschließen. Jetzt kommt er aus dem Staunen nicht mehr heraus. Nirgends Polizei, nirgends Soldaten – dafür sind es jetzt Zivilisten, die stolz ihre Waffen zeigen. Es sind Frauen mit Blumen im Haar und blanken Säbeln in der Hand, die über die Rambla paradieren; Männer, das Gewehr geschultert, am linken Arm die Freundin; Greise, Schärpen mit revolutionären Parolen über die Bäuche gespannt.

MILIZIONÄRIN in Barcelona, August 1936

SIE TRÄUMEN VON EINEM LEBEN OHNE HERRSCHAFT

Entzückt schiebt sich Orwell vorbei an Straßenversammlungen und Arbeiterumzügen, an bunten Plakaten, an Porträts von Lenin und dem berühmten russischen Anarchisten Michail Bakunin. Hört das Geschrei der Zeitungsverkäufer, den Lärm der Orchester und der revolutionären Lieder, die bis tief in die Nacht aus den Lautsprechern an den Bäumen klirren.

Habenichtse paradieren über die Avenidas in eleganten, frisch konfiszierten Autos. Ein Symbol der Macht, die den Besitzer gewechselt hat – und die sich jetzt so eifrig austobt, dass die Zahl der Verkehrsunfälle massiv ansteigt. Kellner und Verkäuferinnen haben jede Unterwürfigkeit abgelegt: Selbstbewusst blicken sie der Kundschaft in die Augen, weisen jedes Trinkgeld empört zurück. Auch das Händeklatschen, mit dem man früher die Bedienung herbeirief, scheint abgeschafft.

Jeder duzt jeden, und statt mit dem förmlichen „don" oder „señor" spricht man sich formlos mit „camarada" an. Und statt mit „adiós", das schließlich *dios* enthält, Gott, verabschiedet man sich mit dem weltlichen „salud".

Wo sind die Hüte geblieben, die Krawatten? Alle scheinen jetzt blaue Overalls zu tragen. Oder die zusammengewürfelte Kluft der Kämpfer von der Bürgerkriegsfront: die Kniehosen aus Cord, die Gamaschen, die vielfarbigen Leder- oder Wolljacken mit Reißverschluss – und die Halstücher im anarchistischen Schwarz-Rot. Um nicht die Rache der einst Unterdrückten auf sich zu ziehen, werfen sich sogar Reiche und Kirchenmänner in Proletarierkluft, die sie zur Not ihren Arbeitern, Angestellten und Dienstboten abschwatzen.

Denn die sind jetzt die Elite, die Blüte der Gesellschaft. Und für einen kurzen historischen Moment flackert hier in Barcelona, mitten im Bürgerkrieg, die Utopie auf, die Zukunft – der Traum einer Gesellschaft ohne Herrschaft, ohne Gesetze und ohne Staat, ohne Sklaven und ohne Herren. Der Traum der Anarchisten.

Anders als die Marxisten glauben die Anarchisten nicht an Parteien, an Programme, an die geduldige Kärrnerarbeit des Klassenkampfs. Die Sehnsucht nach einem Reich der Gleichheit und der gegenseitigen Hilfe treibt sie an – doch zugleich der Hass auf den Staat und der Glaube an das Recht jedes Einzelnen zu tun, was ihm gefällt.

DEN BEWAFFNETEN anarchistischen Arbeitern gelingt es, die Umstürzler aus Barcelona zu vertreiben und zurückzudrängen. Nach ihrem Sieg feiern linke Gruppierungen auf den Straßen der Stadt, etwa die »Arbeiterpartei der Marxistischen Einheit« (POUM)

Ihr Prophet ist der legendäre Michail Bakunin, der 1866 in seinem „Revolutionären Katechismus" die „radikale Auflösung aller gegenwärtig bestehenden religiösen, politischen, ökonomischen und sozialen Organisationen" fordert – und eine neue Gesellschaft „auf den Grundlagen der Freiheit, der Vernunft, der Gerechtigkeit und der Arbeit".

Zwei Jahre nach diesem Manifest putscht in Spanien der liberale General Juan Prim. Er vertreibt die Königin Isabella II. und bringt das Land auf den stürmischen Weg in die Erste Republik – die freilich nicht lange Bestand haben wird. Um die chaotische Lage zu nutzen, schickt Bakunin noch im selben Jahr einen seiner Mitstreiter, den Italiener Giuseppe Fanelli, nach Spanien, der dort die Unterdrückten für die Sache der Revolution gewinnen soll.

Fanelli spricht nur Italienisch und Französisch – ein Handicap angesichts eines Volks, das nur zu einem Drittel überhaupt lesen und schreiben kann, geschweige denn Fremdsprachen. Doch seine schwarzen Augen rollen so wild, seine Stimme flackert so lodernd zwischen Mitleid mit den Ausgebeuteten und Zorn auf die Ausbeuter, dass viele Zuhörer seinen Reden selbst dann verfallen, wenn sie sie nur bruchstückhaft nachvollziehen können. Zudem begeistert Fanelli bürgerliche Föderalisten, die ihre Region von der Zentralregierung in Madrid abnabeln wollen, wie auch die Intellektuellen der Hauptstadt – die sein Französisch verstehen und die Botschaft rasch weitertragen.

Sein Plädoyer für die Freiheit, gegen alle Unterdrückung und jede Herrschaft ist mitreißend – und zugleich so unbestimmt, dass es den kastilischen Drucker oder Maurer ebenso anspricht wie den katalanischen Industriearbeiter, die kleinen Handwerker im Baskenland, die recht- und mittellosen Landarbeiter Andalusiens und die Lumpenproletarier der Vorstadtslums.

So verzeichnet die Bewegung schon fünf Jahre nach Fanellis Besuch landesweit 50 000 Anhänger. Ihre Aktivisten ziehen wie Wandermönche durch Städte und Dörfer, bringen Bauernkindern Lesen und Schreiben bei, predigen nicht nur die herrschaftsfreie Gesellschaft, sondern auch Abstinenz, eheliche Treue und pflanzliche Ernährung – doch immer wieder auch Gewalt, die Pistole und das Dynamit. „Die Lust an der Zerstörung", hat Bakunin erklärt, „ist zugleich eine schaffende Lust."

In Spanien besonders stark werden bald die Anarchosyndikalisten. Beeinflusst vom philosophischen Anarchismus und von sozialistischen Ideen, streben sie eine von der Arbeiterklasse selbst verwaltete Gesellschaft ohne Staatsapparat und Parteien an – eine Ideologie, zu der sich im ganzen Land und besonders in Katalonien ein großer Teil der Werktätigen bekennt.

Der Staat reagiert mit unbarmherziger Repression. Immer wieder zwingt er die Revolutionäre in den Untergrund, ins Exil oder ins Gefängnis. Doch gleichwohl gründet sich 1910 die erste anarchosyndikalistische Gewerkschaft für ganz Spanien, die Confederación Nacional de Trabajo (CNT) – auch wenn die Organisation schon im folgenden Jahr für drei Jahre verboten wird. Und in den 1930er Jahren verzeichnet die Bewegung im Land bereits über eineinhalb Millionen Anhänger: Nirgends in Europa ist „die Idee", wie sie ihre Philosophie bündig nennen, so stark wie in Spanien. Und an keinem Ort fällt sie auf so fruchtbaren Boden wie in Barcelona.

Barcelona ist unordentlich: Hier mischen sich Hafen-Packer mit Bohemiens, Banditen mit Spekulanten, reiben sich Textilarbeiter und Bordellwirte, Arbeitslose und die allseits verachteten Migranten aus Spaniens armen Landgegenden. Das Überleben ist nicht leicht in den *barracas*, den Slums der Vorstädte, von cleveren Landbesitzern hastig aus Pappe, Metallschrott und Hausmüll hochgezogen, ohne Wasser, Strom und Kanalisation. Oder in den engen Gassen der Altstadtviertel, wo bisweilen acht Familien in einer Wohnung hausen – und dazu Typhus, die Cholera, die Beulenpest und die Tuberkulose, die 1935 fast drei Viertel von Barcelonas Kindern befallen hat.

In dieser Altstadt liegen auch die *bajos fondos*, die „tiefen Gründe" der Stadt: das Reich des Verbrechens und des Vergnügens, der billigen Bars, Tanzsäle und Tavernen. Das Revier gewalttätiger Jugendgangs wie der „TB-Bande", tuberkulosekranker Halbwüchsiger, die nichts mehr zu verlieren haben. Und der 30 000 Obdachlosen Barcelo-

DER ENGLISCHE Schriftsteller George Orwell kommt 1936 nach Barcelona, um aufseiten der Milizionäre zu kämpfen – und staunt über eine »Stadt, in der die Arbeiterklasse im Sattel« sitzt

EINIGKEIT UND Disziplin für den Sozialismus fordert um 1937 die POUM auf diesem Plakat. Zu dieser Zeit zeigen sich längst tiefe Risse zwischen den linken Gruppen Barcelonas

nas, die hier mit Glück und ein paar Peseten eine billige Herberge finden – wo sie dann zur Platzersparnis im Stehen schlafen, an ein im Gemeinschaftsraum aufgespanntes Seil gelehnt.

In diesen Straßen blüht auch das Misstrauen gegen die *bòfia*, die Polizei, die mit dem Knüppel illegale Märkte auflöst, die Straßenhändler, Arbeits- und Mittellose als „Landstreicher" verhaftet und oftmals in Arbeitslager schickt – oder gleich ohne Prozess „auf der Flucht" hinrichtet, wie es ein Gesetz von 1921 erlaubt.

Zudem setzen auch die Arbeitgeber *pistoleros* ein, um Streikführer oder Agitatoren zu töten: Zwischen 1917 und 1923 kommen in der Stadt rund 1000 Menschen bei Auseinandersetzungen mit politischen Motiven um. Und so sehen viele Anarchisten individuelle Gewalt als Notwehr, als Waffe im politischen Kampf: „Wenn dein Leben eine Welt des Kummers ist", singen sie zu Can-Can-Rhythmen in ihrer Hymne „Söhne des Volkes", „ist es besser zu sterben, als ein Sklave zu sein!"

Sie sammeln sich in kleinen, subversiven Zirkeln mit Namen wie „Die Enterbten", „Die Unzähmbaren" oder „Die Hurensöhne". Treffen sich in den schäbigen Kneipen oder Cafés an der Avinguda del Paral·lel wie der „Chicago Bar", der „Bar Rosales" oder dem „La Tranquilidad" („Die Ruhe") – wo man, dem friedvollen Namen zum Trotz, Pistolen per Lotterie an den Mann bringt und erhitzte Debatten, Schlägereien, Schusswechsel und Polizeirazzias zum Abendprogramm gehören. Als dort einmal ein Bettler einen anarchistischen Aktivisten um ein paar Peseten angeht, drückt der ihm statt des Almosens einen Revolver in die Hand: „Wenn du Geld willst, geh zur Bank!"

Barcelonas Armen leuchtet diese Haltung auch ohne philosophische Nachhilfe ein. Für die Bewohner der Elendsviertel ist der Gauner ein ehrbarer Mann. Ohne Ladendiebstahl oder gemeinschaftliche Plünderungen, ohne Miet- oder Zechprellerei könnten sie sich ja selbst kaum über Wasser halten.

Und so schließen sich auch viele bereitwillig der „revolutionären Gymnastik" an, mit der die Anarchisten, wie es einer ihrer Vordenker formuliert, den „Angstkomplex gegenüber den repressiven Kräften des Staates" überwinden wollen: Sie bedrohen Unternehmer, die anarchistische Arbeiter feuern, mit Bomben und Maschinengewehren, stürmen Betriebe, um Jobs zu erzwingen. Sie reißen Steine aus dem Pflaster, um neue Nachfrage nach Bauarbeitern zu schaffen – oder gehen gemeinsam auf „proletarische Einkaufsbummel", bei denen sie Läden und Märkte plündern.

1936 GIBT ES IN BARCELONA rund 350 000 Menschen, die sich Anarchisten nennen – mehr als ein Drittel der Bevölkerung. Es gibt acht anarchistische Tageszeitungen, zahllose Zeitschriften und eine Radiostation. Und so sind es die Anhänger Bakunins, die den Widerstand organisieren, als im Juli 1936 das spanische Militär unter General Francisco Franco nach dessen Revolte in Spanisch-Marokko auch das Festland überrennt, binnen drei Tagen ein Drittel des Territoriums unter seine Gewalt bringt und am 19. auch in der Hafenstadt den Aufstand versucht.

Die rechtmäßige Regierung sieht sich von dem Putsch kalt erwischt. Ihre Militärmacht ist durch Überläufer zu den nationalistischen Rebellen entscheidend geschwächt, Loyalität und Disziplin der Sicherheitskräfte sind beklagenswert – und Lluís Companys, Regierungschef der Region Katalonien, weigert sich, wohl aus Furcht vor einer unkontrollierbaren Situation, die Bevölkerung zu bewaffnen. So sind es vor allem die anarchistischen Arbeiter, die sich der Rebellion entgegenstellen und den Generalstreik ausrufen. Die Armeedepots ausrauben und mehr als 50 000 Gewehre erbeuten. Die das besetzte Gebäude der Telefongesellschaft erstürmen und die Baracken von San Andrés und Atarazanas – und so die Machtergreifung der Nationalisten vereiteln.

Spanien vor dem Vormarsch der Massen zu bewahren, der seit Ende des Ersten Weltkriegs in Europa um sich greift – das war das erklärte Ziel des rechten Putsches. Doch ohne diesen Putschversuch hätten die Massen Barcelonas wohl nicht zu den Waffen gegriffen – die sie jetzt nicht mehr loslassen. Nun kontrollieren sie und ihre anarchistischen Anführer, wohl zu ihrer eigenen Überraschung, die Straßen, und die Politik sieht sich gezwungen, mit ihnen die Staatsgewalt zu teilen.

Buchstäblich über Nacht, fast wider Willen, haben Barcelonas Anarchisten so das errungen, was sie immer beargwöhnt und bekämpft haben: die Macht. Die Geldelite und der Mittelstand – Ladenbesitzer und Geschäftsleute, Taxifahrer und kleine Beamte – ziehen vor dieser Macht die Köpfe ein. Und Präsident Companys, lange Jahre erbitterter Gegner der Anarchisten, fühlt sich genötigt, den noch staub- und pulververschmierten Kämpfern ihren Triumph zu bescheinigen: „Heute seid ihr die Herren der Stadt und ganz Kataloniens", verkündet er ihnen, „weil ihr als Einzige die Faschisten besiegt habt."

Zwar herrscht auf dem Papier noch die „Generalitat", Kataloniens gewählte Regierung unter Companys' linksbürgerlicher Esquerra-Partei: Auch viele Anarchisten, sonst erbitterte Gegner von Wahlen, haben für sie gestimmt, um einen Sieg der Rechten zu verhindern. Doch die Hilflosigkeit des Staats angesichts des Putschversuchs hat ein Machtvakuum hinterlassen, in dem keine Institution, keine Instanz mehr funktioniert wie zuvor. „Die legale Regierung führte fortan ein Schattendasein", wird sich Companys' Sekretär Jaume Miravitlles erinnern.

Dabei hat der Bürgerkrieg nicht nur alte Institutionen zerstört, sondern auch Kataloniens Hang zur Autonomie weiteren Auftrieb gegeben. 1932 hat die überwältigende Mehrheit der Katalanen für die Selbstverwaltung ihrer Region abgestimmt. Jetzt, da die republikanische Zentralregierung in Madrid unter den Attacken der Nationalisten wankt, übernimmt die Generalitat in Barcelona zunehmend Zuständigkeiten, die bisher dem spanischen Staat oblagen: Zoll, Bahnen und die Notenbank, das Recht, Geld zu drucken und Begnadigungen auszusprechen.

Am 31. Juli 1936 erklärt sich ihr Chef Companys selbst zum „Präsidenten Kataloniens". Notgedrungen versucht er sich mit den Anarchisten zu einer Art Doppelherrschaft zusammenzuraufen – aber die, so Miravitlles, „hatten keine Lust, in die Regierung einzutreten, das passte nicht zu ihren Ideen. Sie ließen also die Regierung weitermachen."

Doch wie regiert man ein Volk, das sich plötzlich selbst als Exekutive zu fühlen scheint? „Die tatsächliche politische Lage im Land", erklärt Miravitlles, „erforderte die Bildung eines neuen Machtorgans. So entstand das Komitee der Antifaschistischen Milizen in Barcelona."

Dieses Gremium, ein buntes Netz aus spontan gebildeten Räten, bewaffneten Gruppen und Nachbarschaftsvertretungen, weitgehend dominiert von der anarchosyndikalistischen Gewerkschaft CNT, hat weitreichende politische Vollmachten: Es organisiert nicht nur die Verwaltung der Stadt, sondern auch die Wirtschaft. Und so sind es in Wahrheit, so Miravitlles, „die Milizen und ihr Komitee, die fortan die Regierungsgewalt in der Hand" halten.

Noch immer stehen auf vielen Verkehrsadern die Barrikaden, kontrollieren bewaffnete Bürger den Zugang zu den Stadtvierteln. Die Revolutionäre finden neue Namen für Straßen, benennen sie nach Engels, Spartakus oder dem „unbekannten Milizionär". Sie widmen Denkmäler um oder schmelzen sie als Material für die Rüstungsindustrie ein. Sie besetzen Büros, Hotels und die Häuser der Reichen: Paläste werden zu Obdachlosen-, Alters- und Flüchtlingsheimen – und zu Asylen für die Armen aus den Wohnhöllen der Altstadt.

FÜR DIE VIELEN BEDÜRFTIGEN in Barcelona richten die Anarchisten Volksküchen ein, lassen dort umsonst Essen ausgeben. Doch nach und nach gehen der Stadt die Vorräte aus

DEN TRIUMPH über die Putschisten vom Juli 1936 feiert dieses Plakat der anarchosyndikalistischen Gewerkschaft CNT, die sich mehr und mehr gegen die anderen politischen Kräfte stellt

Wo einst das Business regierte, richtet sich nun die Revolution ein: Auf der Geschäftsstraße Via Laietana übernimmt die CNT das Gebäude der Banc d'Espanya und die Zentrale des Unternehmerverbands. Dessen Kantine bekocht jetzt günstig die Nachbarschaft – wie auch das „Barcelona Ritz", das jetzt „Hotel Gastronómico no. 1" heißt und billige Mahlzeiten für Milizionäre, Arbeiter, Cabaret-Künstler und andere Geringverdiener serviert.

In rund 3000 Betrieben übernehmen Belegschaften oder revolutionäre Komitees das Kommando. Auf hierarchiefrei montierten Autobussen prangt stolz das Etikett „Hergestellt unter Arbeiterkontrolle". Arbeitsprogramme holen die Hoffnungslosen von der Straße: Schon im Lauf des Juli gibt es in Barcelona kaum noch Bettler. Die Wochenarbeitszeit wird auf 40 Stunden begrenzt. Und die Löhne steigen im Lauf des Jahres um ein Drittel.

Auch die Volksbildung treiben die Anarchisten voran. Betriebe richten Büchereien und Sprachkurse während der Arbeitszeit ein. Durch die Privatbibliotheken der enteigneten Villen stöbern jetzt wissbegierige Schlosser und Verkäuferinnen. Haushaltsmittel fließen bevorzugt in die Erziehung: Binnen fünf Monaten gibt es in Barcelona 20 000 neue Schulplätze und Unterricht für fast dreimal so viele Kinder wie im Jahr zuvor.

Die anarchistische Gesundheitsbehörde richtet 1000 zusätzliche Betten für Tuberkulosepatienten ein und eine Impfpflicht gegen Pocken, Typhus und Diphtherie. Ärztliche Behandlung ist kostenlos – inklusive Abtreibungen bis zum dritten Monat. Fabriken richten Kinderkrippen ein, damit auch Mütter arbeiten können. Die Revolutionäre lancieren sogar Kampagnen gegen die Prostitution – „die infamste und erniedrigendste Beleidigung, die die Gesellschaft dem menschlichen Gewissen zufügt".

DOCH MIT DEM TRIUMPH von Selbstbestimmung und Spontaneität geht auch eine stets bereitwillige Begleiterin der anarchistischen Freiheitsliebe einher: die Gewalt. Die Nachtseite der Anarchie, wie sie einer der Revolutionäre dem sowjetischen Schriftsteller und Kriegsreporter Ilja Ehrenburg offenbart: „Weißt du, warum unsere Fahne rotschwarz ist? Rot – das ist der Kampf, und schwarz – weil der menschliche Geist dunkel ist."

Vor allem die katholische Kirche wird zur Zielscheibe dieser düsteren Kraft. Denn gerade die spanischen Priester mit ihrer archaischen, von Aberglauben und heidnischen

IDEALISMUS MISCHT SICH MIT GEWALT

KÄMPFERIN mit Flagge der Anarchisten, 1936

Überbleibseln durchsetzten Lehre, die selbst den Vatikan beschämt, sind willige Komplizen der Herrschenden. Die Eigentumsordnung, die vor allem Spaniens Landbevölkerung in Rechtlosigkeit hält, predigen sie als gottgewollt. Und bei Konflikten stehen sie fest an der Seite von Chefs und Polizei.

Jetzt entlädt sich der Hass auf die Religion mit nie gekannter Wucht. 1215 Mönche, Nonnen und Priester fallen ihm allein in der Provinz Barcelona zum Opfer. Gotteshäuser werden in Brand gesetzt – mit methodischer Sorgfalt, oft begleitet von Feuerwehrzügen, die verhindern, dass Flammen auf Nachbarhäuser ausgreifen. Die gotische Kathedrale jedoch bleibt, auf Drängen der katalanischen Regierung, ungeschoren.

Die Revolutionäre reißen Beichtstühle aus den Kirchen und bauen sie zu Zeitungskiosken um. Sie schmelzen Glocken ein, ziehen mit geraubten Weihrauchgefäßen und Priestergewändern in grotesken Prozessionen durch die Straßen, köpfen Heiligenstatuen oder hüllen sie in Soldatenuniform.

Doch auch säkulare Gegner bleiben nicht verschont. Revolutionäre „Nachhut-Milizen", „Untersuchungs- und Überwachungsgruppen" und „Kontrollpatrouillen" durchkämmen, oft ausgestattet mit polizeilicher Gewalt die Viertel der Reichen nach „Volksfeinden". Betriebs- oder Nachbarschaftskomitees verhängen Todesurteile über politische Gegner – hier und da auch über Bankiers oder Fabrikanten.

Selbstjustiz-Kommandos patrouillieren mit Autos durch die Straßen, erschießen und enteignen, wen sie als Verräter an ihrer Sache verdächtigen – oder schlicht den ungeliebten Nachbarn. Bis Ende August sterben in Barcelona über 500 Menschen unter den Händen solcher Todesschwadrone.

DEN KÖPFEN DER ANARCHISTEN bereiten diese Exzesse bald Kopfzerbrechen. Ihre Funktionärin Federica Montseny beklagt einen puren „Durst nach Auslöschung", ein „Verlangen nach Blut". Und sogar der militanteste Flügel der Anarchisten, die Federación Anarquista Ibérica (FAI), droht jetzt Mitstreitern, die mit Lynchjustiz und Plündereien „die Revolution entehren", mit der Exekution: „Zerschmettert das Gesindel!"

Der konservative Mittelstand indes flüchtet zunehmend in die Arme der „Vereinigten Sozialistischen Partei Kataloniens" (PSUC), einem frisch gegründeten Bündnis aus vier sozialistischen und kommunistischen Organisationen, mit engen Verbindungen zum sowjetisch gesteuerten politischen Weltverband Kommunistische Internationale (Komintern) – und einem tiefen Misstrauen gegen anarchistische Selbstorganisation.

Ihre Nähe zu Moskau, das im September der Republik Militärhilfe zusagt, verspricht zudem den Zugang zu sowjetischen Waffen, die allein den Sieg der Demokraten im Bürgerkrieg ermöglichen können – verstärkt freilich auch die Abhängigkeit von den rund 3000 Komintern-„Beratern", die militärische Expertise liefern und sich zunehmend Einfluss auf die Politik des freien Spaniens verschaffen.

Dass ausgerechnet Sozialisten und Kommunisten zur Hoffnung der Bürger und Kleinbürger werden, liegt an ihrer Disziplin, ihrem Glauben an den Staat und ihrem Hang zu *law and order*: Gemeinsam mit der Esquerra, der Partei des Präsidenten Companys, machen sie jetzt immer unversöhnlicher Front gegen die Unbezähmbaren von CNT und FAI. Gegen die „Herren der Straße", wie der künftige PSUC-Generalsekretär Juan Comorera sie nennt – die nicht entthront werden können, „wenn wir nicht dafür sorgen, dass diese Organisationen innerhalb von wenigen Wochen, höchstens Monaten, zerfallen".

Dabei ist die Gewalt nicht das einzige Problem, mit dem eine Revolution mitten im Bürgerkrieg fertig werden muss. Auch die Wirtschaft schrumpft: Durch die Isolation der Republik, die durch Francos Truppen und Kriegsschiffe vom übrigen Spanien und dem Ausland abgeschnitten ist,

DER GRÖSSTE FUROR der Anarchisten trifft die Kirche. Hunderte Geistliche fallen ihm zum Opfer, viele Gotteshäuser Barcelonas brennen, selbst Leichen – hier die mumifizierten Körper von Nonnen – werden aus Gräbern gezerrt

EINEN KAMPF für die Menschlichkeit beschwört die militant-anarchistische Gruppe FAI hier. Dabei plündern viele ihrer Mitglieder in wohlhabenden Vierteln, ermorden Bürgerliche

fehlen nicht nur Absatzmärkte, sondern auch Rohstoffe wie Kohle und Baumwolle. Viele Betriebe manövrieren sich mit Zwei- oder Dreitagewochen durch die Krise. Der einzige wachsende Produktionszweig ist die Metallindustrie, die Rüstungsgüter herstellt. Doch obwohl die Probleme zum großen Teil äußere Ursachen haben, geben Companys und die Sozialisten den anarchistischen Selbstverwaltungsideen die Schuld.

Allmählich werden auch die Lebensmittel knapp. Weil Katalonien von Weizenimporten aus anderen spanischen Regionen abhängig ist, die jetzt durch den Krieg abgetrennt sind, fehlt es an Brot. Auch den vielen improvisierten Volksküchen, die gratis Essen verteilen, gehen nach einigen Wochen die Vorräte aus. Schließlich beginnen sie, auf eigene Faust aus Magazinen und Geschäften Lebensmittel zu „beschlagnahmen", die eigentlich für die Kämpfer an der Front bestimmt sind – und schwächen so auch die Kampfkraft der Truppe.

Der spätere Bundeskanzler Willy Brandt, der im Auftrag der SPD-Abspaltung „Sozialistische Arbeiterpartei" in Barcelona Kontakt zu den spanischen Genossen von der „Arbeiterpartei der Marxistischen Einheit" (POUM) aufbauen will, registriert ernüchtert, dass er in einem der kollektivierten Restaurants nicht nur lange nach dem Kellner rufen muss – sondern dann nicht einmal mehr ein warmes Essen bekommt: Schließlich bringt der Mann, „eine dicke Zigarre rauchend", wenigstens ein paar Oliven.

Die angespannte Lage verschärft den von Anfang an prekären Frieden zwischen den Pragmatikern der bürgerlichen Generalitat und den Feuerköpfen der Freiheit. „Bald wurde darüber gestritten", wird sich Willy Brandt erinnern, „ob es die Kriegführung notwendig mache, die Revolution zu bremsen oder zurückzudrehen." Und während sich Francos Bataillone als fest verschweißter Block präsentieren, erschöpfen sich die Verteidiger der Republik zunehmend in Grabenkämpfen – und nirgends so unerbittlich wie in Barcelona.

Hier PSUC und Esquerra, die Anwälte des Staates, der Stabilität und der Kompromisse – dort die Anarchisten, Antreiber der Veränderung und der revolutionären Konsequenz. Und dann gibt es noch Willy Brandts Gesprächspartner von der POUM, die einen Mittelweg zwischen kommunistischer Strenge und libertärer Disziplinlosigkeit versuchen: Vergeblich versucht Brandt, sie zur Zusammenarbeit mit bürgerlichen Kräften zu drängen.

DER JUNGE deutsche Sozialist und spätere Bundeskanzler Willy Brandt will in Barcelona Kontakte zu spanischen Genossen knüpfen – und versucht vergeblich, pragmatische und radikale Linke zusammenzuführen

IM MAI 1937 eskalieren die Spannungen im linken Lager. In mehrtägigen Straßenkämpfen ringen Kommunisten und republikanische Soldaten die Anarchisten (hier im Bild) nieder, deren kurze Herrschaft blutig endet

Doch die Not, in die der Bürgerkrieg Wirtschaft und Gesellschaft stürzt, zwingt die Fraktionen zu Kompromissen. Im September bindet die Generalitat die Anarchisten mit drei Ministern in die Regierung ein. Das ist freilich nicht nur ein Zugeständnis, sondern auch ein unmoralisches Angebot an eine Bewegung, die jede staatliche Macht verdammt.

Die neue Gesellschaft aber, von der die Anarchisten träumen, hat immer weniger Ressourcen, von denen sie zehren kann. Bis Dezember strömen 300 000 Bürgerkriegsflüchtlinge nach Katalonien, vermehren Barcelonas Bevölkerung um 40 Prozent und lösen eine Wohnungs- und Ernährungskrise aus. Kühne Sozialmaßnahmen scheinen kaum noch finanzierbar: Im Januar 1937 schafft die Regierung so die anarchistischen „Brotkomitees" ab, die bislang günstig Lebensmittel verteilt haben, und überlässt die Versorgung dem freien Markt.

Jetzt stehen die Armen, die sich dessen Preise nicht leisten können, zu Hunderten Schlange vor den Bäckereien – und müssen, wenn das Brot ausverkauft ist, von Sicherheitskräften auseinandergetrieben werden. Immer rigoroser sabotiert die Misere, die der Bürgerkrieg gebracht hat, nun die Reformen, reißt die Kluft zwischen Reich und Arm wieder auf. Und sortiert so auch den Alltag in die gewohnten Muster: Auch diese Krise trifft ja am härtesten diejenigen, die keine Rücklagen haben.

SO GEWINNEN DIE ALTEN HERREN mehr und mehr wieder die Oberhand. Und bei seiner Rückkehr von der Front im April erkennt George Orwell sein Barcelona nicht wieder: „Es war wieder eine gewöhnliche Stadt", wird er sich erinnern, „ohne ein Zeichen der Vorherrschaft der Arbeiterklasse." Jetzt nicken und lächeln Kellner und Verkäuferinnen devot wie zuvor. Es wird wieder gesiezt und Trinkgeld gegeben. Auch die Reichen beginnen, die Mimikry der Bescheidenheit abzulegen: „Jeder schien einen schmucken Sommeranzug zu tragen, auf den sich die spanischen Schneider spezialisiert haben." Edelrestaurants tischen Köstlichkeiten auf – während die Arbeiter nach Olivenöl anstehen und Kinder vor den Feinkostläden der Rambla lungern, um den Kunden ein paar Brosamen abzubetteln.

Immer deutlicher glaubt Orwell jetzt, „ein unbezweifelbares und schreckliches Gefühl politischer Rivalität und des Hasses" wahrzunehmen. Und überall hört er die Prophezeiung: „In Kürze wird es Ärger geben."

Der 1. Mai, gewöhnlich Tag der großen Massenaufmärsche, ist noch gespenstisch still: Um die Lage nicht noch anzuheizen, haben nicht nur die Kommunisten, sondern sogar die Anarchisten auf Demonstrationen verzichtet. Doch als die Polizei zwei Tage später versucht, die anarchistisch kontrollierte Telefonzentrale zu stürmen und von Gewehrsalven empfangen wird, fliegt der Funke, der das Pulverfass zur Explosion bringt. Der lange schwelende Konflikt zwischen Staat und Anarchie eskaliert jetzt zum offenen Krieg.

Am Nachmittag des 3. Mai hört George Orwell auf der Rambla die ersten Gewehrschüsse. Passanten flüchten in die Metrostationen. Ladenbesitzer lassen die Dreifach-Rollläden vor ihren Schaufenstern herunter. Lastwagen mit bewaffneten Kämpfern donnern durch die Straßen. Auf den Kirchtürmen und an den wichtigsten Punkten der Rambla stehen regierungstreue Zivilgardisten, die auf alles schießen, was sich bewegt.

Als die Nacht hereinbricht, ist Barcelona eine geteilte Stadt. Regierung und PSUC kontrollieren das Gebiet östlich der Rambla, die Anarchisten die Bezirke im Westen und die Vorstädte. Im Zentrum beschießen Scharfschützen einander von Dach zu Dach. Granaten regnen auf Autos herab. Und aus einem der „O"s im Namenszug des „Hotel Colón", Hauptquartier der PSUC an der Plaça de Catalunya, ragt jetzt ein Maschinengewehr.

Unten auf den Straßen bauen die Anarchisten Barrikaden. Männer, Frauen und kleine Kinder reißen Steine aus dem Pflaster, füllen den darunterliegenden Kies in Säcke, schieben das Material in Karren heran. In wenigen Stunden türmen sich die Schutzwälle mannshoch. Hinter einigen von ihnen flackern bereits Feuer, auf denen die Kämpfer inmitten des Infernos Eier braten – denn die Siesta von 12 bis 14 Uhr gilt in Spanien oft auch für den Straßenkampf.

Orwell, als Mitglied der POUM-Miliz auf der Seite der Regierungsgegner, wird zur Wache auf dem Dach des

Kinos „Poliorama" gegenüber der Parteizentrale abgestellt. Nebenan hält ein halbes Dutzend staatstreue Zivilgardisten das „Café Moka" besetzt. Sie haben die Stahljalousien herabgelassen, eine Barrikade aus Möbeln errichtet.

Drei Tage und Nächte verbringt Orwell auf seinem Posten hoch über der Stadt. Er blickt über Hochhäuser, Glaskuppeln und Dächer mit kupfergrünen Ziegeln, sieht am Horizont das Mittelmeer. Und starrt auf die menschenleeren Straßen mit den gestrandeten Trams und den ausgestorbenen Straßen, aus denen nur hier und da das Donnern der Salven emporhallt.

Und immer deutlicher wird, dass die Straßenschlachten nicht nur die Stadt ins Chaos stürzen, sondern auch den Widerstand gegen die Truppen Francos gefährden: Sie binden Barcelonas Kampfkraft im Stadtgebiet – und entziehen sie so der gut 200 Kilometer entfernten Bürgerkriegsfront.

Am 4. Mai ruft deshalb der CNT-Funktionär Juan García Oliver über Presse und Rundfunk auf, die Waffen niederzulegen. Doch sein Fußvolk hört nicht mehr auf ihn. Sein Statement gilt vielen als Verrat: Manche glauben sogar, man habe ihn entführt und zu seiner Rede gezwungen. Denn längst geht es nicht mehr um den Sieg einer politischen Gruppe, sondern um das Überleben der neuen Gesellschaft: „Bevor wir auf die Revolution verzichten", erklärt der anarchistische Jugendverband, „sterben wir auf den Barrikaden."

Um noch einen Kompromiss möglich zu machen, tritt am 5. Mai die Regierung zurück und macht Platz für einen „Provisorischen Rat", dem Anarchisten wie PSUC angehören. Am selben Tag erklären die Verteidiger des Telefongebäudes ihre Kapitulation. Schon wagen sich vereinzelte Passanten, weiße Taschentücher schwenkend, wieder auf die Straßen.

Doch am Nachmittag stirbt Antoni Sesé, Anführer der sozialistischen Gewerkschaft UGT in Katalonien und Minister in der neuen Generalitat, im Kugelhagel unbekannter Täter: Der prekäre Waffenstillstand scheint gescheitert. Jetzt beschließt auch die republikanische Zentralregierung, in den Konflikt einzugreifen, und schickt drei Kriegsschiffe und 4000 Sturmgardisten zur Unterstützung der Generalitat.

Am 7. Mai marschieren die Soldaten durch die Stadt. In Zehnergruppen patrouillieren sie mit Maschinenpistolen und langen Gewehren durch die Straßen, kontrollieren die Papiere der Passanten. Und wenn sie einen Mitgliedsausweis von CNT oder FAI finden, reißen sie das Dokument in Fetzen. Am 8. Mai sind die Unruhen vorbei. Einem Pressebericht zufolge sind 500 Menschen ums Leben gekommen und 1000 verletzt. Ein anarchistischer Anführer spricht von 1000 Toten.

Kurz darauf betreiben Esquerra und die PSUC die Auflösung der Arbeiterkollektive bei Bahn, Bus und Metro. Auch in der Industrie verlieren die Belegschaften ihre Macht, nach und nach übernimmt der Staat die Kontrolle über die Produktion. Die Religion kehrt zurück: Gotteshäuser öffnen allmählich wieder, und Geistliche kommen aus den Gefängnissen frei.

Dafür rechnen die Sieger in großem Stil mit ihren Feinden ab. Tausende ihrer politischen Gegner landen in den Kerkern der katalanischen Regierung. Die militärische Geheimpolizei SIM (Servicio de Investigación Militar) ermordet Revolutionäre, verfolgt auch „Defätisten", die Lebensmittel hamstern oder für Wucherpreise verkaufen. Manche Verdächtige landen in geheimen Gefängniszellen, deren perfides Design die Gefangenen seelisch zerrütten soll: Die psychedelischen Tapeten und das flackernde Licht gaukeln ihnen vor, die Wände wären in Bewegung.

Als Mitglied der POUM-Miliz ist nun auch George Orwell in Gefahr. Er kann kein Pensionszimmer mehr nehmen, ohne womöglich denunziert zu werden. Eine Nacht verbringt er in einer Kirchenruine, eine andere auf einer verlassenen Baustelle. Noch bevor er auf einer Verhaftungsliste steht, entkommt er in letzter Minute mit dem Zug über die Grenze nach Frankreich.

Den Sieg Francos kann er zu diesem Zeitpunkt noch nicht ahnen. Doch auch wenn die Republik noch nicht am Ende ist – etwas ist bereits zusammengebrochen: der Versuch einer neuen, einer freieren Gesellschaft. ◊

LITERATURTIPPS

CHARLES EALHAM
»Anarchism and the City – Revolution and Counter-Revolution in Barcelona, 1898–1937«
Gründliche Analyse mit soziologischem Schwerpunkt (AK Press).

PAUL PRESTON
»The Spanish Holocaust – Inquisition and Extermination in Twentieth-Century Spain«
Exemplarische Beschreibung einer ausweglosen Spirale der Gewalt (Harper Press).

Lesen Sie auch **»Das Ringen der Kommune: Paris brennt«** (aus GEO*EPOCHE* Nr. 30) – wie linke Arbeiter 1871 versuchen, ihre Stadt gegen Militärs der konservativen Regierung zu verteidigen, auf *www.geo-epoche.de*

IN KÜRZE

In Barcelona, einer Hochburg linken Gedankenguts, übernehmen nach Ausbruch des Bürgerkrieges Anarchisten die Macht. Doch die Euphorie vieler geht einher mit brutalen Übergriffen gegen die alten Eliten. Nach einem knappen Jahr, in dem der Streit zwischen Pragmatikern und Dogmatikern im linken Lager zunimmt, beenden Kommunisten und bürgerliche Republikaner das anarchistische Experiment gewaltsam.

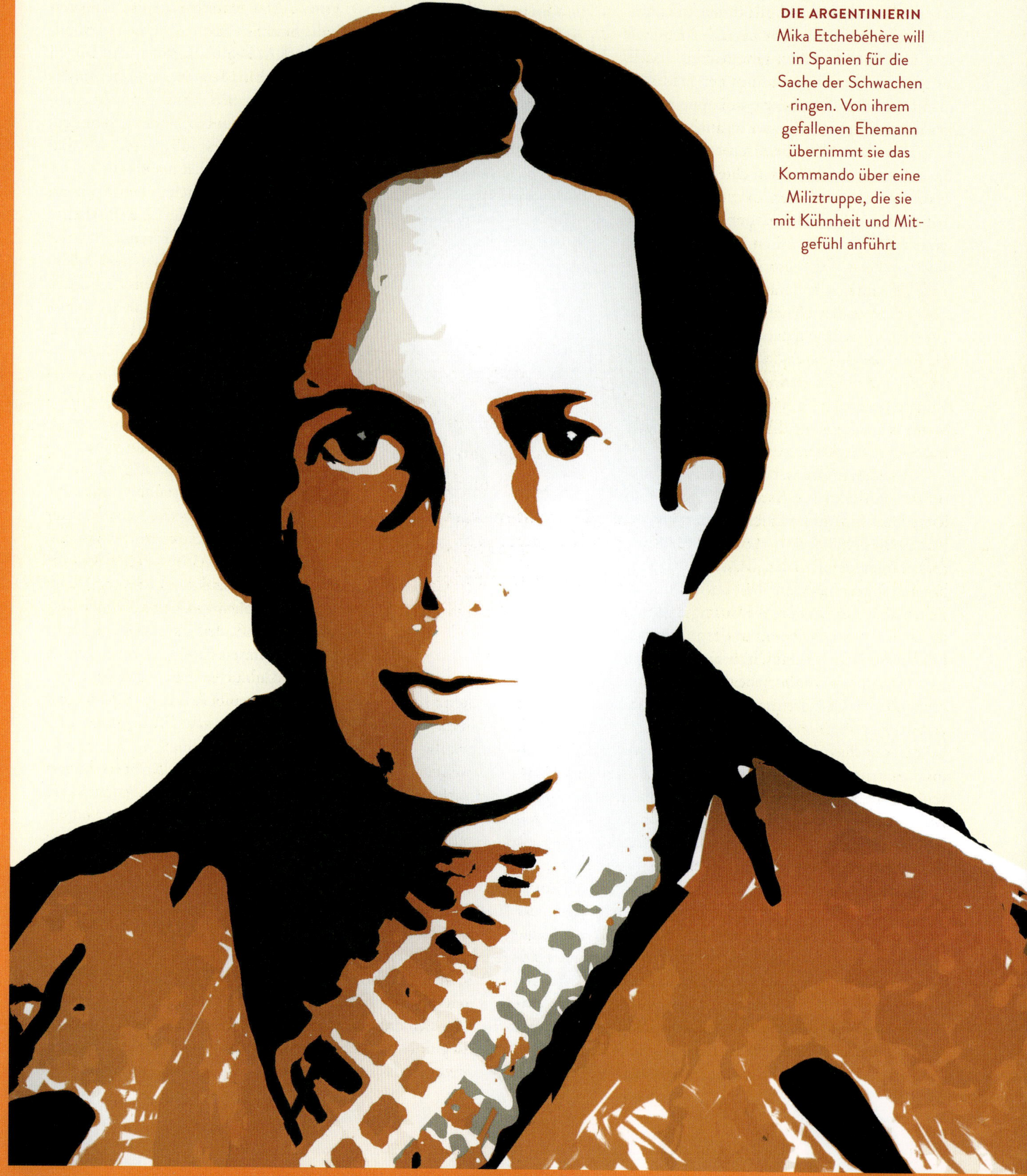

DIE ARGENTINIERIN
Mika Etchebéhère will in Spanien für die Sache der Schwachen ringen. Von ihrem gefallenen Ehemann übernimmt sie das Kommando über eine Miliztruppe, die sie mit Kühnheit und Mitgefühl anführt

DIE FURCHT-LOSE

Auch viele Frauen aus den Reihen der Republikaner lernen, Waffen zu bedienen. Doch oft dürfen sie nicht an vorderster Front mitkämpfen. Anders Mika Etchebéhère: Sie wird sogar zur hochgeschätzten Befehlshaberin

TEXT: *Alexandra Gittermann*

Ihre Anführerin hat mehr Mut als alle männlichen Kommandeure zusammen, da sind sich die Soldaten einig. Dass eine Frau vom anderen Ende der Welt nach Madrid gekommen ist, um mit ihnen an vorderster Front ihre Hauptstadt zu verteidigen, beeindruckt sie. Für die Argentinierin Mika Etchebéhère gibt es jedoch keinen Zweifel, dass sie genau dort richtig ist, so notiert sie es in ihren Erinnerungen. Denn der Kampf der spanischen Arbeiter und Bauern gegen die Nationalisten – er ist auch ihr Kampf.

In einer nordargentinischen Siedlung wird sie 1902 als Tochter russischer Juden geboren, die vor Pogromen aus ihrer Heimat geflohen sind. In dem Ort leben noch viele andere geflüchtete Russen und Ukrainer: Mika wächst auf mit Erzählungen von Gräueltaten. Und erlebt, wie brutal die argentinische Regierung gegen die aufkeimenden Arbeiter- und Studentenbewegungen vorgeht, 1919 einen Streik so blutig niederschlägt, dass Hunderte Menschen sterben.

Als junge Erwachsene bewegt sie sich in der linken Szene und lernt dabei ihre große Liebe kennen, die sie auch heiratet: Hipólito Etchebéhère, der nach dem Massaker an den Streikenden 1919 ein Leben als Sohn aus gutem Hause gegen ein prekäres Dasein in der linken Boheme eingetauscht hat.

Europa, wo sich die Arbeiterschaft schon länger politisch organisiert als in Argentinien, scheint dem Paar ein guter Ort zu sein, um für die Rechte der Schwachen zu streiten. 1932 gehen sie nach Berlin, müssen aber mitansehen, wie sich zahllose Arbeiter dem Faschismus anschließen. Im Sommer 1936 reisen sie weiter nach Madrid, wo sich die Gerüchte über einen Militärcoup verdichten. In den Tagen nach dem Putsch streifen sie wie Tausende andere durch die Stadt auf der Suche nach Waffen, werden bei einer marxistischen Gruppierung fündig.

Der charismatische Hipólito zieht andere Milizionäre in seinen Bann; und er ist offenbar einer von wenigen, der von Anfang an mit Waffen umzugehen weiß. Als eine kleine Truppe von Freiwilligen, zusammengewürfelt aus Jugendlichen und Alten, Bauern und Arbeitern, Ende Juli nach Norden geschickt wird, um die Hauptstadt vor anrückenden nationalistischen Truppen zu verteidigen, ist er ihr Anführer.

Mika Etchebéhère ist Teil der Mission, aber ihr ergeht es wie vielen Milizionärinnen: Sie soll mit den beiden anderen Frauen der Truppe im Feldlager bleiben. Zwar werden nun Tausende Frauen an der Waffe ausgebildet, meist für die Verteidigung der Städte, ziehen viele auch mit an die Front. Doch dort werden sie teils nicht ernst genommen, sollen Verwundete versorgen, kochen, waschen – aber nicht kämpfen.

So ist Etchebéhère auch im Lager, als am 16. August 1936 eine Maschinengewehrsalve ihren Mann tötet. Es ist der Moment, von dem an sich ihre Rolle zu ändern beginnt. Erstaunlich rasch erlangt sie in der Truppe nun die Führungsposition, die nach Hipólitos Tod offenbar niemand sonst mehr will.

Vermutlich akzeptieren die Männer sie als Befehlshaberin, weil sie sich an der Front furchtlos zeigt, kompetent und fürsorglich. Militärische Kenntnisse hat sie zu Anfang zwar kaum, doch schon bald erkennt sie, wo Unterstände ausgehoben werden müssen, welche Schützengräben nicht tief genug sind; läuft unter Beschuss umher, um kranken Kämpfern Hustensaft zu verabreichen. So nehmen ihre Soldaten auch hin, dass unter ihrem Kommando alle gleich sind: Frauen und Männer kämpfen zusammen, und alle halten gemeinsam das Lager sauber.

Über die Monate erwirbt sich Etchebéhère einen Ruf als herausragende Anführerin. Anfang 1937, als man versucht, die Nationalisten westlich von Madrid zurückzudrängen, ernennt sie der Oberkommandeur des Vorstoßes zu seiner Adjutantin. Nun nicht mehr an vorderster Front, muss sie aus der Ferne mitansehen, wie ihre Männer als Vorhut in die riskante Offensive geschickt werden, viele von ihnen fallen. Etchebéhère bleibt erschüttert zurück. Der Krieg ist von da an für sie nicht mehr derselbe.

Dennoch führt sie an verschiedenen Fronten den immer aussichtloser werdenden Kampf gegen die Einnahme von Madrid weiter. Als die Stadt im März 1939 schließlich an die Nationalisten fällt, rettet sie nur ihr französischer Pass vor der Gefangenschaft. Sie verlässt Spanien, lebt in Argentinien und Frankreich, wo sie 1992 stirbt.

In ihren Lebenserinnerungen schreibt sie viel über die Zeit in den Schützengräben Spaniens. Vor allem über die ersten Monate, als die Milizen geschlossen gegen Franco kämpften, sich die späteren Klüfte zwischen den Verteidigern der Republik noch nicht aufgetan hatten. Es seien jene Tage gewesen, so notiert sie, „als die Revolution noch schön war“. ◊

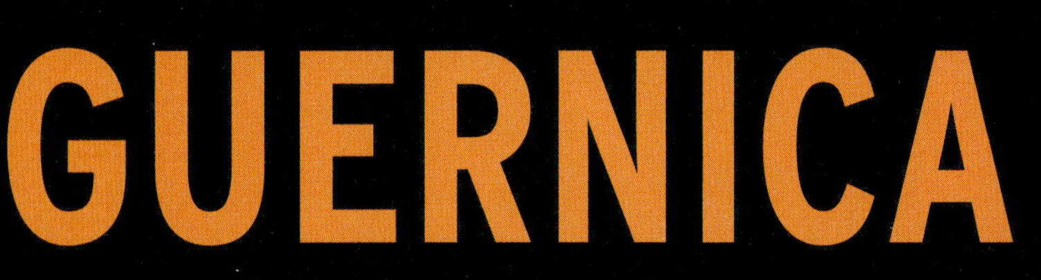

GUERNICA

Angeblich wollten die Piloten nur eine Brücke zerstören, um den Rückzug der republikanischen Truppen zu verhindern. Stattdessen bombardiert die »Legion Condor« des mit Franco verbündeten NS-Deutschland am 26. April 1937 das baskische Guernica. Männer, Frauen und Kinder kommen dabei um, zwei Drittel der Stadt gehen in Flammen auf. Die Welt hätte das erste große Kriegsverbrechen der deutschen Luftwaffe wohl bald vergessen – wenn nicht Pablo Picasso das Entsetzen dieses Frühlingstages mit einem verstörenden Gemälde ins Gedächtnis der Menschheit eingebrannt hätte

TEXT: *Jens Schröder*

EINE HEINKEL HE 111 der Legion Condor wirft Bomben über Spanien ab (oben links). Die Tod und Verwüstung bringenden Maschinen kommen auch in Guernica (rechts) zum Einsatz

EINE DUNKLE STIMMUNG LIEGT ÜBER

Montag, 26. April 1937. Kurz nach fünf Uhr morgens. Das Wetter ist besser geworden über Guernica. Die dichte Regenfront der vergangenen Tage hat sich über den Golf von Biskaya verzogen. Nur noch ein paar Zirruswolken reflektieren die Strahlen der aufgehenden Sonne.

Der junge Bäcker Antonio Arazamagni hat schlecht geschlafen. Im Schuppen hinter seiner Backstube in der Goyencalle Nr. 11 hat er die Nacht auf Mehlsäcken verbracht, halb verrenkt und nur gewärmt von zwei seiner Katzen; immer wieder aufgestört vom fernen Geschützfeuer. Aber zumindest hat er so verhindert, dass sich noch einmal irgendjemand im Schutz der Dunkelheit an seinen Vorräten bedient.

Lebensmittel sind knapp in Guernica, der heimlichen Hauptstadt der Basken. Gleich zu Beginn des Spanischen Bürgerkrieges im Sommer 1936 hat sich die ganze Region im Norden des Landes auf die Seite der republikanischen Regierung geschlagen – doch nun hat die gegnerische Armee, geführt von nationalistischen Generälen, die baskischen Territorien vom Rest des Landes abgeschnitten.

Und die Blockade beginnt zu wirken.

Für ein Kilo Kaffee müsste ein Tagelöhner in Guernica fast drei Monate arbeiten. Manche Metzger schlachten schon Katzen und verkaufen sie als Kaninchen. Die Lage hat sich noch verschlimmert, seit sich immer mehr Flüchtlinge und versprengte Soldaten im hektischen Rückzug von der Front nach Guernica gerettet haben.

Hungrig und in zerfetzten Uniformen lungern sie zu Hunderten auf dem Bahnhofsplatz herum. Fallen in Scharen ein ins „Arrién“ und in die „Taberna Vasca“, die besten Restaurants der Stadt. Stören den abendlichen Tanz auf dem Platz vor der Schule. Suchen auf dem Friedhof hinter den Grabsteinen und selbst im Nonnenkloster Santa Clara Schutz vor dem kühlen Nachtwind.

Und jetzt muss Antonio Arazamagni feststellen, dass sie auch seinen 1929er Ford vor der Bäckerei als Schlaflager entdeckt haben. Auf der Motorhaube sind Gewehre, Tornister und Patronengurte abgelegt. In den Sitzen haben sich erschöpfte Kämpfer ausgestreckt – auf dem verkrusteten Blut ihrer verwundeten Kameraden, für deren Transport das Auto am Vortag beschlagnahmt worden war.

Fluchend fegt Arazamagni die Ausrüstung auf das Straßenpflaster, zerrt die Soldaten aus dem Wagen.

Er braucht ihn, um so zu tun, als sei dieser Tag ein ganz normaler Montag: Er wird sich in der örtlichen Werkstatt neues Benzin beschaffen (der Besitzer verlangt Apfelkuchen dafür). Und dann wird er, wie immer, mit seiner Runde beginnen. 650 Kunden warten auf frisches Brot.

Bis zum Abend dieses 26. April werden etwa 100 von ihnen tot sein.

°

ALS DER FEUERWEHRMANN Juan Silliaco mit seinem zwölfjährigen Sohn durch die Innenstadt zum Bahnhof geht, herrscht kaum Verkehr. Viel weniger Karren als sonst rumpeln auf ihren Holzrädern durch die Gassen von Guernica. An der Ecke der Calle San Juan hat sich wie an jedem Markttag der alte Fruchteisverkäufer aufgestellt. Vielleicht ist er aus Trotz gekommen, vielleicht aus Gewohnheit – sein Kasten jedenfalls ist leer.

Silliaco ist früh aufgestanden. Sein Sohn soll mit dem ersten Bus nach Bilbao fahren, in Sicherheit. Denn schon in wenigen Tagen, so erzählen es sich die Leute, könnte

DER BÄCKER Antonio Arazamagni, hier mit seinem 1929er Ford, ist einer der Bewohner Guernicas, die später Auskunft über den Ablauf des Angriffs geben werden

der Feind Guernica erreichen. Manche hoffen, dass die Stadt mit der „heiligen Eiche“, unter der die spanischen Könige seit Jahrhunderten die Autonomierechte des baskischen Volkes bezeugt haben, aus Respekt vor ihrer großen Tradition von Zerstörungen verschont bleiben wird.

Silliaco glaubt das nicht. Vor der Abreise macht er mit seinem Sohn noch einen Abstecher zur Feuerwache. Der Junge will sich von den beiden Pferden verabschieden, die in der Nacht zuvor den Feuerwehrkarren zu einem Einsatz gezogen haben. 300 Liter Wasser mussten Silliaco und seine Kollegen aus den geflickten Schläuchen auf eine brennende Pension spritzen. Es war der erste Alarm seit einem halben Jahr. Die Flammen waren schnell unter Kontrolle.

Aber ob sich die Feuerwehr von Guernica gegen einen größeren Brand bewähren würde – da ist der erfahrene Silliaco sich nicht sicher. Die Häuser der Stadt mit ihrem trockenen Gebälk sind wahre Feuerfallen. In den engen Gassen könnten die Flammen wie durch einen Windkanal immer neuen Sauerstoff ansaugen.

Zwei Wochen zuvor hat Juan Silliaco einen Brief an die Feuerwehrzentrale in Bilbao geschrieben, von verbogenen Verbindungsstücken der Schläuche berichtet und von der unzuverlässigen Pumpe. Bislang ist das Schreiben unbeantwortet geblieben.

In der Feuerwache kommt ihnen der Stallbursche aufgeregt entgegen. Saboteure, so brüllt er, hätten das Trinkwasser der Stadt mit Gift verseucht. In normalen Zeiten würde Silliaco auf solche Gerüchte nichts geben. Aber nun weiß er schon seit Wochen nicht mehr, was er glauben soll.

Im Kloster der Karmeliterinnen am Rande der Stadt ist die Krankenschwester Teresa Ortuz von ihrer Strohmatratze aufgestanden. Die Oberin hat sie nach kurzem Schlaf geweckt, Stabsarzt Juan Cortés braucht im Lazarett Hilfe.

Teresa Ortuz bewundert den Mediziner für seine Ausdauer am Operationstisch, für seine zupackende Art. Und sie hasst ihn, wenn sein Atem wieder einmal nach Alkohol und Knoblauch stinkt – und wenn er mit beißendem Zynismus die Ambulanzfahrer beschimpft, weil sie ihm hoffnungslose Fälle liefern: Männer, deren Körper mit großen Schrapnellwunden übersät oder von Maschinengewehrkugeln durchsiebt sind. Todgeweihte mithin, für die man, sagt Cortés, das kostbare Benzin der Krankenwagen nicht vergeuden dürfe.

DIE HEINKEL-HE-111-BOMBER gehören zu den modernsten Flugzeugen der NS-Luftwaffe (hier die Montage eines späteren Modells in Warnemünde). In Spanien bei der Legion Condor kommen sie erstmals zum Einsatz, nicht zuletzt zum Test für einen zukünftigen Krieg

RICHTHOFEN FREUT SICH AUF DEN ANGRIFF

Seit einigen Tagen werden Soldaten mit schwersten Verbrennungen von der Front in die Stadt gebracht: Opfer von Flugzeugangriffen mit Brandbomben.

Auch in Guernica wächst die Angst vor Luftschlägen. Nachts sind die Fenster des Klosters mit dem schwarzen Stoff der Nonnenkleider verdunkelt. Über den Stapeln von frisch gewaschener Operationswäsche im Hof ist ein sorgfältig mit Gras getarntes Netz gespannt. Und auf dem Dach sitzen zu jeder Tageszeit zwei Ordensschwestern, Rücken an Rücken, und suchen den Himmel mit Feldstechern ab.

Plötzlich ist ihre Handglocke zu hören. Ein Lazarettgehilfe rennt ins Kloster, schreit „Avión, avión!". Doch da hat die Maschine schon wieder abgedreht.

Stabsarzt Cortés sagt unwirsch: „Wenn wir wegen jedes Flugzeugs Pause machen, kriegen wir überhaupt nichts geschafft."

Knapp 50 Kilometer entfernt, in der Stadt Vitoria, hat Oberstleutnant Wolfram von Richthofen, ein Neffe des legendären Weltkrieg-I-Piloten, gerade seine morgendlichen Leibesübungen absolviert, sich rasiert und seine Suite im Hotel „Frontón" verlassen. In der schlichten Khaki-Uniform seiner Einheit durchquert er die Lobby, wo seine Leute am Vorabend, nach ihrer Rückkehr aus dem Bordell, noch verspätet auf Adolf Hitlers Geburtstag am 20. April angestoßen haben.

Im Vorbeigehen wirft er einen Umschlag in den Postsack. Der Brief enthält Richthofens jüngste Tagebuchseiten und ist für seine Frau bestimmt. Adressiert ist er aber, wie auch alle Briefe seiner Männer, an „Max Winkler, Berlin W 8, Postschließfach 81" – eine Tarnadresse.

Die Mission der rund 5000 Mann starken deutschen „Legion Condor" in Spanien ist streng geheim. Niemand soll wissen, dass die junge deutsche Luftwaffe – seit 1935 im Aufbau begriffen – Kriegserfahrung sammelt, indem sie die Armee der aufständischen spanischen Nationalisten unterstützt, gemeinsam mit Bomberpiloten aus dem faschistischen Italien.

Auf dem linierten Briefpapier hat Richthofen seiner Frau von einem Angriff aus der vorangegangenen Woche vorgeschwärmt, bei dem auch die Italiener eine gute Figur gemacht hätten: „Sieht toll aus: Sehr gute Bombenwirkung, sehr dichte Bombenlage. Besser als bei uns. Wenn sie Ziel finden und treffen, was häufig nicht der Fall ist, wächst kein Gras mehr."

An diesem Tag will Richthofen seine Verbündeten übertreffen. Auf dem Flugplatz von Vitoria bemerken die Soldaten, dass ihr Oberstleutnant ungewöhnlich gut gelaunt ist. Um 8.30 Uhr landet das Wetterflugzeug. Der Meteorologe erwartet für den Luftraum über dem Angriffsziel und für das Anfluggebiet am Spätnachmittag drei Zehntel Bewölkung, leichten Wind aus Süd bis Südwest, gute Sicht. Das Ziel ist Guernica.

Der 271. Tag des spanischen Bruderkampfes hat begonnen. Jener Tag, an dem die baskische Stadt zum Symbol für eine bis dahin kaum bekannte, erbarmungslose Art der Kriegsführung wird.

Denn es ist nicht nur ein Ringen der Spanier, das auf der Iberischen Halbinsel tobt. Offiziell haben die Regierungen Europas zwar eine „Nichteinmischungspolitik" vereinbart. Aber jeder weiß, dass sich kaum jemand an das Abkommen hält. Und dass der Spanische Bürgerkrieg in Wahrheit sofort nach seinem Ausbruch zum ersten Stellvertreterkrieg der Moderne geworden ist.

Der sowjetische Diktator Josef Stalin sieht in dem Konflikt eine Möglichkeit, die seit Jahren zersplitterte spanische Linke endlich auf die Linie der KPdSU zu bringen – und liefert Hunderte Panzer und Flugzeuge sowie Piloten und parteitreue Militärberater an die Republik. Frankreich lässt Tausende von Intellektuellen und politisch Verfolgte aus der ganzen Welt über die Pyrenäengrenze nach Spanien reisen, damit sie in den sogenannten Internationalen Brigaden auf republikanischer Seite kämpfen können (siehe Seite 60).

Für die Putschisten kommt Unterstützung vor allem aus Deutschland und Italien. In Berlin sieht man den Krieg als Glücksfall: Zum einen lenkt er von den Vorbereitungen für einen Einmarsch in der Tschechoslowakei ab. Zum anderen bietet der Bruderkampf der Spanier ein willkommenes Experimentierfeld für neue Waffen und junge deutsche Soldaten – einen Testlauf mit authentischem sowjetischem Kriegsmaterial auf der Gegenseite.

Der Bürgerkrieg ist noch keine zehn Tage alt, da befiehlt Adolf Hitler persönlich die umfangreiche deutsche Schützenhilfe für seinen Gesinnungsgenossen Franco. Die Entscheidung darüber trifft er in Bayreuth, im Anschluss an einen Opernbesuch. Wohl deshalb wird das geheime Unternehmen der Legion Condor nach der Schlussszene in Wagners „Walküre" benannt: „Operation Feuerzauber".

IN GUERNICA VERSAMMELN SICH an diesem 26. April 1937 gegen zehn Uhr ein Dutzend baskische Offiziere in einem requirierten Klosterzimmer. Sie wollen über ihre Strategie für die kommenden Tage beraten. Das eigentlich tief konservative Baskenland hat sich im Bürgerkrieg auf die Seite der Republik geschlagen – weil deren Führung den Basken Autonomie zugesagt hat.

Doch seit Monaten schon ist das Baskenland eine Enklave, durch die Truppen der Nationalisten vom restlichen republiktreuen Gebiet abgeschnitten. Nun rücken gegnerische Einheiten auf Guernica vor.

Alle Offiziere im Klosterzimmer sind sich darüber einig, dass die Stadt standhalten muss. Zumindest so lange, bis die ersehnten Flugzeuge aus Frankreich eintreffen, mit denen sie den Vormarsch der Putschisten auf die 25 Kilometer entfernte baskische Industriestadt Bilbao stoppen wollen.

Die Kirche San Juan, so beschließen die baskischen Militärs, soll daher zum Bollwerk ausgebaut werden. Ein Maschinengewehrnest in der von dicken Mauern geschützten Krypta könnte auch zahlenmäßig weit überlegene Truppen für viele Stunden aufhalten. Zudem ließe sich

PRÄCHTIG präsentiert sich der Bahnhofsplatz der baskischen Stadt. Er ist voller Flüchtlinge, die auf ihre Weiterfahrt warten, als dort am 26. April 1937 eine der ersten Bomben detoniert

DIE DEUTSCHEN MASCHINEN – hier auf einem spanischen Luftwaffenstützpunkt – sollen Breschen schlagen, in die Francos Bodentruppen vorstoßen können. Wolfram von Richthofen (linke Seite oben) ist der Stabschef der Legion Condor

NONNEN BEOBACHTEN DEN HIMMEL ÜBER

NEBEN BOMBERN wie dieser Heinkel He 111 kommen in Spanien auch einmotorige Flugzeuge zum Einsatz, darunter noch geheime Sturzkampfbomber vom Typ Ju 87. Über Guernica werfen die deutschen Piloten rund 40 000 Kilogramm Spreng- und Brandbomben ab

DIE RENTERÍA-BRÜCKE liegt am Stadtrand Guernicas und ist das vermeintliche Ziel des deutschen Angriffs. Doch keine einzige Bombe trifft das strategisch wichtige Bauwerk

aus den Restaurants „Arrién“ und „Taberna Vasca“ fast der gesamte Marktplatz mit Gewehrsalven bestreichen.

Einige Häuser in der Calle San Juan werden für eine Sprengung vorgemerkt, um anrückenden Fußtruppen und Transportern notfalls mit Schutthaufen den Weg zu versperren. Guernica, so die Offiziere, muss „bis zum letzten Ziegelstein verteidigt werden“. Die etwa 7000 Zivilisten der Stadt wollen sie bis Freitag, also binnen vier Tagen, in Richtung Bilbao evakuieren lassen.

In den Straßen von Guernica ist die Anspannung inzwischen nicht mehr zu übersehen. Zum ersten Mal seit Jahren hat der Bürgermeister sein Mittagessen im „Arrién“ abgesagt. Der Direktor der Bank von Vizcaya verschließt alles Bargeld der Filiale im feuerfesten Tresor, stopft die wichtigsten Akten in einen Postsack und schleppt ihn zu Fuß aus der Stadt. Die Tür zum Keller des Rathauses steht offen. Darüber haben Beamte ein Schild mit der Aufschrift „Refugio“ aufgehängt. Auf dem Friedhof graben sich Soldaten in die weiche Erde ein.

Für den Bäcker Antonio Arazamagni ist der Arbeitstag bereits gegen elf Uhr zu Ende. Am Schluss seiner Runde hat er noch einen Geburtstagskuchen zur Tochter einer Bekannten gebracht. Das Mädchen wird an diesem Tag 15 Jahre alt. Jetzt ist Arazamagnis Benzin aufgebraucht. Er stellt den Ford ab und spaziert zu Fuß durch die Gassen. Der sonnige Tag, so erinnert er sich später, war „wie eigens dazu gemacht, alles zu vergessen“.

Aber das will ihm nicht gelingen. Städtische Arbeiter türmen überall Sandsäcke auf. Der Bahnhofsplatz gleicht einem Sperrmülllager: Flüchtlinge haben Schränke, Stühle, Kochgeschirr zurückgelassen – alles, was nicht leicht zu tragen ist.

Als der Feuerwehrmann Juan Silliaco noch einmal beim Spritzenhaus vorbeischaut, findet er die Türen weit geöffnet und die Pferde einsatzbereit vor den Wagen gespannt. „Ein Befehl des Bürgermeisters“, sagt der Stallbursche. Eine Vorsichtsmaßnahme. Silliaco ist verärgert. „Mach die Türen zu und spann die Pferde wieder aus. Das hier ist kein Zirkus.“

°

KURZ VOR MITTAG trifft sich jenseits der Front Oberstleutnant Wolfram von Richthofen auf einem Feld bei Monte Mouchetagui mit Oberst Juan Vigón, seinem Verbindungsmann auf der Seite der nationalspanischen Armee: einem ehemaligen Lehrer für Kinder aus Familien des niederen spanischen Adels.

Die beiden Offiziere betrachten die von Richthofen mitgebrachten Luftaufnahmen der Aufklärungsflugzeuge. Vor Guernica klafft eine Lücke in der Front. Auf 25 Kilometer Breite weichen die Soldaten der Republik ungeordnet zurück. Die Situation ist so eindeutig, dass die beiden Männer keine Rücksprache mit ihren Vorgesetzten halten müssen.

Richthofen fährt zurück nach Vitoria, um dem Stab der Legion Condor die Einsatzbefehle mitzuteilen.

In der Lobby des Hotels „Frontón" deutet er auf der Wandkarte auf eine kleine Brücke, die Soldaten des Gegners überqueren müssen, wenn sie sich nach Guernica zurückziehen wollen: Diese Brücke und die zu ihr führende Straße gelte es zu zerstören.

Niemand wendet ein, dass die ersten Häuser von Guernica nur etwa 300 Meter östlich der Brücke liegen. Jeder kennt das Merkblatt der Legion Condor, das seit vier Wochen in der Hotelhalle hängt und Richthofens Unterschrift trägt. Solange militärisch wichtige Ziele angegriffen werden, ist da zu lesen, brauche man keine Rücksicht auf die Zivilbevölkerung zu nehmen.

Danach fährt der Oberstleutnant an die Front, um den Angriff persönlich zu verfolgen. Ein Soldat erinnert sich später, Richthofen habe an diesem Tag den Mercedes so entschlossen gesteuert, als wäre der „ein Jagdflugzeug".

Im mehr als 100 Kilometer entfernten Burgos, dem Bomberhorst der Legion Condor, werden Richthofens Befehle gegen 13 Uhr telefonisch aufgenommen und den Führern der Flugzeugstaffeln mitgeteilt.

Die Einsatzbesprechung im Büro des diensthabenden Majors ist Routine. Die erfahrenen Piloten machen sich kaum Notizen. Das Hauptziel: eine Brücke aus Stein, 25 Meter lang und zehn Meter breit. Kurs: zunächst Richtung Norden, ein Stück auf den Golf von Biskaya hinaus, dann wenden, um von See her die 20 Kilometer bis nach Guernica zu fliegen. Aus dieser Richtung, so die Überlegung, werden die Verteidiger keine Angriffe erwarten.

Und so soll die Operation ablaufen: Vier Heinkel-He-111-Bomber aus einer neuen, bislang kaum erprobten Generation von Kampfflugzeugen werden den Anfang machen. Danach sollen ältere Ju 52 in drei Wellen mehrere Tausend Bomben über Guernica abwerfen. Sie sollen die Stadt in V-Formation überfliegen, geschützt von Jagdmaschinen, die den Luftraum über den Bombern sichern.

Laut Flugzeugbestandsliste der Legion Condor sind an diesem Tag auch vier Sturzkampfbomber vom Typ Henschel 123 einsatzbereit. Für einen präzisen Punktangriff wie den auf eine einzelne Brücke wären die Maschinen perfekt geeignet. Weshalb sie nicht starten, ist bis heute ungeklärt.

Die Abwurfhöhe hat Oberstleutnant von Richthofen auf 2000 Meter festgesetzt – er muss aus Erfahrung wissen, dass er damit einen hohen Prozentsatz an Fehlwürfen in Kauf nimmt.

Zwischen den jeweils 20 Minuten andauernden Wellen, so ist es geplant, erhalten zwei Jagdfliegerstaffeln mit Heinkel-He-51-Maschinen und (einigen Berichten zufolge) neuen Messerschmitt 109 ausreichend Zeit, um zum Tiefflug über Guernica herabzustoßen und mit ihren Bordmaschinengewehren auf jeden zu schießen, der sich aus der Deckung wagt.

Wie schon häufig zuvor hat Richthofen seinen Piloten nahegelegt, auch einige Handgranaten mitzunehmen, um die im geeigneten Moment seitlich aus der Pilotenkanzel zu werfen.

Bei der Auswahl der Bomben hat der Stabschef der Legion Condor an diesem Tag ausdrücklich auf der „üblichen Mischung" bestanden: In den Rümpfen der Flugzeuge werden Sprengbomben befestigt, darunter die mächtigen 250-Kilogramm-Bomben. Dazu Zehn-Kilogramm-Splitterbomben und die Ein-Kilogramm-Streubrandbomben mit der Typenbezeichnung B1E: dünne, zylindrische Metallhülsen von 35 Zentimeter Länge, gefüllt mit Thermitpulver aus Aluminium und Eisenoxid, das beim Verbrennen 2400 Grad Celsius heiß wird.

Eine einzige dieser Brandbomben kann einen Lastwagen in Flammen aufgehen lassen. Richthofen setzt sie in Spanien vor allem ein, um unter fliehenden Gegnern Panik zu erzeugen.

Einer Steinbrücke können sie nichts anhaben. Aber in der „üblichen Mischung" sind die B1E mit etwa einem Drittel vertreten – allein die Ju 52 nehmen zusammen vermutlich mehr als 2500 Brandbomben an Bord.

Einer der Staffelführer wird später behaupten, er habe „mit aller Entschiedenheit" gegen die Verwendung solcher Bomben protestiert: Aus der vorgegebenen Abwurfhöhe würden die leichten Brandsätze „wie Herbstblätter" über der Stadt hinabfallen, „unkontrollierbar".

Sein Vorgesetzter ignoriert den Einwand.

Kurz nach 15 Uhr erreicht der Mercedes mit Richthofen den Fuß des Monte Oiz. Hastig steigt er die bewaldete Flanke des Berges empor. Auf einer Höhe von 1000 Metern erhofft er sich freie Sicht auf das Zielgebiet.

Im Karmeliterinnen-Kloster in Guernica assistiert Teresa Ortuz zu diesem Zeitpunkt Stabsarzt Cortés zum ersten Mal bei einer Amputation. Sie hat sich davor gefürchtet. Jetzt wundert sie sich, wie leicht es ihr fällt.

°

UM 15.40 UHR ENTRIEGELT EIN MECHANIKER auf dem Flugplatz von Burgos das Ruderwerk der He 111 von Rudolf von Moreau, dem Führer der Versuchsbomber-Staffel. Der 27-jährige Oberleutnant ist eine Legende unter den Fliegern der Legion Condor – unter anderem deshalb, weil er einige Monate zuvor mehrfach aus einer Ju 52 Lebensmittelpakete in den nur 50 Quadratmeter großen Innenhof einer Festung abgeworfen und damit den dort eingeschlossenen Truppen der Putschisten das Leben gerettet hat.

Seine Kameraden verglichen Moreaus Leistung mit der eines 100-Meter-Läufers, „der aus dem Lauf heraus mit einem Steinwurf eine Briefmarke trifft".

LÖSCHEN ist kaum möglich: Sprengbomben haben die Wasserrohre zerbersten lassen. Hilfe trifft zu spät ein. Viele Häuser Guernicas brennen bis auf die Grundmauern nieder

An diesem Tag soll Moreau als erster Angreifer das Zielgebiet sondieren. Sein Funker, sein Schütze und sein Bordmechaniker sitzen auf ihren Plätzen.

Die Propeller der beiden Motoren beginnen sich zu drehen. Dann jagt Moreau die fast 2000 PS starke Maschine über die Graspiste. Um 15.45 Uhr hebt die He 111 ab. Am Bug schimmert ihr Erkennungszeichen: ein Adler mit einer Bombe in den Klauen.

Moreau steigt rasch auf 2000 Meter, kreist, wartet auf die beiden anderen Mitglieder seiner Staffel. 30 Minuten später treffen sie sich mit den Jagdfliegern aus Vitoria, ihrem Begleitschutz.

Die Heinkel geht tiefer, gleitet über Nadelwälder, Gebirgsbäche, schroffe Felshänge hinweg. Ab und zu ist ein Ochsengespann auf einem Feldweg zu sehen. Am Boden ist keine einzige Flakstellung auszumachen. „Ziel in Sicht!", ruft der Bombenschütze.

Vom Dach des Klosters aus entdecken die Nonnen die Flugzeuge und lassen ihr Warnsignal ertönen. Zwei Ordensschwestern laufen auf die Straße, um Ambulanzfahrzeuge umzuleiten, damit die nicht das Augenmerk der Bomberbesatzung auf das Lazarett lenken. Stabsarzt Cortés und Schwester Teresa Ortuz beschließen weiterzuoperieren.

Auf dem Bahnhofsplatz laufen die Flüchtlinge verwirrt durcheinander. Sie können das Flugzeug nicht sehen, hören aber die Glocken der Kirche Santa María. Zunächst weiß niemand, vor welcher Art von Gefahr das Geläut sie warnen soll.

Der erste Überflug dient nur der Orientierung.

Der Schütze in der Nase des Flugzeugs hat bei klarer Sicht die Brücke ausgemacht. Nun nimmt Moreau zum zweiten Mal Kurs auf die Stadt. Er drosselt die Geschwindigkeit auf 250 km/h. Zieht die Heinkel etwas tiefer, korrigiert den Kurs. Dann geben die Halterungen die Bomben frei.

Sie fallen mehrere Hundert Meter neben die Brücke. Mitten in die Stadt. Und auf den Bahnhofsplatz.

NACH DEM EINSCHLAG von mehr als 2500 Brandsätzen aus den Schächten deutscher Bomber verwandeln sich die oft aus Holzgebälk gebauten Häuser in lodernde Fackeln

BALD STEHT DIE GANZE STADT

Die He 111 steigt hoch, dreht ab, verschwindet.

Moreaus Maschine ist das erste von 43 deutschen Flugzeugen, die in den kommenden drei Stunden schätzungsweise 40 000 Kilogramm Bomben über Guernica abwerfen. Nicht eine einzige wird die Brücke treffen.

Auf dem Bahnhofsplatz detonieren Moreaus Sprengsätze mitten unter mehr als 300 Menschen, die auf den Zug nach Bilbao warten oder beim Fliegeralarm aus ihren Häusern ins Freie gestürzt sind.

In der Calle de la Estación, 100 Meter vom Bahnhof entfernt, wird der Feuerwehrmann Juan Silliaco von der Druckwelle zu Boden geschleudert. Als er aufblickt, sieht er eine Gruppe von Frauen mit ihren Kindern. Ihre Körper werden sechs Meter hoch gehoben und dort durch die Kraft der Detonation in Stücke gerissen.

Silliaco rafft sich auf, rennt auf die nächste Einschlagstelle zu. Überall schreien Verwundete, Geschockte, Hinterbliebene. Am lautesten ist der Tumult vor dem vierstöckigen Hotel „Julián", dessen Fassade unter der Wucht einer 250-Kilogramm-Sprengbombe zusammengefallen ist. Mehrere Frauen wühlen weinend in dem Schutthaufen. Bis vor wenigen Minuten haben ihre Kinder vor dem Hotel gespielt. Silliaco brüllt, sie sollen still sein. Er legt sich auf die Trümmer und horcht. Dann steht er auf und schüttelt langsam den Kopf.

Der Bäcker Antonio Arazamagni kniet ungläubig vor einem Jungen, den er als Messdiener aus der Kirche Santa María kennt. Die Kleider hängen dem Kind in Fetzen vom Leib. Ansonsten scheint es unverletzt – doch die Druckwelle hat seine Lunge platzen lassen. Entsetzt stolpert Arazamagni weiter auf den Bahnhof zu. Die zwölfjährige Florence Madariaga erkennt er an ihrem Zopf, der fast das Einzige ist, was noch an ihrem Schädel klebt. Dann beugt er sich über den kopflosen Rumpf von Juliana Oleaga, die er an ihren Kleidern identifiziert.

Der Bäcker schließt sich den Feuerwehrleuten um Juan Silliaco an. Gemeinsam kämpfen sie sich durch beißenden Qualm bis ins Bahnhofsgebäude vor. Neben dem Fahrkartenschalter ziehen sie den Beamten aus dem Schutt. Er zittert, wie durch einen Krampf. Dann stirbt er.

Um 16.45 Uhr fliegt Rudolf von Moreau über der Küste erneut eine Kehre, die übrigen Mitglieder seiner Staffel sammeln sich hinter ihm, nehmen wieder Kurs auf Guernica. Moreau führt die Staffel diesmal viel tiefer als geplant, ihre Bomben lösen sich in 700 Meter Höhe aus den Halterungen. Elf Sekunden später treffen sie die Stadt.

Der Sohn des Gastwirts aus der „Taberna Vasca" hat sich mit seinen Freunden in einem Entwässerungsrohr versteckt. 15 Zentimeter Beton – das scheint den Kindern ein guter Schutz zu sein. Ihre Leichen werden erst zwei Wochen später von einer plötzlichen Regenflut freigespült.

Auf dem Marktplatz gehen die mit Leinen bespannten Stände in Flammen auf. Rauch erstickt Geflügel in Käfigen, schwärzt Gemüse und Obst.

Menschen stolpern halbblind umher. Eine Brandbombe explodiert in einem Rinderpferch, besprüht zwei Ochsen mit brennendem Thermit. Rasend vor Schmerz durchbrechen sie den Zaun, stürzen einige Meter weiter in einen Bombenkrater.

Juan Silliaco steht 50 Meter vor seiner Feuerwache, als das Gebäude hinter einer Wolke aus Rauch und Mörtelstaub verschwindet. Trümmer verschütten die Überreste der beiden Pferde, die Leiche des Stallburschen und den zusammengequetschten Feuerwehrkarren.

Gegen 17 Uhr beginnen auf dem Flugplatz von Vitoria die Propeller von zehn He-51-Jagdflugzeugen zu rotieren. Über das Flugfeld von Burgos dröhnt etwa zur gleichen Zeit der Lärm von 27 luftgekühlten BMW-Sternmotoren der Ju-52-Bomber. Und in Guernica gelingt es einem Offizier der Republik kurz darauf, über eine Telefonleitung der Armee endlich das Oberkommando zu erreichen. Er fordert Schutz durch Flugzeuge und Artillerie an. Man antwortet ihm, sein Wunsch werde in Erwägung gezogen.

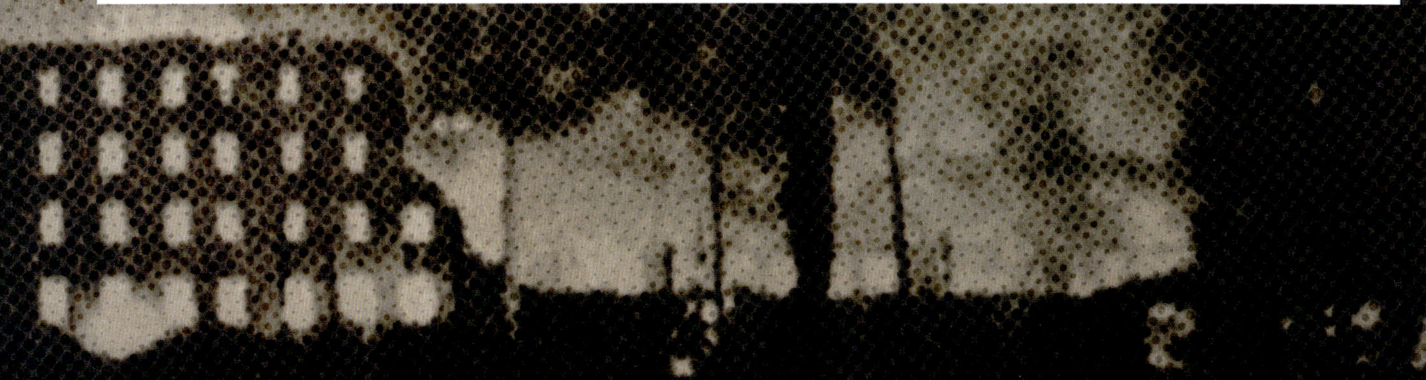

GUERNICA WIRD ZUM SYNONYM FÜR KRIEGS

KAUM EIN GEBÄUDE der 5000-Einwohner-Stadt ist nach dem Angriff nicht zerbombt oder ausgebrannt. Erschüttert sieht die Welt, was ein Luftangriff anrichten kann

Antonio Arazamagni findet den Kuchen, den er am Morgen ausgeliefert hat, fast unversehrt auf einem Trümmerhaufen in der Calle Don Tello. Das Geburtstagskind und seine Mutter sind unter dem Schutt ihres Hauses gestorben. Auf der Straße beugt sich der Bäcker über eine verletzte Büroangestellte. Er will sie in eine Wohnung tragen, damit eine Bekannte sich dort um das Mädchen kümmern kann. Die Frau kommt Arazamagni durch die enge Gasse entgegengelaufen, um ihm zu helfen.

In diesem Moment treffen die He 51 über Guernica ein, rasen mit scharfem, heulendem Motorengeräusch in etwa 30 Meter Höhe über die Straßen und Plätze – „wie fliegende Schäferhunde, die eine Menschenherde zum Schlachten zusammentrieben", so wird es später ein Bewohner beschreiben.

Die Frau in der Gasse wird von der Wucht einer Maschinengewehrsalve zwei Meter weit durch die Luft nach hinten geschleudert. Als ihre Kinder auf die Leiche zulaufen, tötet sie ein einziger Feuerstoß aus der Bordwaffe einer zweiten Heinkel.

Unter den Pfeilern der Rentería-Brücke, dem offiziellen Hauptziel des Luftangriffs, haben mehrere Menschen vor den Tieffliegern Schutz gefunden. Es ist an diesem Tag einer der sichersten Orte in der ganzen Stadt. Die Bomben, die der steinernen Brücke am nächsten kommen, entwurzeln ein paar Obstbäume im Garten des Klosters La Merced. Einige Brandbomben treffen auch eine nahe Bonbonfabrik, durchschlagen das Dach und lassen einen Kessel mit Zuckerlösung in Flammen aufgehen. Das Gebäude brennt völlig aus.

Am frühen Abend befiehlt der Bürgermeister im überfüllten Refugio im Rathauskeller, vier Leichen aus dem Unterstand nach draußen zu schaffen und die Tür zu schließen: Ein Jagdflieger der Legion Condor hatte in den Schutzraum hineingefeuert. In einem zweiten Refugio in der Calle Allende Salazar wird ebenfalls die Tür versperrt. Später wird man dahinter 20 erstickte Opfer finden.

Im Kloster der Karmeliterinnen arbeiten Schwester Teresa Ortuz und Stabsarzt Juan Cortés längst nicht mehr im Lazarett. Sie operieren die Verwundeten, wo immer sie von Helfern abgelegt worden sind, in den Zimmern der Nonnen, auf den Korridoren, auf dem Fußboden. Das ganze Gebäude ist voller Menschen mit zerschmetterten Gliedern, klaffenden Wunden, Kugeln im Körper.

Teresa Ortuz hat längst aufgehört, die vielen Amputationen zu zählen. Ihre Arbeit erscheint ihr als eine nicht enden wollende Folge von Sägen, Schneiden und nochmals Sägen. Viele der Patienten rufen nach einem Priester. Aber es ist keiner da.

Bald darauf gehen die Blutkonserven zur Neige. Cortés muss immer öfter abwägen, bei welchen Verwundeten eine Behandlung noch lohnt. Als ihn die Schwester bei einer solchen Entscheidung beobachtet, knurrt er: „Ich spiele hier nicht Herrgott. Ich versuche nur, es allen recht zu machen."

Etwa zu diesem Zeitpunkt befinden sich die ersten Ju 52 im Anflug auf die Stadt. Kurz darauf werfen sie ihre Bomben wie geplant in drei Wellen ab. Die Sprengkörper lassen drei Viertel aller Häuser von Guernica einstürzen oder verbrennen. Sie zerstören die beiden Restaurants im Zentrum, legen die Kirche San Juan in Schutt. Begraben auch den Feuerwehrmann Juan Silliaco unter Mauerwerk und Gebälk eines zertrümmerten Gebäudes.

Ihre Brandbomben, so erinnert sich einer der Piloten, fliegen wie ein „Silberschauer" in die von Rauchwolken verhüllte Stadt. Sie setzen unter anderem die Bank von Vizcaya in Flammen – und lassen das Papiergeld in deren feuerfestem Tresor zu Asche zerfallen. Eine der kleinen Metallhülsen durchschlägt das Dach der Kirche Santa María – die Gemeindemitglieder versuchen, das noch nicht vollständig entzündete Thermit mit Messwein und dem Wasser aus den Blumenvasen zu löschen.

UND DIE LEGION CONDOR fliegt weiter für Franco. Bei einem Luftangriff auf Lleida sterben mehr als 200 Menschen

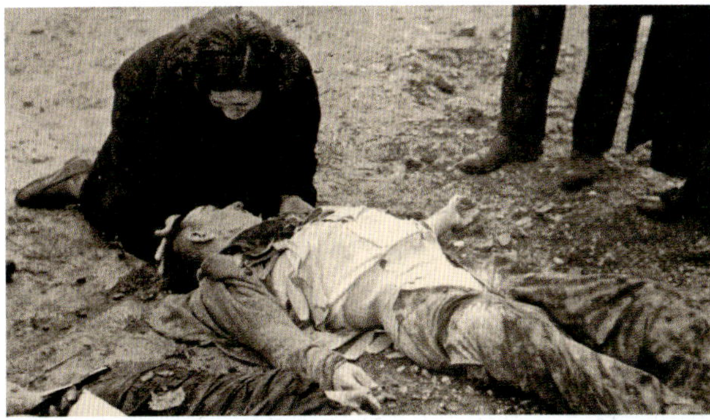

Vor der Kirche hält ein Priester den Anflug der Ju 52 mit einer Plattenkamera fest. „Sie werden leugnen, was sie getan haben", sagt er seinem Amtsbruder. „Die Welt muss den Beweis haben." Auf dem Foto sind drei Bomber über der Stadt zu sehen. Sie fliegen nicht hintereinander, wie es beim Zielanflug auf eine kleine Brücke zu erwarten gewesen wäre. Sondern nebeneinander. Als wollten sie einen breiten, alles vernichtenden Bombenteppich abwerfen.

Als gegen 18.50 Uhr die Messerschmitt-109-Jagdflugzeuge aus Vitoria über Guernica erscheinen, so berichten Einwohner, nehmen die Bordschützen vor allem Flüchtlinge unter Feuer, viele von ihnen sind auf einer Bergstraße in Richtung des Nachbardorfes Luno unterwegs. Der Bäcker Antonio Arazamagni kann sich gerade noch vor den Salven in Deckung bringen, die in die Menschengruppen einschlagen.

Zehn Minuten darauf vollenden He-51-Jäger das Vernichtungswerk, eine gute halbe Stunde lang. „Es war unmöglich zu verstehen, weshalb diese Flugzeuge noch gekommen waren", sagt später ein Augenzeuge. „Zwischen Markt und Bahnhof stand doch schon nichts mehr."

Etwa zu dieser Zeit erwacht der Feuerwehrmann Juan Silliaco aus seiner Ohnmacht. Ein geborstenes Wasserrohr über ihm hat den Gebäudeschutt abgehalten und eine Lufttasche gebildet. Direkt neben sich sieht er einen Frauenkörper in irrwitziger Verrenkung. Er denkt an seinen Sohn, und daran, welch glückliche Entscheidung es war, ihn am Morgen mit dem Bus nach Bilbao zu schicken.

Gegen 20 Uhr wird Silliaco von Soldaten aus den Trümmern befreit. Er ist fast unverletzt und schließt sich einem Bergungstrupp an. Doch die Hoffnung, im Schutt Überlebende zu finden, wird immer geringer: Ein Großteil der alten Häuser Guernicas steht in Flammen. An vielen Stellen riecht es nach verkohltem Fleisch.

Durch die Fenster des Lazaretts fällt jetzt der Feuerschein der brennenden Stadt. Stabsarzt Cortés und sein Team arbeiten, mit kurzen Unterbrechungen, die nächsten 24 Stunden. Teresa Ortuz erinnert sich: „Wir wussten: Wenn wir aufhören, dann werden noch mehr Menschen sterben."

Um 23 Uhr erscheint endlich ein Löschtrupp der Feuerwehr aus Bilbao. Doch in den geborstenen Leitungen der Stadt ist kaum noch Wasser. Es dauert 16 Stunden, bis die letzten Feuer in Guernica gelöscht sind. Wie viele Leichen in den Straßen und unter den Trümmern liegen, kann nicht mehr ermittelt werden. Die meisten Schätzungen gehen von mehreren Hundert aus.

LITERATURTIPP

GORDON THOMAS/ MAX MORGAN-WITTS
»Der Tag, an dem Guernica starb«
Den Autoren gebührt das Verdienst, den Opfern und Tätern von Guernica Gesicht und Geschichte gegeben zu haben – durch Interviews mit Augenzeugen des Angriffs, mit den Piloten der Legion Condor oder Angehörigen. Ihr Buch erschien 1978 auf Deutsch (Bastei Lübbe).

°

IN VITORIA UND BURGOS treffen sich die Piloten der Legion Condor am späten Abend zur Besprechung ihres Guernica-Einsatzes. Sie haben keine Besonderheiten zu melden. Doch, eine: Alle sind sich einig, dass der Qualm und der Staub über Guernica besonders lästig gewesen sind.

Gegen Mitternacht feiern die Soldaten im Hotel „Frontón" eine Party. Das eigens für die Legion Condor eingerichtete Bordell hat geöffnet. 100 Peseten kostet die Viertelstunde mit einem der spanischen Mädchen, ein Aluminiumdöschen mit zwei Präservativen sowie der Gebrauch zweier großer Handtücher inklusive.

Wolfram von Richthofen kehrt nach einer letzten Inspektion der Hangars in sein Zimmer zurück. Erst vier Tage später – inzwischen haben nationalistische Truppen Guernica besetzt – notiert er in seinem Kriegstagebuch: „Guernica, Stadt von 5000 Einwohnern, buchstäblich dem Erdboden gleichgemacht. Einwohner waren größtenteils eines Festes wegen außerhalb, Masse des Restes verließ die Stadt gleich zu Beginn. Ein kleiner Teil kam in getroffenen Unterständen um. Bombenlöcher auf Straßen noch zu sehen. Einfach toll."

VERRENKTE KÖRPER, abgerissene Gliedmaßen: In seinem monumentalen Gemälde »Guernica« verewigt Pablo Picasso noch 1937 den Bombenterror – und klagt ihn an

Militärisch gesehen, ist der Angriff der deutschen Legion Condor auf Guernica eine Episode ohne große Bedeutung. Ein einziger von fast 1000 Tagen des spanischen Bürgerkrieges. Ein Tag, an dem der Krieg einige Hundert Opfer fordert – einige Hundert von Hunderttausenden Menschen, die während des erbitterten spanischen Bruderkampfes ums Leben kommen.

Seine weltweite Bedeutung gewinnt der Schreckenstag durch die Methode der Täter: das rücksichtslose Flächenbombardement. Sie ist nicht neu, sondern in Kolonialkriegen bereits angewendet worden; in Guernica aber zeigen sich ihre verheerenden Folgen besonders deutlich. Und so wird der Angriff vom 26. April 1937 umgehend zum Thema für die Propaganda aller beteiligten Parteien.

Ein Korrespondent der Londoner „Times" trifft noch in der Nacht nach dem Angriff in der Stadt ein. In einem detaillierten Bericht beschuldigt er die deutsche Luftwaffe einer „ruchlosen Tat ohne Beispiel in der Militärgeschichte" – ausgeführt offenbar allein zur „Demoralisierung der Zivilbevölkerung".

Die nationalsozialistische Regierung in Berlin erkennt sofort, dass der Angriff ihrem Ruf schaden kann. Die Legion Condor entsendet eilig „Feuerwerker" nach Guernica, die verräterische Bombenleitwerke und Blindgänger mit deutscher Beschriftung verschwinden lassen sollen. Und der Diplomat Joachim von Ribbentrop wünscht sich von Franco ein „energisches und scharfes Dementi, dass deutsche Flieger Guernica angegriffen haben".

Die Verbündeten einigen sich auf die Behauptung, dass es die „roten" Verteidiger selbst gewesen seien, die ihre Stadt mit Benzin in Brand gesetzt hätten – damit sie nicht in die Hände der Nationalisten falle.

Deutsche Zeitungen veröffentlichen empörte Kommentare gegen die „Greuelhetze um Guernica", die von der britischen „Linkspresse" betrieben werde.

Doch da arbeiten Ingenieure der Luftwaffe bereits an einer exakten Auswertung des Bombenterrors in Guernica und anderen spanischen Städten. In geheimen Dokumenten vermerken sie, dass die Brandbomben „viele Dachstuhlbrände angeregt" hätten; dass zudem durch die großen 250-Kilogramm-Sprengsätze „Wasserleitungen zerstört wurden, was Löschversuche vereitelte". Und sie betonen die Notwendigkeit von möglichst vielen Volltreffern, um die „erstrebten Brandkatastrophen" hervorzurufen – vor allem für Städte mit einfacher Bauweise, in der es nur eine „ganz spärliche Möbelausstattung" gebe und auch „andere brennbare Ausstattungen wie Fenstervorhänge" fehlten. Die Erkenntnisse fließen ein in die Planung der Bombenangriffe des Zweiten Weltkrieges.

Eine internationale Untersuchung des Angriffs, von der britischen Regierung halbherzig angeregt, scheitert am Widerstand der Deutschen im „Nichteinmischungs-Ausschuss". Ab Juni 1937 ist Guernica für die europäischen Diplomaten kein Thema mehr.

Am Ende aber wird der Kampf um die öffentliche Meinung anderswo entschieden – in einem Atelier in der Rue des Grands-Augustins in Paris.

Dort arbeitet der schon damals berühmteste Maler der Welt, Pablo Picasso. Voller Abscheu über den Terrorakt macht sich der Spanier kurz nach dem Angriff an ein monumentales Werk: ein verstörendes Gemälde in Weiß, Schwarz und Grau, 3,50 Meter hoch und 7,80 Meter lang. Sein Titel: „Guernica".

Schwitzend und wie besessen eilt Picasso vor der Leinwand hin und her, schichtet zermalmte Leichname, schmerzverzerrte Gesichter, Tierkadaver übereinander. Am linken Bildrand kauert eine Frau im Schatten eines Stieres. Sie hält den schlaffen Körper ihres toten Kindes im Arm.

Binnen sechs Wochen hat Picasso die 27 Quadratmeter bemalt – und die endgültige Darstellung des Kriegsverbrechens von Guernica geschaffen: ein Bild des Leidens und des Entsetzens, der Klage und der Anklage. Das Kunstwerk wird im Sommer 1937 – noch regieren in Madrid die Republikaner – auf der Weltausstellung in Paris im spanischen Pavillon gezeigt. Bis heute prägt es die Erinnerung an den 271. Tag im Spanischen Bürgerkrieg. Und hat den Angriff auf Guernica als Symbol für die Grausamkeit des Bombenterrors in die Geschichte der Menschheit eingebrannt. ◊

Lesen Sie auch **»Angriff auf Guernica: Die Generalprobe«** (aus GEO*EPOCHE* Nr. 58) auf *www.geo-epoche.de*

IN KÜRZE

Am 26. April 1937 fliegen Maschinen der Legion Condor, einer geheimen Einheit der deutschen Luftwaffe, einen verheerenden Angriff auf die baskische Stadt Guernica, die in einer republikanischen Exklave im Norden Spaniens liegt. Hitler unterstützt so Franco. Zugleich aber dient der Einsatz der deutschen Maschinen im Spanischen Bürgerkrieg einem anderen Zweck: als Test für einen noch viel größeren Krieg.

MENSCHEN DAHINTER

AUTORIN

Janine Funke

Dem Erbe der Franco-Jahre begegnet die Geschichtswissenschaftlerin und Podcasterin fast jeden Tag – nicht in ihrer Forschung, sondern in Gesprächen mit Freunden und Nachbarn. Denn seit einiger Zeit lebt sie mit ihrer Familie in Spanien, unweit von Ferrol, der Geburtsstadt Francos. In ihrem ersten Text für GEO*EPOCHE* hat sie die einzige Tochter des Diktators porträtiert (Seite 154).

FACHBERATERIN UND AUTORIN

Alexandra Gittermann

Die Historikerin, die sich seit Langem der spanischen Geschichte widmet, hat die Autor*innen dieser Ausgabe dabei unterstützt, in der Fülle an Literatur zum Bürgerkrieg die Orientierung zu behalten. Zudem hat sie den Artikel über die „geraubten Kinder" der Franco-Zeit beigesteuert (Seite 130). Die Zeugnisse der Mütter, die ihre Kinder auf brutale Weise für immer verloren, haben sie sehr berührt.

ILLUSTRATOR

Tim Wehrmann

Seit vielen Jahren schon arbeitet der Hamburger 3-D-Illustrator für GEO*EPOCHE*. Rekonstruierte er bisher vor allem Schiffe und Städte – von den Seglern der Wikinger bis zur geplanten nationalsozialistischen „Welthauptstadt Germania« –, hat er sich nun erstmals Gesichtern gewidmet. Und aus unscharfen Fotografien Porträts von starker Ausdruckskraft gezaubert, zu sehen auf den Seiten 58, 84, 128 und 154.

HEFTKONZEPT

Johannes Teschner

Der betreuende Textredakteur dieser Ausgabe hat in Südamerika Spanisch gelernt. Das half ihm etwa bei der Suche nach passenden Protagonist*innen für die Geschichte über die „geraubten Kinder" (Seite 130) oder für den Text über vom Franco-Regime verfolgte Studierende (Seite 140). Denn die Schicksale der Unterdrückten sind oft nur auf Spanisch beschrieben worden.

GESCHICHTE AUS DEM QUALITY BOARD

Wer ist ein Faschist? Keine einfache Frage, wenn man den Begriff nicht nur als politisches Schimpfwort benutzen will – und also ein Fall für das Quality Board. Francisco Franco etwa wird häufig als faschistischer Diktator bezeichnet, und das mit Recht – jedoch gilt dies nur für die Zeit nach seinem Sieg über die Republik. Nicht, dass es Franco zuvor an der Faschisten zugeschriebenen Brutalität gemangelt hätte. Doch nach den allermeisten Definitionen braucht ein faschistischer Herrscher eine faschistische Bewegung, so wie sie Mussolini mit dem Partito Nazionale Fascista oder Hitler mit der NSDAP besaß. Die 1933 gegründete „Falange" war aber nur ein Teil des antidemokratischen Bündnisses, auf das sich Franco im Bürgerkrieg stützte. Weit wichtiger war das Militär, dessen Generäle meist keine Verbindung zur Falange hatten, zudem musste sich Franco mit den konservativen Monarchisten arrangieren. Erst im Laufe des Krieges schuf er sich seine „Nationale Bewegung", die dann zum wichtigen Instrument seiner autoritären Herrschaft wurde. So kann die Bezeichnung „Faschisten" nicht als Synonym für die Putschisten im Bürgerkrieg gelten – auch wenn deren Gegner den Begriff schon während des Konfliktes häufig benutzt haben.

Alle Texte in GEO*EPOCHE* werden vom GEO-eigenen Quality Board einem Faktencheck unterzogen

CHRISTEN GEGEN MUSLIME: nur eine Front in der an Konflikten reichen Epoche zwischen Antike und Neuzeit

KRIEG IM MITTELALTER

Wie belagerten die Wikinger im Jahr 885 Paris? Worum ging es im Hundertjährigen Krieg? Welche Rolle spielten Ritter in Schlachten? Wo wurde der Templerorden gegründet und von wem? Wer bekämpfte sich um 1200 in Andalusien? Und warum galten die Schweizer über Jahrhunderte hinweg als die besten Söldner ihrer Zeit, sodass jeder Herrscher, der etwas auf sich hielt, eine Schweizer Garde verpflichtete? In seiner nächsten Ausgabe präsentiert GEO*EPOCHE* KOLLEKTION einige herausragende Geschichten, die über die kriegerische Seite des Mittelalters in GEO*EPOCHE* erschienen sind. Das Heft erzählt von großen Feldherren, hochfahrenden Plänen und den Tod verachtenden Kämpfern an den unterschiedlichsten Fronten. Es berichtet aber auch vom Leid und den Verwerfungen, die all die gewaltsam ausgetragenen Konflikte mit sich gebracht haben – und teilweise noch immer bringen.

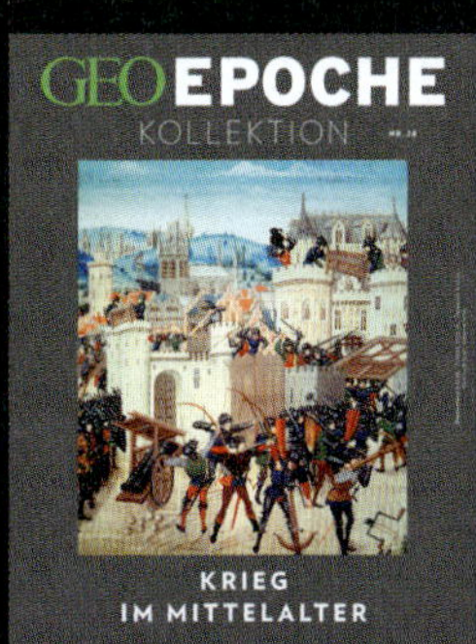

GEO*EPOCHE* KOLLEKTION »Krieg im Mittelalter« erscheint am 17. August. Weitere Themen: Karl Martell: Der Hammer der Christenheit • Otto I.: König und Kaiser • Paul Beneke: Ein Kaperfahrer im Auftrag der Hanse

PORTRÄTS FÜRS OHR

Gaius Iulius Caesar, Elisabeth I. oder Che Guevara: Das neue GEO*EPOCHE*-Audioangebot „Menschen, die Geschichte machten“ widmet sich Männern und Frauen, die ihre Zeit geprägt haben – im Guten wie im Schlechten, im Großen wie im Kleinen. Monatlich gibt es zwei neue Reportagen, die von Peter Kaempfe, Erzähler des Podcasts „Verbrechen der Vergangenheit“, und anderen starken Stimmen packend vorgetragen werden.

»MENSCHEN, DIE GESCHICHTE MACHTEN« ist bei apple und spotify abonnierbar und kostet 2,99 Euro pro Monat; bei GEO EPOCHE *plus* ist das Angebot inklusive

SEI, WER DU BIST!

Wofür steht die Abkürzung LGBTQIA+? Welche Gefühle durchlebt mein Kind, mein Kumpel, mein Insta-Idol? Und wie umgehen mit Hass, ob auf der Straße oder im Internet? All diese Fragen und viele weitere greift GEO WISSEN in einem Sonderheft über sexuelle Vielfalt und Identität auf – und lässt eine Vielzahl von queeren Persönlichkeiten zu Wort kommen.

GEO WISSEN EXTRA »Sei, wer du bist!«, 136 Seiten, 6,00 Euro. Einige Themen: Respekt: Warum Toleranz uns alle stärkt • Kommunikation: Tipps für sensible Gespräche • Identität: Wie wir leichter zu uns selbst finden

GEO**EPOCHE**
Das Magazin für Geschichte

IMPRESSUM

CHEFREDAKTEURE: Jens Schröder, Markus Wolff
REDAKTIONSLEITUNG: Joachim Telgenbüscher
MANAGING DESIGNERIN: Tatjana Lorenz
TEXTREDAKTION: Johannes Teschner (Konzept dieser Ausgabe), Jens-Rainer Berg, Kirsten Bertrand, Insa Bethke, Dr. Anja Fries, Samuel Rieth
AUTOREN: Jörg-Uwe Albig, Dr. Mathias Mesenhöller
BILDREDAKTION: Julia Franz, Christian Gargerle, Anja Jöckel, Roman Rahmacher
LAYOUT: Frank Strauß
KARTOGRAFIE: Stefanie Peters
QUALITY BOARD – VERIFIKATION, RECHERCHE, SCHLUSSREDAKTION:
Leitung: Tobias Hamelmann, Norbert Höfler, Melanie Moenig (Stellvertreterin);
Elke von Berkholz, Lenka Brandt, Regina Franke, Hildegard Frilling, Dr. Götz Froeschke, Thomas Gebauer, Susanne Gilges, Cornelia Haller, Sandra Kathöfer, Judith Ketelsen, Petra Kirchner, Dirk Krömer, Michael Lehmann-Morgenthal, Dirk Liedtke, Kirsten Maack, Jörg Melander, Andreas Mönnich, Susan Molkenbuhr, Alice Passfeld, Christian Schwan, Andreas Sedlmair, Stefan Sedlmair, Bettina Süssemilch
REDAKTIONSASSISTENZ: Ümmük Arslan
CHEF VOM DIENST/KOORDINATION: Ralf Schulte
GESCHÄFTSFÜHRENDE REDAKTEURE:
Maike Köhler, Bernd Moeller

Verantwortlich für den redaktionellen Inhalt:
Jens Schröder, Markus Wolff

Litho: Mohn Media, Gütersloh
Druck: Quad/Graphics, Wyszków

Gruner + Jahr Deutschland GmbH
Sitz von Verlag und Redaktion:
Am Baumwall 11, 20459 Hamburg.
Postanschrift der Redaktion:
Brieffach 24, 20444 Hamburg.
Telefon: 040 / 37 03-0
Internet: www.geo.de/epoche

HEAD OF PUBLISHING: Frank Thomsen (Stellvertreter: Julian Kösters)
PUBLISHING MANAGEMENT: Patricia Hildebrand
SALES DIRECTION: Franziska Bauske / DPV Deutscher Pressevertrieb
Verantwortlich für den Inhalt der Anzeigen:
Petra Küsel – Head of Brand Print + Direct Sales, Ad Alliance GmbH, Am Baumwall 11, 20459 Hamburg.
Es gilt die jeweils aktuelle Preisliste unter www.ad-alliance.de
MARKETING: Pascale Victoir
PRESSE- UND ÖFFENTLICHKEITSARBEIT:
Xenia El Mourabit
HERSTELLUNG: G + J Herstellung, Heiko Belitz (Ltg.), Oliver Fehling

Heftpreis: 12,00 Euro (mit DVD: 19,50 Euro)
ISBN: 978-3-652-01214-0;
978-3-652-01220-1 (Heft mit DVD)
ISSN: 1861-6097

Bankverbindung: Deutsche Bank AG Hamburg,
IBAN: DE 30 2007 0000 0032 2800 00,
BIC: DEUTDEHH

GEO-LESERSERVICE

FRAGEN AN DIE REDAKTION
Telefon: 040 / 37 03 20 84
E-Mail: briefe@geo-epoche.de

BESTELLADRESSE FÜR GEO-BÜCHER, GEO-KALENDER, SCHUBER ETC.
Anschrift: GEO-Versand-Service, 74569 Blaufelden
Telefon: +49 / 40 / 42 23 64 27
Telefax: +49 / 40 / 42 23 66 63
E-Mail: guj@sigloch.de

ABONNEMENT- UND EINZELHEFTBESTELLUNG
Online-Kundenservice: www.geo.de/kundenservice
Telefon: 0049 / 40 / 55 55 89 90
Service-Zeiten: Mo–Fr 7.30 bis 20.00 Uhr, Sa 9.00 bis 14.00 Uhr
Postanschrift: GEO*EPOCHE* Kundenservice, 20080 Hamburg

Preise Jahresabonnement:
72,00 € (D), 81,00 € (A), 114.00 sfr (CH)
mit DVD:
117,00 € (D), 132,00 € (A), 198.00 sfr (CH)
Studentenabonnement:
43,20 € (D), 48,60 € (A), 68.40 sfr (CH)
mit DVD:
70,20 € (D), 81,00 € (A), 118.80 sfr (CH)
Preise für weitere Länder auf Anfrage erhältlich

USA: GEO*EPOCHE* is published by Gruner + Jahr Deutschland GmbH
K.O.P.: German Language Pub., 153 S Dean St, Englewood NJ 07631.
Periodicals Postage is paid at Paramus NJ 07652.
Postmaster: Send address changes to GEO*EPOCHE*, GLP, PO Box 9868, Englewood NJ 07631.
KANADA: Sunrise News, 47 Silver Shadow Path, Toronto, ON, M9C 4Y2,
Tel.: +1 647-219-5205,
E-Mail: sunriseorders@post.com

Alle Fakten, Daten und Karten in dieser Ausgabe sind vom Verifikations- und Rechercheteam im Quality Board auf ihre Richtigkeit überprüft worden.

FOTOVERMERK NACH SEITEN

Anordnung im Layout: l.= links, r.= rechts, o.= oben, m.= Mitte, u.= unten

Titelbild: Die 17-jährige Marina Ginestà, Mitglied einer kommunistischen Jugendorganisation, posiert auf der Dachterrasse eines Hotels in Barcelona – Foto von Hans Gutmann, aufgenommen am 21. Juli 1936
Rückseite: Milizionär der anarchosyndikalistischen CNT, fotografiert von Antoni Campañà im Sommer 1936

TITEL: Agencia EFE/imago images
EDITORIAL: Malte Joost für GEO*EPOCHE*
INHALT: Gerda Taro © international center of photography/Magnum Photos/Agentur Focus: 4 o. l.; Bridgeman Images: 4 o. r.; Cancion de la Falange, ¡CARA AL SOL! Himno de la Falange Espanola. Edicion Ilustrade (Madrid, 1980): 4 m. l.; Tim Wehrmann für GEO*EPOCHE*: 4 m. r.; imago images: 4 u. l.; Ullstein bild: 4 u. m.; Imagno/akg-images: 4 u. r. akg-images: 5 o.; Vidal/Agencia EFE: 5 m.; Gianni Ferrari/Cover/Getty Images: 5 r. (2)
SPANIENS TRAUMA: Robert Capa © international center of photography/Magnum Photos/Agentur Focus: 6/7, 17 u., 18 u., 19 o., 19 u.; akg-images: 8; TopFoto/Interfoto: 9; Hulton Archive/Getty Images: 10/11; Archive Photos/Getty Images: 12; IMAGNO/Austrian Archives/ picture-alliance: 13; Photoasia/Interfoto: 14; Ángel Cortés/fondo Skogler, número 1330. Fototeca, DPH: 15; David Seymour/Magnum Photos/Agentur Focus: 16; ullstein bild: 17 o.; Gerda Taro © international center of photography/Magnum Photos/Agentur Focus: 18 o.; ©1991 Hans Namuth Estate Courtesy Center for Creative Photography, The University of Arizona: 20/21
DAS WANKENDE REICH: TT News Agency/SVT/akg-images: 22/23; Bridgeman Images: 24/25 o.; ullstein bild/Getty Images: 24/25 u.; Arkivi/imago images: 26; Bridgeman Images: 27 o.; AS Syndication/ullstein bild: 27 u.; Universal Images Group/Getty Images: 28/29 o.; United Archives/TopFoto/SZ Photo: 28/29 u.; Heritage Images/Image Đ Index/akg-images: 30 o.; AS Syndication/ullstein bild: 30 u.; Ricardo J. Valeriano Rodriguez: 32 o.; Bridgeman Images: 32 u.; AS Syndication/ullstein bild: 34
REBELLION DER BERGLEUTE: Mit freundlicher Genehmigung ©Archivo Histórico Hunosa: 36/37, 39, 40 o. l.; David Seymour/Magnum Photos/Agentur Focus: 37, 40 u. r., 40/41, 42/43; www.archivohistoricominero.org/Álbum Fotográfico de Mieres (1864–1939): 38/39; IBERFOTO/ullstein bild: 41 m. r.; Keystone-France/Gamma-Keystone via Getty Images: 42 o., 44; Iberfoto/Bridgeman Images: 43 m.; Agencia EFE: 45 u.
DER PUTSCH DER GENERÄLE: Bridgeman Images: 46; Cancion de la Falange, ¡CARA AL SOL! Himno de la Falange Espanola. Edicion Ilustrade (Madrid, 1980): 46/47; Photoasia/Interfoto: 49; Heritage Images/Index/akg-images: 50 o.; Alamy Stock Photo: 50 m.; Bridgeman Images: 50 u.; United Archives International/imago images: 51; colaimages/Alamy Stock Photo: 52 o.; Gamma-Keystone/Getty Images: 52 m.; Robert Capa © international center of photography/Magnum Photos: 53; picture alliance/AP Images: 54 o.; Alamy Stock Photo: 54 m., 54 u.; Photo12/imago images: 55; Heritage Images/Image Đ Index/akg-images: 56
IM VISIER DER TÄTER: Tim Wehrmann für GEO*EPOCHE*: 58
DIE RETTER VON MADRID: imago images: 60/61; Hulton Archive/Getty Images: 61; Coll. Michel Lefebvre/bpk-images: 63; Bridgeman Images: 64; Ministerio de Cultura y Deporte. Archivo General de la Administración, Fondo Archivo Fotográfico de la Delegación de Propaganda de Madrid durante la Guerra Civil, signatura AGA,01,PLA,00113,11: „Parapeto leal inmediato al Pabellón de Farmacia. 14 de marzo de 1937". Fotografía Albero y Segovia: 65; Friedrich/Interfoto: 67; robert capa © international center of photography/Magnum Photos/Agentur Focus: 68, 70; Charlotte Kurzke: 69
BARCELONA – STADT DER ANARCHISTEN: Ajuntament de Barcelona: 72/73; Arxiu Campañà: 74, 78, 79 u. r., 80; Coll. Michel Lefebvre/bpk-images: 75; imago images: 76, 77, 79; CPA Media Co. Ltd/picture alliance: 81 o. l.; Keystone: 81 u. r.; ddp: 82
DIE FURCHTLOSE: Tim Wehrmann für GEO*EPOCHE*: 84
GUERNICA: Ullstein bild: 86, 90, 92/93; Imagno/akg-images: 87; RBM Vintage Images/Alamy Stock Photo: 88/89; Antonio Arazamagni: 88 u. r.; akg-images: 91; aus „Der Tag, an dem Guernica starb": 91 m., 92 m.; United Archives International/imago images: 94–95; fine art images/Interfoto: 96–97; Photo12/imago images: 97 m.; Interfoto: 98/99; Dora Maar/RMN-Grand Palais/bpk/© Succession Picasso/VG Bild-Kunst, Bonn 2022: 98 m.
MENSCHEN DAHINTER: privat: 100 o. l., o. m., o. r., u. l.
DIE GESCHICHTE DES SPANISCHEN BÜRGERKRIEGS: Bridgeman Images/© Succession Picasso/VG Bild-Kunst, Bonn 2022: 103; Horna/Metmuseum NY: 104; Stefanie Peters: 105, 106, 109, 112, 114; Fine Art Images/© Salvador Dalí, Fundació Gala-Salvador Dalí/VG Bild-Kunst, Bonn 2022: 107; Miro/Moma NY: 108; Bridgeman Images: 111; Artepics/Alamy Stock Photo: 113
LESEZEICHEN: Robert Capa © International Center of Photography/Magnum Photos/Agentur Focus: 115
DER KRIEGSREPORTER: Robert Capa © International Center of Photography/Magnum Photos/Agentur Focus: 116/117; akg-images: 118; Creative Commons: 119, 122 o. l., 122 o. r., 124 o. l., 124 o. r.; GRANGER – Historical Picture Archive/Alamy Stock Photo: 120 o. l.; imago images: 120 o. r.; Hulton Archive/Getty Images: 121; Magnum Photos/Agentur Focus: 123; adoc-photos/bpk-images: 125; Bridgeman Images: 126
WIDERSTAND FERN DER HEIMAT: Tim Wehrmann für GEOEpoche: 128
SPANIENS GESTOHLENE KINDER: Perez de Rozas/Agencia EFE: 130; Leonardo Antoniadis: 131; Hermes Pato/Agencia EFE: 132, 135, 136/137; Santos Yubero. ARCM (Regional Archive of the Community of Madrid). Courtesy of www.carceldeventas.madrid.es / www.cardeldeventas.org: 132/133; Vidal/Agencia EFE: 133 o.; Agencia EFE: 134, 137; Alberto Clemares Exposito/Depositphotos: 138
AUFBRUCH UND AGONIE: Gianni Ferrari/Cover/Getty Images: 140/141; Archiv Margot Ruano/Courtesy Tusquets Editores: 142; Album/akg-images: 144/145; dpa/picture-alliance: 146; SAUER Jean-Claude/Paris Match via Getty Images: 147; Bettmann Archive/Getty Images: 148/149; action press: 150
DIE HÜTERIN DES ERBES: Tim Wehrmann für GEO*EPOCHE*: 154
INTERVIEW: Roland Baege: 156; Clemente Bernard/Contrasto/laif: 159
VORSCHAU: Nationalmuseum Warschau: 162; Photo12/imago images: 163 o. l.; World History Archive/united archives: 163 o. r.; Getty Images: 163 m. l.; culture-images: 163 m. m.; Bridgeman Images: 163 u. l.; bruno barbey/Magnum Photos/Agentur Focus: 163 u. r.
RÜCKSEITE: Arxiu Campañà

Die GESCHICHTE

DER KRIEG beschäftigt auch die Künstler. Pablo Picasso reagiert auf das Bombardement von Guernica mit einem Tableau des Leids (1937)

des SPANISCHEN BÜRGERKRIEGS

Von 1936 bis 1939 tobt auf der Iberischen Halbinsel ein blutiger Bruderkampf. Doch die Ursachen des Konflikts zwischen republikanischen und rechtskonservativen Spaniern sind weit älter – und seine Folgen hallen bis heute nach

TEXT: *Svenja Muche*

1898

Im Krieg gegen die USA erleidet Spanien eine vernichtende Niederlage und muss in der Folge nahezu sämtliche Überseebesitzungen abtreten. Ein nationales Trauma, das das Ansehen der spanischen Elite beschädigt. Seit Jahrzehnten besetzen Großgrundbesitzer, Offiziere und hohe Kleriker nahezu alle Machtpositionen im Königreich. So dominieren sie etwa das Parlament der konstitutionellen Monarchie Spaniens. Aus den Reihen der armen Landarbeiter und der durch die Industrialisierung wachsenden Fabrikarbeiterschaft kommen jedoch seit Jahren Rufe nach Veränderung, die nun immer lauter werden und denen sich auch Teile des städtischen Bürgertums anschließen.

1919

Die anarchosyndikalistische Gewerkschaft CNT hat mehr als eine halbe Million Mitglieder. Auch andere linke Gruppierungen, vor allem die Sozialistische Arbeiterpartei Spaniens und die mit ihr eng verbundene Gewerkschaft UGT, erhalten in den ersten zwei Jahrzehnten des 20. Jahrhunderts starken Zulauf, denn die Unzufriedenheit wächst. Inflation, Arbeitslosigkeit und noch immer fehlendes Mitspracherecht treiben Menschen den Bewegungen zu, die – teils gewalttätige – Streiks organisieren. Um 1920 treten auch Landarbeiter in den Ausstand, Tagelöhner rebellieren. Die Regierung lässt die Proteste niederschlagen, doch immer wieder flammen neue auf.

1923

General Miguel Primo de Rivera entmachtet das Parlament. Der Offizier putscht mit Zustimmung des spanischen Königs Alfons XIII., der seine Position durch die Unruhen im Land gefährdet sieht. Primo de Rivera und der Monarch halten die zivilen Politiker für unfähig, die Krise zu bewältigen.

DIE UNGARIN Kati Horna dokumentiert als Fotojournalistin den Krieg. Ihre künstlerische Überblendung deutet ihn als Terror, der die Menschen auslöscht (»Treppe zur Kathedrale«, 1938)

1926

Francisco Franco wird für seinen Kriegseinsatz in der Kolonie Spanisch-Marokko zum Brigadegeneral befördert. Die nordafrikanischen Kolonialkriege sind für spanische Soldaten die einzige Gelegenheit, Gefechtserfahrung zu sammeln, die Offiziere der Afrika-Armee, die *africanistas*, gelten daher als militärische Elite. Wie Franco sehen viele Africanistas den Verlust der Überseekolonien und die gesellschaftlichen Verwerfungen im Heimatland als Symptome einer fortschreitenden Degeneration Spaniens und glauben die Armee zu dessen Rettung ausersehen.

1930

Diktator Primo de Rivera dankt ab. Ihm war zunächst eine Befriedung Spaniens gelungen. Schließlich aber verlor er den für seine Politik notwendigen Rückhalt der Führungsschicht. So schreckten seine Eingriffe in die Wirtschaft Industrielle und Großgrundbesitzer ab. Teure Bauprojekte erhöhten zudem das Staatsdefizit und führten zu Geldentwertung.

1931

14. 4. An mehreren Orten Spaniens wird die Republik ausgerufen. Am folgenden Tag

SPANIEN AM VORABEND DES KONFLIKTS: Längst hat die einstige Weltmacht fast all ihre überseeischen Besitzungen verloren, hält jenseits der Iberischen Halbinsel noch einen Küstenstreifen in Nordafrika. Dieser Niedergang trägt zur aggressiven Haltung der spanischen Nationalisten bei. Doch als sie 1936 losschlagen, steht nur in manchen der sehr unterschiedlichen Regionen des Landes die Mehrheit der Bevölkerung hinter ihnen

geht Alfons XIII. ins Exil. Zuvor hatten republikanisch gesinnte Parteien die Kommunalwahlen am 12. April zu einem Plebiszit über den Fortbestand der Monarchie erhoben und in den großen Städten einen klaren Sieg errungen. Aus Parlamentswahlen im Juni geht eine Mitte-links-Regierung unter Manuel Azaña als Ministerpräsident hervor. Sie leitet Reformen ein, darunter die Umverteilung von Landbesitz, die auf eine Umwälzung der Machtverhältnisse in Spanien abzielen. Die Republik leidet jedoch von Anfang an unter Richtungskämpfen ihrer Verfechter wie den Sozialisten, liberalen und rechten Republikanern und dem Widerstand zahlreicher Anarchisten, die jede Staatsform ablehnen.

1933

29. 10. Nach dem Vorbild der Organisation Benito Mussolinis in Italien gründet José Antonio Primo de Rivera, Sohn des ehemaligen Diktators, die Falange (span. für Phalanx). Die faschistische Bewegung wird zu einem Sammelbecken für Spanier, die in der Republik oder ihrer linksgerichteten Regierung eine Gefahr sehen. Militante Mitglieder der Falange verüben in den Folgejahren mehrere Mordanschläge gegen politische Gegner.

19. 11. Ein Zusammenschluss ultrakonservativer Gruppierungen, die CEDA, geht als stärkste Partei aus den Parlamentswahlen hervor. Viele Bürger hatten sich enttäuscht von Azañas Regierung abgewandt, die den versprochenen Wandel, nicht zuletzt wegen der Weltwirtschaftskrise und des Widerstands lokaler Eliten, schuldig geblieben war. Zugleich gingen die Sicherheitskräfte weiter hart gegen demonstrierende Arbeiter und Bauern vor. Die neue, rechtsliberale Regierung, die im Parlament auf Unterstützung durch die CEDA angewiesen ist, stoppt nun die Reformen und macht bereits umgesetzte teils rückgängig.

1934

4. 10. Drei Minister der ultrarechten CEDA werden in ein neu gebildetes Kabinett aufgenommen. Noch am gleichen Abend ruft die sozialistische Gewerkschaft UGT zu einem landesweiten Generalstreik auf, um die Regierung zu stürzen. Er wird nahezu überall schnell unterdrückt, in Asturien jedoch eskaliert er zu einem Aufstand: Arbeiter aus dem dortigen Kohlerevier besetzen etliche Ortschaften und die Provinzhauptstadt Oviedo. Francisco Franco, offiziell nur als Berater des Kriegsministers beteiligt, koordiniert von Madrid aus den militärischen Gegenschlag und lässt die Erhebung brutal niederwerfen. Mehr als 1500

Menschen sterben in den knapp zwei Wochen währenden Kämpfen. Die Gräben in der spanischen Gesellschaft sind nach dem Oktoberaufstand tiefer denn je.

DIE ERSTE ANGRIFFSWELLE

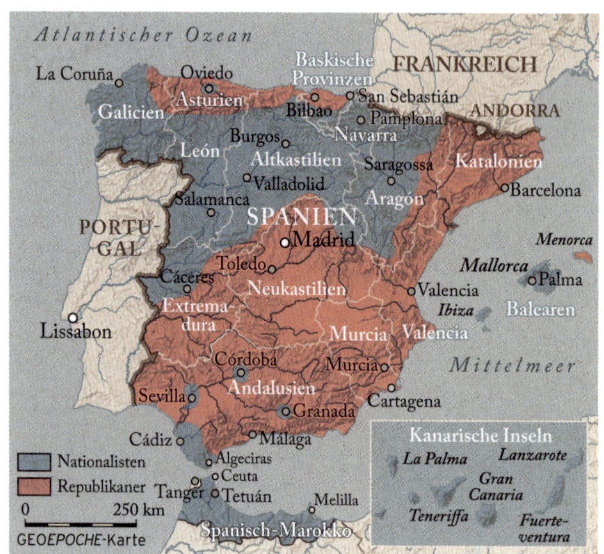

AM 17. JULI 1936 beginnen die Putschisten ihre Attacke gegen die Republik. Doch bis Ende des Monats gerät ihre vor allem von Spanisch-Marokko und Regionen im Norden des Landes vorangetriebene Offensive ins Stocken. Der schnelle Umsturz ist gescheitert, Spanien geteilt

1936

16. 2. Eine von Republikanern, Sozialisten und Kommunisten gebildete Volksfront entscheidet vorgezogene Parlamentswahlen für sich, die vorerst letzte freie Wahl in Spanien. Die rechte Koalition war nach mehreren Korruptionsskandalen zerbrochen. Die ausschließlich aus Republikanern gebildete neue Regierung nimmt den Reformkurs wieder auf. Unter rechtsgerichteten Militärs und Politikern reift nun die Erkenntnis, dass sich die von ihnen bekämpften gesellschaftlichen Veränderungen auf demokratischem Wege nicht aufhalten lassen. Gleichzeitig reicht radikalisierten Angehörigen der Linken die Reformpolitik der neuen Regierung nicht mehr, sie setzen auf eine Revolution. In den Straßen spanischer Städte liefern sich bald sozialistische und kommunistische Milizen Feuergefechte mit Falangisten. Bei zahlreichen Spaniern wächst die Furcht vor dem staatlichen Kollaps.

17. 7. In der spanisch beherrschten nordafrikanischen Stadt Melilla erheben sich Offiziere gegen die Zivilregierung und leiten damit einen Putsch ein, der sich am Folgetag auf das spanische Festland ausweitet. Zu den führenden Putschisten um den Africanista General Emilio Mola gehört auch Francisco Franco. Ihnen angeschlossen haben sich die Falange und weitere rechte Gruppen. In den Städten Spanisch-Marokkos besetzen die Putschisten schnell die Regierungsgebäude, erschießen sich widersetzende Bürgermeister, prominente Gewerkschafter und regierungstreue Offiziere. Am 18. Juli ist die Kolonie in der Hand der Aufständischen.

In Spanien fallen in den ersten Tagen Sevilla, Córdoba und Cádiz im Süden, im Norden unter anderem Saragossa, Burgos und Valladolid sowie die konservative Region Navarra.

19. 7. Ministerpräsident José Giral löst per Dekret die Armee auf und lässt Waffen an die Gewerkschaften verteilen. Milizen sollen die Republik verteidigen, nachdem zahlreiche Offiziere und einfache Soldaten sich den Aufständischen angeschlossen haben. Am selben Tag unterstellt sich die rund 40 000 Mann starke Afrika-Armee – Fremdenlegionäre und marokkanische Söldner unter Führung panischer Offiziere – dem Befehl Francos.

20. 7. Bewaffnete Zivilisten stürmen die Montaña-Kaserne in Madrid, in der sich der lokale Putschführer mit Gefolgsleuten verschanzt hat. In der gesamten Hauptstadt schlagen Bürger und Milizen den Aufstand nieder, der zugleich in Katalonien scheitert. Da es den Rebellen nicht gelingt, das gesamte Land unter ihre Kontrolle zu bringen, die Republik sie aber auch nicht vollständig niederringen kann, wächst der Staatsstreich in den folgenden Wochen zu einem Bürgerkrieg. Anfang August kontrollieren die Rebellen rund ein Drittel des Landes: nahezu den gesamten Westen und Nordwesten, zudem einen Teil Andalusiens. In republikanischer Hand ist dagegen weiterhin das Zentrum mit Madrid, fast der gesamte Südosten und Osten mit Katalonien und der Region um Valencia, zudem ein Streifen im Norden mit Asturien, Kantabrien und Teilen des Baskenlandes. Damit verfügt die Republik über die wichtigsten Industriezentren; die besten landwirtschaftlichen Flächen dagegen liegen vorwiegend im Gebiet der Rebellen. Die haben etwa 130 000 Kämpfer auf ihrer Seite, darunter die gefechtserprobten Afrikasoldaten, die Republik kann

nur etwa 90 000 aufbieten, nahezu alle unerfahren.

24. 7. General Mola bildet in der nordspanischen Stadt Burgos die „Junta de Defensa Nacional", eine siebenköpfige Militärregierung. Franco tritt ihr am 3. August bei.

28. 7. Deutsche Transportflugzeuge landen in der marokkanischen Stadt Tetuán: der Anfang einer Luftbrücke, die mehr als 10 000 Soldaten der Afrika-Armee auf das spanische Festland bringen wird. Franco hatte zuvor den deutschen Diktator Adolf Hitler und den faschistischen Führer Italiens, Benito Mussolini, um Beistand gebeten. Neben den Transportmaschinen liefert Berlin zunächst Waffen an die Rebellen, Rom entsendet Bomber und Jagdflieger. Hitler und Mussolini spekulieren wohl darauf, nach dem Sieg der rechten Rebellen Spanien als Verbündeten gewinnen zu können.

7. 8. Franco errichtet im südspanischen Sevilla sein Hauptquartier. Von dort befiehlt er kurz darauf einem kleinen Verband von rund 400 Mann, die bisherigen Eroberungen in Andalusien zu sichern, während seine Hauptstreitmacht in einem Bogen nach Norden marschiert, auf Madrid. Die schnell vorrückende Hauptarmee mehrt Francos Ruhm unter den Aufständischen – und hinterlässt eine traumatisierte Bevölkerung. Mit dem Ziel, Spanien von angeblich schädlichen Einflüssen zu „säubern" und gleichzeitig alle übrigen Gegner einzuschüchtern, gehen Francos Truppen systematisch brutal gegen die Menschen in den eroberten Gebieten vor. Auch im republikanischen Territorium kommt es zu Gewaltausbrüchen, denen etwa Kleriker, Falangisten und Großgrundbesitzer zum Opfer fallen. Sie sind jedoch kein strategisch eingesetztes Kriegsmittel, werden vielmehr von den Spitzen der Parteien und Bewegungen in der Republik verurteilt.

EIN RIESE, der sich selbst zerfleischt: Noch vor Ausbruch der Kämpfe malt der Spanier Salvador Dalí 1936 die verstörende Allegorie »Weiche Konstruktion mit gekochten Bohnen (Vorahnung des Bürgerkriegs)«

15. 8. Großbritannien und Frankreich einigen sich, in den Spanischen Bürgerkrieg nicht einzugreifen. Diesem „Nichteinmischungspakt" schließen sich bald darauf weitere Staaten an, darunter Italien und Deutschland, auch die US-Regierung will sich heraushalten. Vor allem London drängt auf Neutralität, da es fürchtet, der spanische Konflikt könnte sich zu einem europaweiten Waffengang ausweiten. Doch die faschistischen Sympathisanten der aufständischen Nationalisten halten sich nicht an den

DER BÜRGERKRIEG zwingt den Maler Joan Miró ins Exil. Dort beeinflusst der Konflikt in der Heimat seine Werke wie diese hochgradig verfremdete Darstellung trivialster Dinge (»Stillleben mit altem Schuh«, 1937)

Pakt. Vielmehr liefern Deutschland und Italien weiter Kriegsmaterial an Franco, und die Politik der Nichteinmischung wirkt sich zuungunsten der Republik aus.

21. 9. Franco lässt den Vormarsch seiner Verbände auf Madrid unterbrechen, um die von Milizen belagerte Garnison von Toledo zu entsetzen. Den erfahrenen Berufssoldaten haben die Bürgerwehren kaum etwas entgegenzusetzen. Der Sieg von Toledo macht Franco endgültig zum Anführer der Nationalisten: Am 1. Oktober proklamiert die Junta von Burgos ihn zum Regierungschef und obersten Befehlshaber. Bald darauf etabliert sich für Franco der Titel *Caudillo* („Führer")

29. 9. Der sowjetische Diktator Josef Stalin genehmigt von der republikanischen Regierung erbetene Waffenlieferungen. Als einzige Großmacht kommt die kommunistische Sowjetunion der Republik zu Hilfe. Unter ihren Anhängern verbessert Stalins Zusage die Moral schlagartig. Doch die Republik macht sich so von der Sowjetunion abhängig. Von Moskau entsandte Militärberater und Agenten der vom Kreml dominierten Komintern, der internationalen Dachorganisation kommunistischer Parteien, mischen sich bald in die republikanische Kriegsführung und Politik ein. In der Folge nimmt auch der Einfluss der spanischen Kommunisten zu.

30. 9. Die Regierung der Republik verkündet den geplanten Austausch der Milizen durch eine Volksarmee. Die Verbände haben sich Francos Truppen als weit unterlegen erwiesen. Die aus Wehrpflichtigen, Polizeieinheiten, anarchistischen, sozialistischen und kommunis-

ZERMÜRBENDER VORMARSCH

IN BLUTIGEN SCHLACHTEN und etlichen kleineren Gefechten rücken die Nationalisten nach und nach vor, erobern bis Ende Oktober 1937 auch das Baskenland und Asturien komplett. Entscheidend dafür ist die militärische Hilfe aus Deutschland und Italien. So zerstören Hitlers und Mussolinis Flieger die baskische Stadt Guernica

tischen Milizen rekrutierte Armee umfasst Anfang 1937 etwa 320 000 Soldaten. Die Putschisten haben rund 100 000 Kämpfer weniger, gleichen das aber durch die bessere Ausbildung und Ausrüstung ihrer Truppen aus.

12. 10. Im Hafen von Alicante läuft ein Dampfer mit den ersten 500 Freiwilligen ein, die sich zum Kampf aufseiten der Republik in den Internationalen Brigaden gemeldet haben. Die Verbände werden von der Komintern organisiert. Wohl rund 40 000 Männer und Frauen aus mehr als 50 Staaten schließen sich den Brigaden im Laufe des Krieges an, die meisten von ihnen sehen sich als Streiter im globalen Kampf gegen den Faschismus.

8. 11. Mit einem Angriff von Westen beginnen Francos Truppen ihren Sturm auf Madrid. Wohl vor allem dank der Unterstützung durch sowjetische Kampfflugzeuge und die Internationalen Brigaden können die Republikaner die Hauptstadt halten. Bis Ende November erstarrt der Angriff zu einer Belagerung.

16. 11. Die ersten Soldaten der „Legion Condor" erreichen Spanien. Im Verlauf des Bürgerkriegs werden in dem verdeckt agierenden, mit Bombern, Jagd- und Transportflugzeugen ausgerüsteten Verband der deutschen Luftwaffe insgesamt rund 19 000 Deutsche eingesetzt, dabei sind jeweils etwa 5000 bis 6000 Mann vor Ort. Nach Hitler beschließt im Dezember auch Mussolini die Entsendung von Soldaten. Die beiden Potentaten haben angesichts der sowjetischen Waffenhilfe für die Republik und deren Erfolgen vor Madrid beschlossen, ihr Engagement für Franco zu verstärken. Der Bürgerkrieg ist nun vollends auch ein Stellvertreterkrieg, in dem die Interessen mehrerer Staaten aufeinanderprallen.

1937

8.–23. 3. Bei Guadalajara nordöstlich von Madrid können Verbände der Republik eine erneute Offensive Francos zur Einnahme der Hauptstadt abwehren. Sie erringen damit den einzigen eindeutigen republikanischen Sieg im gesamten Bürgerkrieg. Franco gibt daraufhin das Ziel auf, Madrid bald zu erobern, und konzentriert sich stattdessen auf das nördliche Territorium seiner Gegner.

19. 4. Per Dekret erzwingt Franco den Zusammenschluss der rechten Gruppen des Putschbündnisses zu einer Einheitspartei unter seiner Führung, der „Falange Española Tradicionalista y de las Juntas de Ofensiva Nacional Sindicalista". Widerstand bricht er teils durch Parteiausschlüsse und Verhaftungen. Die Nationalisten treten nun als geeinte Front auf. Im demokratischen Spanien dagegen setzen sich die offenen Grabenkämpfe der Parteien und politischen Bewegungen fort. Die republikanische Regierung hat zudem im Kriegsverlauf in Teilen ihres Gebiets die Kontrolle an lokale und regionale Räte oder Gruppierungen wie die Anarchisten verloren.

26. 4. In einem rund zweieinhalbstündigen Bombardement zerstören Fliegerstaffeln der Legion Condor, unterstützt von italienischen Kampfflugzeugen, die baskische Stadt Guernica. Presseberichte im Ausland über das Schicksal der Stadt machen Guernica weltweit zu einem Symbol des Kriegshorrors. Der Spanische Bürgerkrieg ist der erste bewaffnete Konflikt in Europa, in dem Städte Ziele von Flächenbombardements werden. Mit solchen Terrormaßnahmen wollen Franco und seine Verbündeten den Durchhaltewillen der Bevölkerung brechen.

3. 5. In Barcelona überfallen Milizionäre der kommunistischen Partei PSUC die Telefonzentrale der Stadt, die unter Kontrolle der anarchosyndikalistischen Gewerkschaft CNT steht. Es ist der Funke, der die ideologischen und machtpolitischen Kämpfe in der Hauptstadt Kataloniens zu einem Bürgerkrieg im Bürgerkrieg entfacht. Die bürgerliche Regierung der Region und die mit ihnen kooperierenden Kommunisten wollen den immer noch starken Einfluss der Anarchisten zurückdrängen, die in den ersten Monaten des Krieges in Barcelona faktisch die Macht übernommen hatten. Vier Tage lang bekriegen sich Polizeieinheiten und moskautreue Kommunisten auf der einen Seite sowie Anarchisten und unabhängige Marxisten auf der anderen Seite in blutigen Straßenkämpfen, die die Kommunisten und mit ihnen die bürgerliche Regierung für sich entscheiden.

17. 5. Der Sozialist und Finanzminister Juan Negrín übernimmt das Amt des Ministerpräsidenten. Die Kommunisten haben die Maiunruhen genutzt, um den Rücktritt seines Vorgängers zu forcieren, der sich gegen die Einmischungen Moskaus gewehrt hatte. Negrín lässt den Kommunisten nun weitgehend freie Hand bei der Verfolgung ihrer politischen Gegner, um den Beistand der Sowjetunion zu sichern. Zugleich treibt er die Zentralisierung der Regierungsgewalt voran und versucht, mit diplomatischen Mitteln Großbritannien und Frankreich auf die Seite der Republik zu ziehen.

30. 5. In der Sierra de Guadarrama, einer Bergkette in Zentralspanien, beginnt die republikanische Armee die erste von zwei Offensiven, mit denen sie das von Francos Truppen bedrohte Baskenland entlasten will. Der Vorstoß scheitert nach wenigen Tagen. Am 12. Juni startet die zweite Expedition bei Huesca in Aragón.

19. 6. Nationalistische Verbände rücken in Bilbao ein. Daraufhin beendet die Republik die Huesca-Offensive. Wenig später ist das gesamte Baskenland in Francos Hand und damit auch die wichtigen Stahlwerke und Rüstungsfabriken der Region. Der Caudillo verringert so die Siegeschancen seines Gegners massiv.

1. 7. In einem offenen Brief, verfasst auf Bitten Francos, verkünden die spanischen Bischöfe ihre uneingeschränkte Solidarität mit dem Caudillo. Die Kleriker gehören der alten Machtelite an, gegen die sich die Kräfte der Republik richten. Einige erklären daher den Aufstand der Nationalisten zu einem Kreuzzug gegen die Ungläubigen. Die Kirche, tief in der spanischen Gesellschaft verankert, ist eine der wichtigsten Stützen Francos.

6. 7. Nahe dem Ort Brunete, westlich von Madrid, versucht das größte von der Republik

FRANCO WILL SEINE GEGNER VERNICHTEN

bisher aufgestellte Heer, die Hauptstadtbelagerer vom restlichen nationalistischen Territorium abzuschneiden. Die zumeist unerfahrenen Kommandeure setzen ihre rund 70 000 Soldaten jedoch nicht effektiv ein, verlieren zudem bald die Lufthoheit an die Nationalisten. Brunete wird zu einem verlustreichen Rückschlag für die Republik.

24. 8. Um Francos Vormarsch im Norden zu stoppen, starten republikanische Truppen eine Offensive nahe Belchite in Aragón. Doch die Angreifer verbringen zu viel Zeit mit der Zerstörung kleiner Verteidigungsstellungen, leiden zudem unter Nachschubmangel. Die Offensive endet Anfang September, ohne ihr Ziel erreicht zu haben: Bis Mitte Oktober nimmt Franco Kantabrien und Asturien mit seiner Kohleindustrie vollständig ein.

15. 12. Die Republik beginnt eine erneute Offensive, dieses Mal gegen die von Nationalisten gehaltene Stadt Teruel. Sie soll unter anderem einem Vorstoß Francos gegen Madrid zuvorkommen. In der mehr als zwei Monate währenden Schlacht, in der die Stadt zunächst von republikanischen Truppen eingenommen, schließlich aber von den Putschisten zurückerobert wird, büßt die Volksarmee rund 60 000 Soldaten ein, zudem Unmengen Kriegsmaterial – ein nicht mehr zu ersetzender

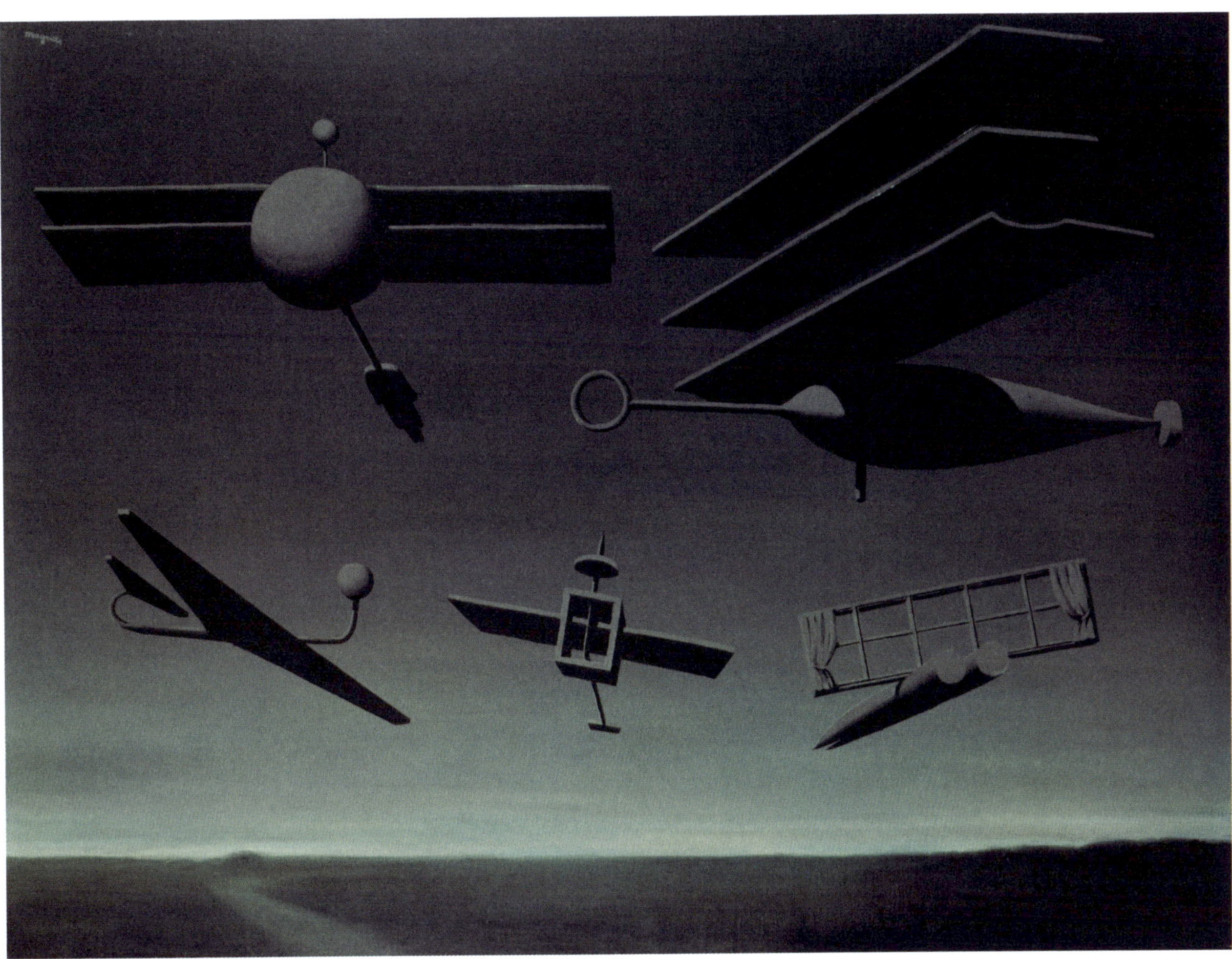

KEIN BLUT, nur fantastische Flugobjekte. Doch das Gemälde »Die schwarze Flagge« (1937) von René Magritte beschwört das Grauen des Luftkrieges, das sich in Spanien offenbart

Verlust. Zwar ist die Stärke der republikanischen Armee in den vergangenen Monaten auf gut eine halbe Million gewachsen, doch auch Franco rekrutiert laufend weitere Kämpfer und verfügt inzwischen über ebenso viele wie die Republik, erhält zudem von seinen Verbündeten mehr und bessere Ausrüstung.

18. 12. Der Schriftsteller und Journalist Ernest Hemingway erreicht die republikanischen Linien bei Teruel. Er berichtet schon länger für ein amerikanisches Zeitungssyndikat aus Spanien. Hemingway ist kein neutraler Beobachter, er unterstützt die Republik etwa durch Spendensammlungen. Später wird er mit „Wem die Stunde schlägt" den wohl bekanntesten Roman zum Bürgerkrieg schreiben. Wie der US-Amerikaner solidarisieren sich weltweit zahlreiche Künstler und Intellektuelle wie Pablo Neruda oder George Orwell öffentlich mit der republikanischen Sache.

1938

7. 3. Francos Verbände setzen zu einem „Blitzkrieg" an, in dem sie die Region Aragón einnehmen und schließlich am 15. April bei Vinaroz bis zum Mittelmeer vordringen: Damit hat Franco Katalonien im Nordosten Spaniens, über dessen Grenze sowjetische Waffenlieferungen aus Frankreich ins Land gelangen können und wo sich das letzte bedeutende Industrierevier auf republikanischem Territorium befindet, von dem republikanisch kontrollierten Gebiet im Süden getrennt. Mit Aragón verliert die Republik zudem Agrarflächen, als Folge kann sie ihre Bevölkerung bald nicht mehr ausreichend ernähren.

DURCHBRUCH IM OSTEN

NACHDEM DIE republikanische Gegenoffensive in der verlustreichen Schlacht von Teruel erfolglos endet, setzt Franco seinen Eroberungszug fort: Im Frühjahr 1938 brechen die Nationalisten bis zum Mittelmeer durch, teilen damit das republikanische Gebiet in zwei Zonen

25. 7. Am nordspanischen Fluss Ebro versucht die Republik einen letzten, verzweifelten Befreiungsschlag: Die an diesem Tag beginnende Großoffensive soll den republikanischen Süden wieder mit Katalonien verbinden. Ministerpräsident Negrín hofft zudem, mit einem spektakulären militärischen Erfolg Großbritannien und Frankreich doch noch als Verbündete zu gewinnen und Franco an den Verhandlungstisch zu bringen.

29. 9. In München unterzeichnen die Regierungschefs von Großbritannien und Frankreich ein Abkommen, das es Hitler gestattet, das zur Tschechoslowakei gehörende Sudetengebiet dem Deutschen Reich anzugliedern. Für die spanischen Republikaner der Beleg, dass die beiden Mächte nicht gewillt sind, sich den autoritären Regimen Europas entgegenzustellen. Die Demoralisierung im republikanischen Lager nähert sich ihrem Höhepunkt, was sich wohl auch auf die Kämpfe am Ebro auswirkt: Am 16. November ziehen sich die letzten republikanischen Soldaten über den Fluss zurück. Die Großoffensive endet in einer vernichtenden Niederlage für die Republik.

1939

23. 1. Ministerpräsident Negrín verhängt das Kriegsrecht, etwa zur gleichen Zeit ordnet er die Mobilmachung aller Männer und Frauen zwischen 17 und 55 Jahren an. Doch die Maßnahmen können die Republik nicht mehr retten. Das nationalistische Heer rückt inzwischen rasant in Katalonien vor, Mitte Februar ist die gesamte Region in Francos Hand. Damit bleibt nur mehr eine von Industrie und internationalen Märkten isolierte Rumpfrepublik im Südosten.

28. 1. Frankreich öffnet seine Grenze für Zivilisten, die vor Francos Truppen fliehen. Wenige Tage darauf dürfen auch Soldaten passieren. Bis Anfang März lassen die Franzosen rund eine halbe Million Flüchtende ins Land, begegnen ihnen aber oft feindselig. Die französischen Behörden versuchen, die Spanier mit der Unterbringung in schäbigen Lagern, mit Zwangsdiensten und Repressionen zur Weiter- oder Rückreise zu drängen. Bis Ende des Jahres kehren mehr als 140 000 zurück, die übrigen bleiben im Exil, zumeist in Frankreich.

27. 2. Großbritannien und Frankreich erkennen die Regierung Francos offiziell an. Ein Krieg gegen Deutschland zeichnet sich ab, daher sind beide Länder an einem stabilen und ungefährlichen Spanien interessiert, das sie sich eher von Franco erhoffen. Der hat bereits im Vorjahr zugesichert, im Falle eines europäischen Konflikts Neutralität zu wahren.

5. 3. Angesichts der hoffnungslosen Lage der Republik erhebt sich der Kommandant der Militärregion Madrid, Oberst Segismundo Casado, gegen Ministerpräsident Negrín: Casado beruft einen Nationalen Verteidigungsrat als Gegenregierung, der Verhandlungen mit Franco aufnehmen soll. Der Offizier glaubt, dem Caudillo eher Sicherheitsgarantien abringen zu können als zivile Politiker. Casados Schritt ist nicht weniger als ein Staatsstreich, mit dem er das politische Ende der Republik besiegelt. Am Folgetag flieht Negrín ins französische Exil.

28. 3. Die ersten nationalistischen Verbände ziehen kampflos in Madrid ein. Franco hatte zuvor Casados Verhandlungsersuchen abgelehnt, woraufhin der Oberst die Kapitulation anordnete. Bis zum 31. März besetzt die nationalistische Armee das gesamte Staatsgebiet: Franco hat den Bürgerkrieg für sich entschieden und erklärt ihn am 1. April offiziell für beendet. Gut zweieinhalb Jahre

hat das Ringen zwischen Nationalisten und Republikanern gewährt, ist mit weiteren Konflikten verschmolzen. Kommunisten und Anarchisten haben einander bekriegt, während die Sowjetunion und Deutschland auf spanischem Boden blutige Machtpolitik betrieben und zugleich ihre Kriegstechnik getestet haben. Zurück bleibt ein Land in Trümmern. Wie viele Menschen ihr Leben im Kampf und durch Terroraktionen, durch Hunger, Seuchen und Kälte verloren haben, ist nicht sicher bekannt, doch gehen viele Historiker von einer Gesamtzahl zwischen 200 000 und 500 000 aus.

9. 8. Franco bildet seine erste Nachkriegsregierung, deren Minister dem Caudillo jedoch lediglich beratend dienen sollen. Die gesellschaftliche und politische Gleichschaltung, mit der Franco schon während des Krieges in den von ihm eroberten Gebieten begonnen hatte, zwingt er nun ganz Spanien auf. So sind etwa sämtliche Parteien außer seiner eigenen Falange verboten, die freie Presse abgeschafft. Das bereits im Februar erlassene „Gesetz über die politischen Verantwortlichkeiten" erklärt rückwirkend jeden Einsatz für die Republik zum Verbrechen. Darauf und auf weitere Verfügungen gestützt, erreichen die Säuberungen in dieser Zeit ihren Höhepunkt. Hunderttausende echte oder vermeintliche Anhänger der Republik werden in Gefängnisse und Lager gesperrt, zu Zwangsarbeit rekrutiert oder hingerichtet.

1. 9. Mit dem Überfall der deutschen Wehrmacht auf Polen beginnt der Zweite Weltkrieg. Wie zuvor zugesichert erklärt Franco die Neutralität Spaniens, unterstützt inoffiziell aber das mit Italien verbündete Deutschland. Auf der anderen Seite schließen zahlreiche spanische Exilanten sich der Allianz gegen die Achsenmächte an. Sie sehen in dem Krieg die Fortsetzung des globalen Kampfes gegen den Faschismus, der, so glauben sie, schließlich zum Sturz Francos führen wird.

UNTER DEM TITEL »Elegien für die Spanische Republik« erschafft der US-amerikanische Maler Robert Motherwell eine abstrakte Serie, hier Nr. 110 von 1971. Fast alle eint das Schwarz-Weiß: Symbol für Tod und Leben

1944

19. 10. Etwa 4000 spanische Kämpfer dringen über die französische Grenze in ihr Heimatland ein. Im Auftrag eines Bündnisses von Franco-Gegnern im Exil, das von der Kommunistischen Partei Spaniens dominiert wird, sollen die Invasoren einen Brückenkopf erobern und von dort einen Massenaufstand anfachen. Der soll die Alliierten doch noch zum Eingreifen bewegen, denn bisher weigern sie sich, den Krieg über die Pyrenäen zu tragen. Doch Francos Truppen zwingen die Invasoren zum Rückzug. In den Folgejahren reiben sie auch innerspanische Guerillagruppen auf und bringen die Sache der Republik im Land so endgültig zum Scheitern.

1946

12. 12. Gut ein Jahr nach Ende des Zweiten Weltkriegs verurteilt die Vollversammlung der UN das Franco-Regime für

DIE GESCHLAGENE REPUBLIK

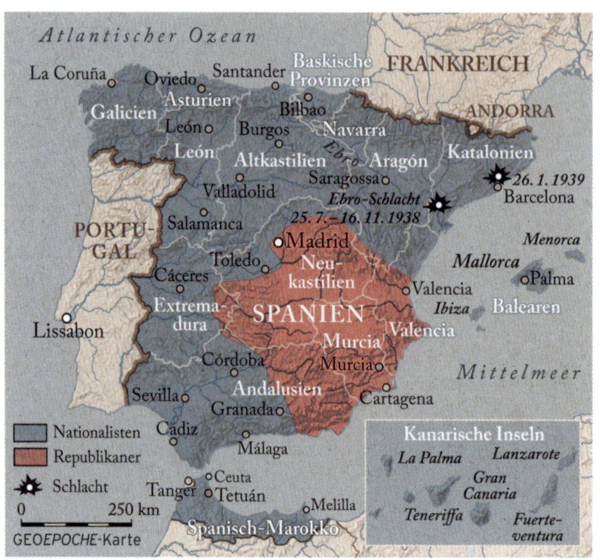

AM FLUSS EBRO SCHEITERT die letzte republikanische Offensive, in der Folge fällt ganz Katalonien samt Barcelona: Mitte Februar 1939 kontrolliert die gewählte Regierung nur noch den Südosten Spaniens. Im März besetzen die Nationalisten schließlich auch Madrid, am 1. April verkündet Franco das Ende des Krieges

seine Kriegsbeteiligung aufseiten der Achsenmächte und erkennt es ausdrücklich nicht als rechtmäßige Vertretung der spanischen Bevölkerung an. Das Gremium empfiehlt den UN-Mitgliedern den Abbruch diplomatischer Beziehungen zu Spanien. Die meisten Staaten folgen der Empfehlung.

1959

US-Präsident Dwight D. Eisenhower besucht Spanien. Ein diplomatischer Triumph für den Caudillo. Sechs Jahre zuvor haben die USA bereits ein Abkommen über Militärstützpunkte in Spanien geschlossen, seit 1955 ist das Land zudem Mitglied der UN. Diese Erfolge verdankt Franco vor allem dem Kalten Krieg, in dem die Westmächte Spanien als Verbündeten gegen die Sowjetunion umwerben. Während das Franco-Regime international reüssiert, belasten es im Inneren wirtschaftliche Probleme und der Widerstand einer erstarkenden Zivilgesellschaft. Immer wieder brechen Streiks und Proteste aus. Und die im selben Jahr gegründete ETA kämpft bald mit Terrorakten für ein unabhängiges Baskenland.

1975

20. 11. Francisco Franco stirbt in Madrid, noch immer von vielen Spaniern verehrt. Bis zum Schluss blieb der Diktator, der 36 Jahre über ganz Spanien herrschte, überzeugt, das Richtige für sein Land getan zu haben. Zu seinem Nachfolger hat Franco Juan Carlos ernannt, einen Prinzen aus dem alten Herrscherhaus der Bourbonen, der als König mit nahezu absoluter Macht regieren soll. Doch überraschend setzt der Monarch sich für die Rückkehr seines Landes zur Demokratie ein.

1977

15. 6. Erstmals seit mehr als 40 Jahren können Spanier ihre Stimme in freien Parlamentswahlen abgeben. Die meisten Wähler entscheiden sich für Parteien, die sich klar zur Demokratie bekennen. Das noch im selben Jahr verabschiedete Amnestiegesetz für Täter aller Bürgerkriegsparteien und ein inoffizieller Pakt des Vergessens sollen den gesellschaftlichen Frieden wahren – behindern aber auch die Aufarbeitung des Krieges und der franquistischen Gewaltherrschaft.

1978

31. 10. Das Parlament verabschiedet eine neue Verfassung für Spanien, die „eine fortschrittliche demokratische Gesellschaft“ begründen soll. Im Dezember wird sie in einem Referendum vom Volk bestätigt. Doch wirtschaftliche Probleme und Anschläge der ETA belasten die neue Ordnung. Das nehmen im Jahr 1981 rechte Kräfte aus Militär und Polizei zum Vorwand für einen Staatsstreich. Der jedoch scheitert, vor allem, weil König Juan Carlos sich gegen ihn stellt.

2007

28. 12. Das „Gesetz über das historische Andenken“ tritt in Kraft. Es enthält unter anderem eine Verurteilung des Franco-Regimes und weist die Exhumierung und Identifizierung anonym vergrabener Kriegsopfer an. Trotz Protesten aus konservativen Kreisen hat in Spanien eine kritische Auseinandersetzung mit den Ereignissen seit 1936 begonnen. Im Februar 2021 wird in der spanischen Exklave Melilla, wo der Militärputsch einst begann, die letzte öffentliche Statue Francos auf spanischem Boden entfernt. Doch zugleich gewinnt in Spanien franquistisches Gedankengut wieder öffentlich an Zuspruch. So zog 2019 die rechtspopulistische Partei Vox in das spanische Parlament ein, die das Gesetz von 2007 ablehnt und wie einst der Caudillo Spaniens Größe beschwört. ◊

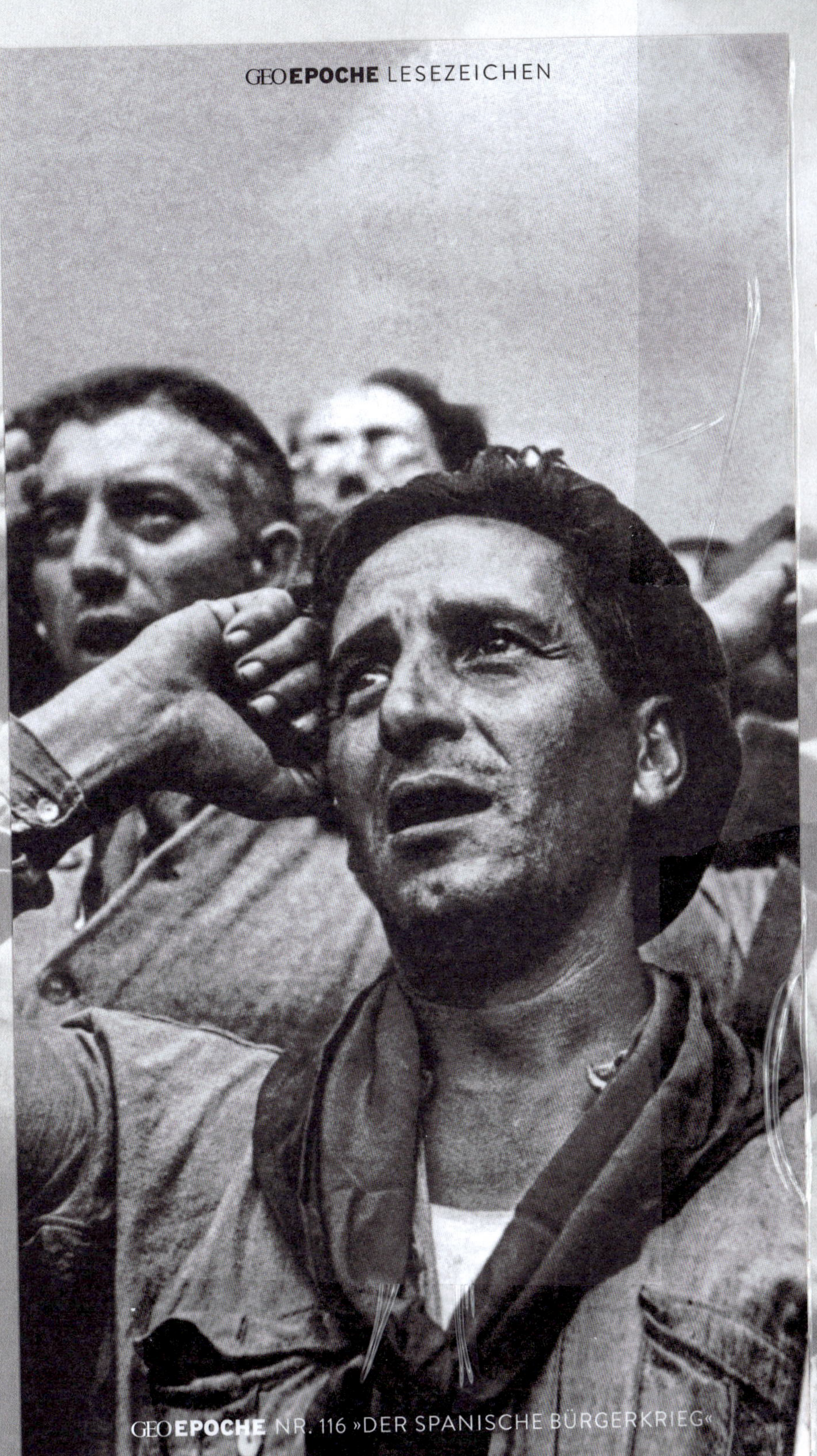

ENDE EINES TRAUMS: Im Oktober 1938 werden die Internationalen Brigaden mit einer großen Parade in Barcelona aus Spanien verabschiedet. Der Krieg ist zu diesem Zeitpunkt für die Republik kaum noch zu gewinnen (Foto von Robert Capa)

DER KRIEGS

REPORTER

Fast 1000 Journalisten berichten über den Krieg in Spanien. Der berühmteste unter ihnen ist der Amerikaner Ernest Hemingway. Er findet in dem zerrissenen Land alles, was ihm wichtig ist: eine neue Liebe, heroische Kämpfe, Trinkgelage – und den Stoff für einen seiner größten Romane

HEMINGWAY IST seit Langem fasziniert von Spanien, hat das Land schon vor 1936 mehrfach besucht und darüber geschrieben. Nach der Rückkehr aus dem Bürgerkrieg arbeitet er seine Notizen zu einem großen Erzählwerk aus. Das Bild des Fotografen Robert Capa zeigt ihn im November 1940 am Schreibtisch im Sun Valley in Idaho

E

TEXT: *Johannes Strempel*

Es ist eine Szene wie aus einem Kriegsroman. Eine Episode voll Dramatik und Heldenmut, wie sie am besten wohl Ernest Hemingway ersinnen könnte, einer der berühmtesten Schriftsteller der Zeit, jedenfalls der männlichste. Sie trägt sich zu in den reißenden Fluten des Flusses Ebro, in Spanien, im Krieg.

Zwei spanische Ruderer und sechs weitere Männer sitzen dicht gedrängt in einem kleinen Boot, das sich auf dem Weg vom West- ans Ostufer gegen die Stromschnellen stemmt. Über den Himmel ziehen Kampfflugzeuge, Artilleriegeschütze dröhnen in der Ferne. Es ist der 5. November 1938 und der 104. Tag der Ebro-Offensive, benannt nach Spaniens längstem Fluss, der in dieser Schlacht im Nordosten des Landes nahe der Front liegt.

Am Morgen haben sich die Männer schon einmal in der anderen Richtung über die Wogen rudern lassen – alle Brücken am Ebro sind von Fliegerbomben zerstört – und die Stellungen der Regierungstruppen am Westufer aufgesucht. Aber im Hauptquartier der 5. Armee, einem weiß gekalkten Bauernhaus auf einem Hügel, hat ihnen der Kommandierende nur mitgeteilt, dass er das Kommando zum Rückzug erhalten habe und sie auf der Stelle umkehren müssten. Denn die Männer in Begleitung eines Generals sind keine Soldaten. Sie sind Reporter.

Wegen der mächtigen Strömung und tückischer Stromschnellen ist die Überfahrt nicht einfach. Das Boot wird in der Mitte des Flusses fortgezogen und droht nun an stählerne Barrikaden und die Ruinen einer zerbombten Brücke zu prallen, die flussabwärts aus dem Wasser ragen.

Während die beiden spanischen Ruderer verzweifelt versuchen, das Gefährt unter Kontrolle zu halten, gibt ein schmächtiger Reporter aus England mit tonloser Stimme Kommandos. Zwei andere Journalisten verharren auf ihren Sitzen und ein junger Kriegsfotograf, sein Name ist Robert Capa, schießt ungerührt weiter Bilder.

Nur einer aus der Gruppe handelt entschlossen: Ein großer, breit gebauter Mann mit dunklem Haar und Schnurrbart, wettergegerbter Haut und einer goldumrandeten Nickelbrille greift sich ein freies Ruder und beginnt mit brachialer Kraft, sich in die Riemen zu legen. Und wirklich: Es gelingt ihm, das Boot nach und nach aus der gefährlichen Strömung herauszumanövrieren. Erst als er und seine Begleiter sicher am Ostufer angelangt sind, lässt er erschöpft das Ruder sinken. Dieser Mann ist Ernest Hemingway.

Viel und oft haben die Literaturkritiker in all den Jahren gespottet über den peinlichen Männlichkeitswahn Hemingways, der nicht nur Schriftsteller sein will, sondern auch Großwildjäger, Athlet, Hochseeangler, Soldat und Frauenschwarm. Doch an diesem Tag am Ebro erweist er sich als wahrer Held. Fraglos hätten seine Entschlossenheit und seine Körperkraft der Gruppe das Leben gerettet, wird später der Korrespondent der „New York Times" bezeugen, der mit im Boot saß. „In Notlagen war er ein guter Mann."

Auf dem Weg nach Barcelona treffen die Kriegsreporter auf Kollegen der United Press, der Associated Press, von Reuters und anderen Nachrichtenagenturen und Zeitungen. Die ganze Auslandspresse scheint am Ufer des Ebros zusammengekommen zu sein, in diesen letzten Tagen der letzten großen Schlacht des Bürgerkriegs.

DIE JUNGE US-Journalistin Martha Gellhorn wird Hemingways Geliebte. Das Paar – hier ein Bild von 1937 – reist oft gemeinsam zu Recherchen an die Front

Beinahe 1000 Zeitungskorrespondenten aus aller Welt berichten aus Spanien. Die allermeisten von ihnen nehmen schnell die Perspektive der von den aufständischen Nationalisten bedrängten Republik ein, verlieren oft den objektiven Blick. Denn die Pressevertreter eint das Gefühl, dass sie nicht einfach einen lokalen Konflikt beschreiben, sondern Zeuge werden eines epischen Ringens zwischen Demokratie und Faschismus, Aufklärung und Dunkelheit, Gut und Böse.

Es sind auch nicht nur erfahrene Kriegsreporter, die nach Spanien reisen. Idealistische Künstler kommen dazu, feinsinnige Poeten, Fotografen, Filmemacher. Und Schriftsteller wie der Amerikaner John Dos Passos, der Brite George Orwell oder Antoine de Saint-Exupéry aus Frankreich. Der bekannteste von allen, der sein ganzes Renommee für die Sache der Republik einsetzt, ist Hemingway.

Z

Zum Hauptquartier der internationalen Berichterstatter wird bald nach Kriegsausbruch das „Hotel Florida" an der zentralen Plaza del Callao in Madrid. Hinter der marmornen Art-nouveau-Fassade finden sich auf zehn Stockwerken 200 elegante Zimmer sowie eine weite Lobby. Seit Beginn der Kämpfe im Juli 1936 frequentieren neben den Korrespondenten vor allem Soldaten, Spione und Waffenhändler das Hotel, zur Siesta nach dem Mittagessen besuchen Prostituierte ihre ersten Kunden. Eine Reporterin über den Alltag im Gebäude: „An jedem Abend konntest du sie im ‚Florida' sehen: niederländische Fotografen, amerikanische Flieger, deutsche Flüchtlinge, englische Sanitäter, spanische Stierkämpfer und Kommunisten jeder Sorte und Nationalität."

Zu den Attraktionen des Hauses gehört, dass es einer der letzten Orte im von den Nationalisten belagerten Madrid ist, wo noch warmes Wasser aus den Leitungen kommt. Außerdem haben es die Reporter von hier nicht weit zur Front: Viele nehmen für die gut drei Kilometer Wegstrecke die Straßenbahn und laufen dann die letzten Meter zu den Stellungen der Regierungsarmee am Stadtfluss Manzanares.

Die Nähe zum Kriegsgeschehen hat indes auch Nachteile. Vom Garabitas-Hügel aus, auf der anderen Flussseite, beschießen die Mörser der Nationalisten das Zentrum und treffen auch immer wieder das Hotel. Während der Schlacht um Madrid im November 1936 (siehe Seite 60) sind der Artilleriebeschuss und die Fliegerangriffe so heftig, dass viele der Korrespondenten sich in ihre Botschaften flüchten. Doch nach der erfolgreichen Verteidigung der Stadt kehren sie schnell wieder ins „Hotel Florida" zurück.

Der Bombenterror, den die Journalisten gemeinsam mit den Einheimischen durchstehen müssen, schweißt die Reporter zusammen. Der Widerstandsgeist der Bevölkerung weckt ihre Bewunderung. Wer nicht ohnehin schon aufseiten der Republik stand, tut es jetzt. „Nur ein seelenloser Idiot hätte nicht sympathisiert", schreibt ein Korrespondent. Und ein anderer, der ungarisch-österreichische Schriftsteller Arthur Koestler: „Jeder, der die Hölle von Madrid erlebt hat und dann behauptet, objektiv zu sein, ist ein Lügner."

IN DER SUITE Hemingways im »Hotel Florida« sitzen oft bis in den Morgen Journalisten und Kämpfer bei Bier und Whiskey zusammen

Sympathie und Subjektivität allerdings gehen zulasten von Genauigkeit. Viele Reporter, ohnehin kaum vertraut mit der politischen Situation Spaniens, vereinfachen und romantisieren nun den verwickelten Konflikt zu einem simplen Kampf Gut gegen Böse. Sie sehen unkritisch hinweg über die mörderische Zwietracht zwischen den Fraktionen der Linken und schweigen zugunsten eines größeren Ziels über Folter und Hinrichtungen seitens der Republikaner.

Beseelt vom Widerstand gegen den Faschismus und frustriert über die Tatenlosigkeit ihrer Regierungen zu Hause, gehen manche Journalisten auch noch weiter,

SEINE ZEIT in Spanien verdichtet Hemingway zu dem Kriegsroman »Wem die Stunde schlägt«. Der Band wird zu einem seiner meistverkauften Bücher

DER BRITISCHE Autor George Orwell kommt Ende 1936 nach Barcelona, tritt einer linken Miliz bei – und hält seine Erlebnisse im Band »Mein Katalonien« fest

als nur zu berichten: Sie sammeln Spenden, lobbyieren in der Heimat oder greifen sogar, wie der Schriftsteller George Orwell (siehe Seite 72), selbst zur Waffe.

Widerstand schlägt den Reportern nicht selten in der eigenen Redaktion entgegen. Denn viele der reichen Zeitungsverleger – oft konservative Kommunistenhasser – stehen aufseiten Francisco Francos und versuchen Artikel mit gegenteiligen Positionen zu unterdrücken. Dazu kommt etwa in den USA noch eine mächtige katholische Interessensgruppe, die der Presse bei allzu kritischen Berichten mit der Stornierung von Anzeigen droht. Bei der „New York Times" etwa muss sich der Korrespondent aus Madrid mit mehreren äußerst religiösen Redakteuren herumschlagen, die seine Texte auf den hinteren Zeitungsseiten beerdigen und stattdessen seinem Counterpart aus der nationalistischen Zone breiten Platz einräumen.

Denn das gibt es natürlich auch: Reporter, die aus Sicht der Putschisten berichten, und Künstler wie den amerikanischen Dichter Ezra Pound, die mit Franco sympathisieren. Doch sind es deutlich weniger.

Am 18. März 1937 schlagen die Regierungstruppen bei Guadalajara, 50 Kilometer nordöstlich von Madrid, italienische Einheiten, die auf der Seite Francos kämpfen – ein ersehnter Sieg der Republik, der die Einnahme der Hauptstadt verhindert. Madrid wird von einer Welle der Hochstimmung erfasst, die Bevölkerung schöpft neuen Mut. In dieser Atmosphäre der Hoffnung trifft zwei Tage später Hemingway im „Hotel Florida" ein.

Der 37-Jährige, der mit dem lakonischen Ton seiner Short Storys einen Stil begründet und sich zur Stimme der „Lost Generation", der angesichts des Ersten Weltkriegs desillusionierten jungen Generation, gemacht hat, will aus mehreren Gründen unbedingt Zeuge des Bürgerkriegs werden.

Zum einen liebt er, seit seinen ersten Reisen nach Spanien in den frühen 1920er Jahren, das Land und seine Bewohner. „Es gibt kein besseres und kein schlimmeres Volk in der Welt", heißt es in einem seiner Bücher. „Keine gütigeren und keine grausameren Menschen." Mehrere seiner Erzählungen und der Roman „Fiesta" spielen in Spanien, zudem hat er einen Essay über die Kunst des Stierkampfs geschrieben.

Zweitens ist Hemingway fasziniert vom militärischen Kampf, seit er selbst im Ersten Weltkrieg als Rot-Kreuz-Fahrer in Italien diente und durch eine Granate schwer verwundet wurde. (Ein Ereignis, das er im Zuge seiner persönlichen Mythologisierung gerne betonen wird.)

Zum dritten ist er ein erfahrener Journalist, der sein Handwerk als Lokalreporter in Kansas City erlernt und dann als Europa-Korrespondent für den „Toronto Star" gearbeitet hat. Nun hat ihn die North American Newspaper Alliance engagiert, ein Konsortium, das mehr als 50 Zeitungen in den USA beliefert: Je nach Textlänge soll Hemingway sensationelle 500 bis 1000 Dollar pro Reportage erhalten – ein normaler Korrespondent verdient maximal 25.

Viertens dürfte auch seine Ehe eine Rolle spielen, der er zu entfliehen sucht. Zuletzt hofft der Autor vermutlich auf Stoff und Inspiration für einen neuen, großen Roman. „Ein Bürgerkrieg", hat er schon Jahre vor seinem Aufbruch nach Spanien geschrieben, „ist der beste Krieg für einen Schriftsteller, der vollständigste."

Über Nacht wird Hemingways Suite Nr. 108 im ersten Stock während dieses Frühjahrs 1937 zum Mittelpunkt der internationalen Bewohnerschar des „Florida". Während Madrid unter Lebensmittelknappheit leidet, die Einwohner aus Not Katzen verspeisen und selbst in den besseren Restaurants nur noch Kichererbsen und Stockfisch auf den Tisch kommen, lassen es sich die Gäste des Schriftstellers wohlgehen.

Ein Freund Hemingways besorgt auf geheimnisvollen Wegen Whiskey, außerdem gibt es Bier und Pasteten. Und von jedem Besucher – sei er Journalist, Kämpfer oder Pilot – wird erwartet, dass er irgendeine Delikatesse zu den Vorräten beisteuert. Als der Schriftsteller John Dos Passos mit nichts als einigen Schokoriegeln und Orangen auftaucht, reagiert Hemingway verstimmt. Mehr Beifall finden da ein britischer Korrespondent und die Flaschen edelster Weine, die er einer Gruppe Anarchisten abgekauft hat, die sie wiederum aus den Kellern des verlassenen Königspalasts gestohlen haben.

Bis in die Morgenstunden gibt sich ein konstanter Strom von Männern – und einigen wenigen Frauen – im Zimmer 108 die Klinke in die Hand und erzählt sich, während aus dem Victrola-Grammofon des Schriftstellers Musik von Chopin erklingt, gegenseitig Kriegsgeschichten. Und stets, so ist es in den verschiedenen Erinnerungen der Reporter und Schriftsteller des „Hotel Florida" zu lesen, kreist alles um Hemingway: 1,85 Meter groß und 90 Kilogramm schwer, muskelbepackt, aber auch schon beleibt vom vielen Trinken. In verschlissenem Hemd und schmutziger Hose, unrasiert, mit glühenden Wangen und wachen Augen, streicht er sich durchs dichte Haar, immerzu strahlend, schwelgend in seiner Rolle als Hemingway-Held.

„Großherzig und kindlich und vielleicht ein bisschen verrückt" nennt ihn ein Journalist, als „berstend vor Vitalität" beschreibt ihn ein zweiter. Einer Reporterin allerdings fallen auch seine „protzende Selbstherrlichkeit und ausgestellte Großzügigkeit" auf, deren Kehrseite ein ausgeprägter Geiz sei. Als zwei Gläser Marmelade aus seinem Vorratsschrank verschwinden, macht der berühmte Schriftsteller eine ungeheure Szene.

Ende März trifft in Madrid Martha Gellhorn ein. Die 28-jährige Amerikanerin und Hemingway sind sich im vergangenen Dezember zum ersten Mal in Hemingways Wohnort Key West, Florida, in seiner Stammkneipe „Sloppy Joe's" begegnet. Der verheiratete Schriftsteller war sofort sehr angetan von der attraktiven Journalistin mit den hohen Wangenknochen und dem schulterlangen blonden Haar, und noch begeisterter, als sie ihm erzählte, dass auch sie aus Spanien berichten wolle.

Die Schiffsüberfahrt hat sie sich mit dem Honorar für einen Text über Schönheitsprobleme

OFT STEIGEN Hemingway (Mitte) und seine Kollegen in die Schützengräben: So dicht wie möglich wollen sie an den Gefechten dran sein

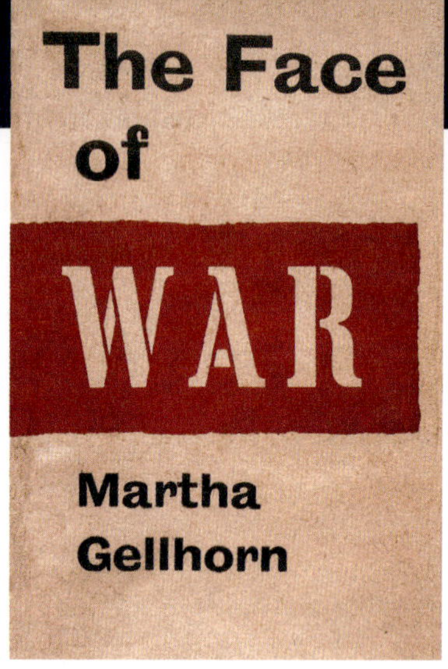

MARTHA GELLHORNS eindringliche Reportagen von den Schlachtfeldern Spaniens erscheinen 1959 im Band »Das Gesicht des Krieges«

ÜBER SEINE traumatische Zeit in der Todeszelle als Gefangener Francos berichtet Arthur Koestler in »Ein spanisches Testament«

mittelalter Frauen für die Zeitschrift „Vogue" verdient und sich danach, so zumindest ihre Version, allein und zeitweilig zu Fuß von Frankreich über die Pyrenäen nach Spanien durchgeschlagen. Hemingway hilft Gellhorn vermutlich bei der Presseakkreditierung und besorgt ihr ein Zimmer im „Hotel Florida".

Gut drei Wochen später schlagen um sechs Uhr morgens mehrere Granaten im Hotel ein und treiben die Bewohner in Panik aus ihren Betten. Als Hemingway und Gellhorn gemeinsam und in Pyjamas aus der Suite des Schriftstellers eilen, weiß bald das ganze Hotel Bescheid: Die beiden sind ein Liebespaar geworden.

Hemingway erlebt bei seinem ersten Spanien-Aufenthalt zwar keine der entscheidenden Schlachten mit, aber er besucht zehnmal die Frontabschnitte um Madrid. Oft mit Gellhorn, der er das Handwerk des Kriegsreporters beibringt: wie sich das „takrong, kapong, krang, takrong" der Gewehre vom „rong, kararong, rong, rong" des großkalibrigen Maschinengewehrs unterscheide etwa oder dass eine sich nähernde Granate zu erkennen sei an „diesem wischenden Geräusch, als käme die Untergrundbahn". Unter Beschuss erweist Gellhorn sich als äußerst kaltblütig, und Hemingway lobt, sie sei tapferer als die meisten Männer.

Nach 45 Tagen in Spanien kehrt der Schriftsteller Mitte Mai in die USA zurück. Gellhorn ebenfalls, aus Gründen der Diskretion auf einem anderen Schiff. Beide fühlen in sich die Verpflichtung, ihr Land aufzurütteln, damit es der Republik zu Hilfe komme. Sie hält Vorträge, er schreibt den Text zu einem Dokumentarfilm über die Ereignisse in Spanien und führt das Werk dann Präsident Franklin D. Roosevelt im Weißen Haus und Prominenten in Hollywood vor, die er zu Spenden aufruft.

Obwohl Hemingway kaum etwas mehr Angst einjagt als Reden vor einem großen Publikum, tritt er am 4. Juni 1937 in New York vor den 3500 Besuchern des Amerikanischen Schriftstellerkongresses auf, einer Organisation, der viele Mitglieder der Kommunistischen Partei angehören. Der Faschismus, sagt er, sei die einzige Regierungsform, die Schriftsteller am Aussprechen der Wahrheit hindere – womit er, zumal in diesem Umfeld, dem Stalinismus mitten in der Zeit der „Großen Säuberung" indirekt die Absolution erteilt.

Hemingway ist kein politischer Mensch. „Ich glaube nur an eine Sache: Freiheit. Der Staat kann mir gestohlen bleiben", hat er 1935 in einem Brief geschrieben. Schon lange bemängeln linke Kritiker, dass er sich in seinen Büchern mit Trivialitäten wie dem Stierkampf statt sozialer Themen befasse. Der Bürgerkrieg aber hat etwas in ihm verändert: Hemingways Engagement für die spanische Sache habe „etwas beinahe Religiöses", meint der Freund und Schriftsteller F. Scott Fitzgerald.

Und wie so oft bei Konvertiten: Hemingway übertreibt. In seinen Reportagen prahlt er mit exklusivem Wissen, raunt von Geheimnissen, die nur er kenne. In Madrid hat der Schriftsteller wegen seiner Prominenz schnell Zugang gefunden zu den kommunistischen Parteikadern und sowjetischen Geheimdienstleuten. Die Gespräche mit ihnen schmeicheln seiner Eitelkeit, und das trübt seine Sicht. Nie stellt Hemingway während des Krieges die Republik infrage, die strategischen Fehler der Militärs, die Rolle der UdSSR. Seine Freundin Gellhorn spricht gar verächtlich von „all diesem Objektivitäts-Scheiß" im Journalismus. Voll naivem Optimismus macht Hemingway einige falsche Voraussagen – von denen die falscheste wohl ist, dass die Republik „die Rebellen verdreschen" werde.

Das Gegenteil passiert in diesen Monaten. Nachdem Franco es nicht geschafft hat, Madrid zu erobern, ändert er im Frühjahr 1937 seine Strategie und greift den Norden an. Bilbao fällt am 19. Juni.

ENDE 1937 besucht Hemingway linke Kämpfer bei Teruel. Um die ostspanische Stadt entbrennt eine der blutigsten Schlachten des Krieges

Die Regierung versucht mit Gegenoffensiven in Zentralspanien die nördliche Front zu entlasten, scheitert aber jedes Mal und verliert Soldaten und Kriegsmaterial. Als Franco am 21. Oktober die Städte Gijón und Avilés einnimmt, ist der ganze Norden sein. Dazu kommen Zehntausende gefangene Soldaten, die Waffenfabriken im Baskenland, die Schwerindustrie in Bilbao und die Kohleminen in Asturien. Franco kontrolliert nun fast zwei Drittel Spaniens.

Mit der abgeschlossenen Eroberung sind zusätzliche Armeeverbände frei geworden, die Franco für einen erneuten Angriff auf Madrid im Dezember einsetzen will. Doch der Plan wird von einem Spion enthüllt. Die Republik entscheidet, den Putschisten mit einem Gegenschlag von seinem Vorhaben abzulenken. Im Morgengrauen des 15. Dezember rücken die ersten Einheiten der 40 000 Regierungssoldaten auf die ostspanische Stadt Teruel vor, die von 10 000 Nationalisten gehalten wird. Die Provinzhauptstadt in Aragón liegt auf 915 Meter Höhe in einer kargen Berglandschaft und ist berüchtigt für ihre eisigen Winter. Dieser ist der kälteste seit 20 Jahren.

Die Offensive auf Teruel wird sich zu einer der grausamsten Schlachten des Krieges auswachsen, und diesmal ist Hemingway fast von Anfang an dabei. Seit September hält er sich wieder in Spanien auf, und als er in Madrid von dem Angriff erfährt, begibt er sich aufgeregt sofort an die Front. „Ich glaube, er liebte den Krieg beinahe", erinnert sich ein Reporter, „genau wie einige der Charaktere in seinen Büchern."

Zumindest liebt Hemingway es, sich als Mann des Krieges zu inszenieren: Seine Reportagen lesen sich, als würde er unablässig in Lebensgefahr schweben, und erwecken den Eindruck, er wirke nicht nur als Berichterstatter, sondern auch als militärischer Berater, der mit den Kommandanten sachverständig die Stellungen inspiziert.

Andererseits lobt ein Reporter tatsächlich Hemingways militärisches Wissen, und viele Journalisten bewundern seinen Mut an der Front, die Hilfsbereitschaft und Freundlichkeit des weltberühmten Mannes gegenüber einfachen Soldaten. Ungehalten allerdings reagiert er, als ihn ein Kollege darauf hinweist, dass er als Journalist nach der Genfer Konvention keine Schusswaffe tragen dürfe. Und ein englischer Briga-

dist berichtet von einem aufgekratzten Hemingway, der eines Tages an seinem Frontabschnitt auftaucht, sich hinter ein Maschinengewehr setzt und einen ganzen Gurt Munition unbestimmt in die Richtung des Feindes feuert. „Das provozierte eine Granatattacke, für die er allerdings nicht blieb."

Mitte Dezember beobachten Hemingway und seine Reporterkollegen (Gellhorn ist zu dieser Zeit auf dem Weg in die USA) mehrere Tage lang die Offensive der Regierungstruppen, rasen dann mit dem Auto nach Valencia, schreiben bis in den Morgen ihre Berichte und hetzen zurück an die Front.

Am 21. Dezember findet sich Hemingway mitten zwischen spanischen Infanteristen auf einer Anhöhe unter schwerem Maschinengewehrbeschuss. Die Kugeln pfeifen über ihn hinweg, während er sich vergebens nach einer Schaufel umsieht, um eine Mulde für den Kopf zu graben. Zwei Soldaten sinken getroffen zu Boden. „Der eine sah verdutzt aus, wie jemand, dem das zum ersten Mal passiert und der noch nicht weiß, dass etwas alles kaputtmachen und doch nicht wehtun kann", schreibt Hemingway.

UM DIE Republikaner zu unterstützen, produziert Hemingway 1937 den antifaschistischen Film »Die Spanische Erde« mit

DER FRANZOSE André Malraux fängt in »Die Hoffnung« den Enthusiasmus der republikanischen Kämpfer am Beginn des Krieges ein

Gemeinsam mit den Truppen rückt Hemingway in der Abenddämmerung in die Vororte Teruels ein, während die Nationalisten ins Zentrum zurückweichen. Die Einwohner, die sich als Geiseln der Faschisten fühlten, wagen sich aus ihren Häusern und fallen den Befreiern in die Arme. Der Korrespondent der „New York Times" wird die Einnahme Teruels später den „größten Tag" seines Lebens nennen. (Seine Reportage allerdings landet wieder gekürzt auf den hinteren Seiten des Blatts.)

Die nächsten Tage begleiten die Journalisten die Truppen, die sich in einem blutigen Häuserkampf über vereiste Straßen ins Zentrum vorarbeiten. Die Gefechte dauern bis in die Nacht, oft metzeln sich die verfeindeten Soldaten gegenseitig mit ihren Bajonetten nieder. Auch die Reporter geraten mehrmals in Lebensgefahr, vor allem der junge ungarische Kriegsfotograf Robert Capa, der furchtlos unter ständigem Feuer über die Straßen spurtet. Er macht Fotos von dem zerstörten Marktplatz, Flüchtlingen auf Landstraßen, von Hemingway, wie er lächelnd Zigaretten an Offiziere ausgibt. Ikonisch wird die Aufnahme eines Soldaten, der ein Telefonkabel reparieren sollte und tot in den nackten Zweigen eines Baumes hängt.

Als die Republik an Weihnachten die Einnahme der Stadt verkündet, ist Hemingway in Barcelona und reist dann weiter nach Paris, wo seine Frau auf ihn wartet.

Doch der größte Schrecken von Teruel beginnt erst jetzt. Als das Wetter ab dem 29. Dezember aufklart, startet Franco den Gegenangriff: Flugzeugstaffeln legen einen Bombenteppich auf die Stadt, dann greifen die nationalistischen Divisionen an. Gleichzeitig ist es in den Nächten so kalt, dass viele Soldaten beider Seiten im Schlaf erfrieren. Am 22. Februar 1938 ist Teruel wieder in den Händen der Putschisten.

Die Nationalisten verlieren wohl 40 000 Mann, die Republikaner vermutlich sogar 60 000. Es ist ein katastrophaler Preis im Kampf um einen Ort ohne große strategische Bedeutung, „eine gefrorene Hochebene irgendwo auf dem Mond", wie es ein Reporterkollege Hemingways formuliert.

Der Schriftsteller selbst, seit Ende Januar wieder in den USA, verfolgt die Ereignisse niedergeschlagen von Key West aus, kann nicht schreiben und nicht schlafen und will möglichst schnell zurück nach Spanien.

Franco macht sich die Schwäche der Republik nach Teruel zunutze und beginnt im März eine Offensive quer durch Aragón, von West nach Ost. Die Verteidigungslinien seiner erschöpften Gegner brechen sofort zusammen, die Franquisten treiben Zivilisten und versprengte Truppenteile vor sich her. Hemingway, der seit Anfang April wieder in Spanien ist und mit Gellhorn die Front bereist, begegnet „Karren voll Flüchtlingen" und „Lastwagen voll Soldaten" auf dem Rückzug. Alle wirken gefasst, suchen aber beständig den Himmel nach Kampfflugzeugen ab. Gleichzeitig ist es ein so schöner Frühlingstag, schreibt er, dass „der Gedanke, jemand könne je umkommen, lächerlich schien".

Am 15. April erreichen die Putschisten das Mittelmeer im Osten Spaniens und trennen damit den Norden der republikanischen Gebiete von Zentralspanien ab. Das „siegreiche Schwert Francos", schreibt eine nationalistische Zeitung, habe das „von den Roten besetzte Spanien in zwei Teile geschlagen".

Um den Korridor am Meer zu verbreitern, schickt Franco als Nächstes seine Truppen nach Süden in Richtung Valencia. Ministerpräsident Juan Negrín legt einen Plan für Friedensverhandlungen vor, doch Franco lehnt alles jenseits der bedingungslosen Kapitulation kategorisch ab.

In Negrín reift die Überzeugung, dass nur ein großer militärischer Sieg der Republik Franco an den Verhandlungstisch bewegen könnte. Deshalb plant sein Generalstab eine machtvolle Gegenoffensive über den Ebro hinweg in die von den Nationalisten zuletzt eroberten Gebiete. Das soll zudem den Marsch Francos auf Valencia stoppen und der Weltöffentlichkeit zeigen, dass die Republik noch nicht besiegt ist, eine Alternative zum Regime der Putschisten darstellt. Die Republik wird in diese entscheidende Schlacht alles an Menschen und Material werfen, was ihr verblieben ist.

Am 25. Juli kurz nach Mitternacht überquert eine Vorhut den Fluss, dann folgen die regulären Truppen über von Pionieren gelegte Pontonbrücken. Der Überraschungsangriff glückt, die Nationalisten haben nicht mit einer Attacke gerechnet. Doch schon am folgenden Tag tauchen Flugzeugstaffeln am Himmel auf und beginnen mit den bis dahin schwersten Luftangriffen der Geschichte. Die Pontonbrücken werden zerstört, ganze Kampftruppen durch die Druckwellen der Detonationen von den Berghängen gefegt. Soldaten hängen sich ein Stück Holz an einer Schnur um den Hals und beißen darauf, wenn während der Bombardements die Panik aufsteigt.

Wie zuvor in Teruel bricht eine Offensive der Republik nach

NACHDEM Francos Truppen Ende März 1939 Madrid besetzt haben, kehren vor den Kämpfen geflüchtete Einwohner zurück in die Hauptstadt. Die Putschisten haben den Krieg gewonnen

MIT EINER großen Parade feiert Franco im Mai 1939 seinen Sieg. Der General, in der Mitte der Tribüne, erhebt die rechte Hand zum faschistischen Gruß. Spanien wird zu einer rechtsextremen Diktatur

einem kurzen Überraschungserfolg ob der schieren Übermacht Francos zusammen. Schon Anfang August ist klar, dass die Operation gescheitert ist, doch weil die republikanischen Militärs sich das nicht eingestehen, schicken sie weiter Truppen über den Fluss und opfern sinnlos Menschen. Die Schlacht am Ebro zieht sich durch den Sommer und Herbst des Jahres 1938 bis in den November.

Am 5. November reist Hemingway, der den Sommer über in den USA mit unzähligen Artikeln gegen den Faschismus angeschrieben hat, mit einigen Reportern an die Front. Die Gruppe will einen General treffen, der eine der letzten Brücken über den Ebro hält. Doch als sie ankommen, ist die Brücke zerstört, und der General, müde und fahrig, drängt sie nach einem kurzen Gespräch zum Aufbruch, weil er gerade den Befehl zum Rückzug erhalten habe.

Es geschieht an diesem Tag, dass Hemingway während der Bootsfahrt zurück über den reißenden Ebro seinen Heldenmut beweist. Rund 48 Stunden bleibt er danach noch im Land, besucht unter anderem eine Party in einem Barceloner Hotel, wo Journalisten und Intellektuelle den zweiten Jahrestag der Verteidigung Madrids feiern, und reist dann über Frankreich in die USA. Er wird Spanien gut 20 Jahre lang nicht wiedersehen.

Am 16. November ziehen sich die letzten republikanischen Truppen zurück. Die Regierungsarmee ist so gut wie aufgerieben.

Anderthalb Monate zuvor haben sich Politiker zu einer Konferenz getroffen, die den Untergang der Republik besiegelt. Im „Münchner Abkommen" haben Großbritannien und Frankreich Adolf Hitler faktisch die Erlaubnis gegeben, in die Tschechoslowakei einzumarschieren. Dieses Einknicken vor dem Faschismus bedeutet, dass auch die spanische Republik mit keiner Hilfe der Staatengemeinschaft mehr rechnen kann. Noch dazu zieht sich auch der wichtigste Verbündete bald zurück: Josef Stalin strebt einen Pakt mit Francos Partner Hitler an – da ist die Unterstützung der spanischen Regierung ein Störfaktor. Die Republik ist isoliert, ihre Kampfmoral am Ende.

Jetzt geht es schnell. Am 23. Dezember greifen die Nationalisten Katalonien an und marschieren am 28. Januar in Barcelona ein. Am selben Tag öffnet Frankreich seine Grenzen für zivile Flüchtlinge, bald darauf auch für Soldaten. 500 000 Menschen werden es in den nächsten Wochen sein (siehe Seite 128).

Ministerpräsident Negrín ist entschlossen, weiter Widerstand zu leisten, doch eine Gruppe Offiziere putscht. Sie wollen in letzter Minute einen Verhandlungsfrieden mit Franco erreichen (was dieser weiter ablehnen wird).

Während die Regierung nach Frankreich ins Exil geht, kommt es in Madrid zu Gefechten zwischen den Fraktionen des Militärs, die für oder gegen den weiteren Kampf sind. Noch einmal sterben 2000 Soldaten. Nach dieser Selbstzerfleischung hat die Republik endgültig keine Kraft mehr. Als die Nationalisten am 26. März auf Madrid vorrücken, treffen sie auf keinen Widerstand. Soldaten ergeben sich oder gehen einfach nach Hause. In den Häfen am Mittelmeer versuchen Abertausende Republikaner auf den wenigen Schiffen zu entkommen.

Am 1. April 1939 erklärt Generalissimo Franco den Bürgerkrieg für beendet.

Zwei Jahre und acht Monate hat die Republik dem Faschismus getrotzt. Zwischen 200 000 und 500 000 Menschenleben hat der Konflikt gekostet (die Zahlen klaffen so weit auseinander, weil viele Opfer anonym in Massengräbern verscharrt wurden, die Nationalisten nach ihrem Sieg nur die eigenen Toten ehren werden und weil auch nach Francos Tod eine Amnestie die weitere Aufklärung behindern wird). Das Land liegt in Trümmern, Städte sind zu Ruinen zerbombt, Schienen, Straßen, Häfen, Stromleitungen zerstört. Die Wirtschaft ist am Boden, die Goldreserven sind aufgebraucht, Felder liegen brach. In Madrid wird ein Kilogramm Mehl auf dem Schwarzmarkt für das Zehnfache des offiziellen Preises gehandelt.

Jetzt endlich bekennen Politiker wie Winston Churchill in England und Franklin D. Roosevelt in den USA, dass die „Nichteinmischung“ in den spanischen Krieg ein schwerer Fehler war. Das europäische Gleichgewicht hat sich zugunsten der Achsenmächte Italien und Deutschland verschoben. Vor allem für die Nationalsozialisten bedeutete der Konflikt auch noch den idealen Test für neue Taktiken wie Flächenbombardements aus der Luft.

Am 19. Mai feiert das Regime mit einer gigantischen Parade in Madrid den Sieg. 120 000 Soldaten marschieren an Franco vorbei, der in Generalsuniform auf einer großen Tribüne steht. Panzer und Artillerie fahren auf, oben am Himmel formieren Flugzeuge die Buchstaben „V“ und „F“ – für „Viva Franco“.

Nachdem sie ihren Triumph ausgekostet haben, machen sich die Nationalisten daran, ihren Rachefeldzug vorzubereiten. Der Krieg mag beendet sein, das Töten ist es lange nicht (siehe Seite 130). Ein katalanischer Bischof fordert ein Skalpell, um „den Eiter aus Spaniens Eingeweiden zu entfernen“.

Im Oktober 1940 erscheint der Roman, den Hemingway geschrieben hat, während die Republik dem Untergang entgegentaumelte. „Wem die Stunde schlägt“ spielt vor dem Panorama des Bürgerkriegs und wird ein riesiger Erfolg. Vielleicht ist es die räumliche und zeitliche Entfernung, vielleicht die Rückkehr vom Journalismus in die Literatur: Jedenfalls blickt Hemingway in dem Buch nicht mehr naiv und einseitig auf die Ereignisse. Beschreibt nun auch den Terror des Sowjetgeheimdienstes gegen den Feind in den eigenen Reihen, die Fehler der republikanischen Militärs, sogar ein Massaker an den faschistischen Anführern einer Stadt in den Bergen, das auf einem realen Vorfall beruht. Wenig überraschend schäumen die kommunistischen Kritiker vor Wut und nennen den Autor prinzipienlos.

Hemingway und Gellhorn, die ihr ganzes weiteres Leben als Reporterin arbeiten wird, heiraten zweieinhalb Wochen nach Hemingways Scheidung 1940 in Wyoming – Kriegsfotograf Robert Capa macht die Hochzeitsfotos. Fünf Jahre später lassen sie sich wieder scheiden. Hemingway stirbt 1961, Gellhorn 1998, beide von eigener Hand.

Über den Schriftsteller hat Martha Gellhorn nach der Trennung selten gesprochen, und wenn, dann meistens schlecht. Doch im Spanischen Bürgerkrieg sei das Beste in ihm zum Vorschein gekommen, an die Republik habe Hemingway wirklich geglaubt. „Ich denke, es war das einzige Mal in seinem Leben, dass er nicht die wichtigste Sache der Welt war.“ ◊

LITERATURTIPPS

GILBERT H. MULLER
»Hemingway and the Spanish Civil War – The Distant Sound of Battle«
Präzise Schilderung von Hemingways Zeit als Spanien-Korrespondent (Palgrave Macmillan).

PAUL PRESTON
»We Saw Spain Die – Foreign Correspondents in the Spanish Civil War«
Packende Studie über die Kriegsreporter im Bürgerkrieg (Constable).

Lesen Sie auch **»Hundert Jahre Einsamkeit«** (aus GEO*EPOCHE* Nr. 71) über Gabriel García Márquez und seine Schilderungen der bewaffneten Konflikte in Kolumbien auf *www.geo-epoche.de*

IN KÜRZE

Über den Spanischen Bürgerkrieg berichten Reporter und Intellektuelle aus aller Welt, darunter Schriftsteller wie Ernest Hemingway und George Orwell. Viele von ihnen sympathisieren mit den Republikanern, manche sammeln sogar Spenden oder lobbyieren in ihren Heimatländern für die spanische Linke. Doch die große mediale Unterstützung verhindert nicht, dass die rechtsgerichteten Rebellen die Oberhand gewinnen – und im Frühjahr 1939 Franco als Sieger in Madrid einzieht.

1943

Neus Català

MEHRERE JAHRE unterstützt Neus Català – wie viele spanische Exilanten – die Résistance in Frankreich, plant etwa Sabotageakte mit. Als die Deutschen sie ergreifen, wird sie Anfang 1944 ins Konzentrationslager Ravensbrück deportiert

WIDERSTAND FERN DER HEIMAT

Nach dem Sieg Francos flieht die Katalanin Neus Català nach Südfrankreich – und nimmt dort erneut den Kampf gegen den Faschismus auf: Sie wird zu einer wichtigen Streiterin gegen die deutschen Besatzer

TEXT: *Svenja Muche*

Neus Català will nur eines: Waffen. Doch der Mann, mit dem sie vermutlich 1943 irgendwo in der französischen Dordogne verhandelt, bietet ihr Tabak, Seife, Schokolade an. Er wacht über das Lager einer Guerillagruppe, und Waffen sind kostbar. Doch Català, ebenfalls im Widerstand, ringt dem Fremden schließlich ein Gewehr ab: das erste Maschinengewehr ihrer Truppe.

Das sie nun durch gefährliches Territorium schmuggeln muss. Denn Truppen des deutschen Diktators Adolf Hitler sind in Frankreich einmarschiert, und die von Berlin geduldete französische Regierung arbeitet eng mit den Besatzern zusammen. Hunderttausende spanischer Republikaner haben nach Francos Sieg in Frankreich Zuflucht gesucht. Im Exil kämpfen viele von ihnen nun erneut für die Freiheit, sehen sich als Teil eines internationalen Ringens gegen den Faschismus – und die vielleicht bekannteste Frau unter jenen Streitern ist Neus Català.

1915 als Tochter eines Bauern in Katalonien geboren, lässt sie sich während des Spanischen Bürgerkrieges zur Krankenschwester ausbilden, um verwundeten Soldaten der Republik zu helfen. Sie ist Mitglied der kommunistischen Partei Kataloniens, fährt mit ihren Kameraden umher, um auf Marktplätzen gegen den Faschismus zu wettern. Als Francos Truppen Anfang 1939 Katalonien einnehmen, leitet sie dort ein Heim für geflüchtete Kinder. Mit ihren 182 Schützlingen flieht sie im eisigen Winter über die französische Grenze.

Rund eine halbe Million Spanier drängen von Januar bis März 1939 aus Furcht vor Francos Truppen über Frankreichs Südgrenze. Dort werden sie oft feindselig empfangen: Viele konservative Franzosen sehen in den Fremden gefährliche Anarchisten und Kommunisten. Die französische Obrigkeit sperrt vor allem Männer, aber auch Frauen und Kinder unter elenden Bedingungen in Lager. Wer dort nicht bleiben will, muss sich entscheiden: Rückreise nach Spanien, Weiterreise in ein Drittland oder, für die Männer, Arbeits- oder Militärdienst. Català hat Glück, vielleicht weil sie mit so vielen Kindern reist, entgeht sie den Lagern.

Sie zieht in die Dordogne im Südwesten Frankreichs – und muss dort miterleben, wie die französische Republik im Juni 1940 vor Hitlerdeutschland kapituliert. Dem Widerstand gegen die Besatzer, der sich in verschiedenen Gruppen der Résistance organisiert, schließen sich etwa 10 000 spanische Exilanten an. Neus Catalàs Haus wird zu einem Knotenpunkt der Aktivisten, sie organisiert die Unterbringung von Widerstandskämpfern, besorgt Waffen und gefälschte Papiere, plant sogar Sabotageaktionen mit. Und sie übernimmt Kurierdienste. Die geheimen Botschaften verbirgt Català etwa in ihren Lockenwicklern. Bei Kontrollen muss sie die Nerven behalten, Menschenleben hängen davon ab, auch ihr eigenes.

Mit großer Verantwortung verbunden sind auch die Verhöre potenzieller Rekruten, die Català zusammen mit ihrem französischen Partner führt, den sie 1942 heiratet. Einmal sind die beiden nicht da, als ein Neuer sich bewirbt. Er entpuppt sich als Spitzel: Am 11. November 1943 werden die Widerstandskämpferin, ihr Mann und drei Mitstreiter verhaftet.

Eine Odyssee durch Gefängnisse, Deportationslager und ein Konzentrationslager beginnt, die im heutigen Tschechien endet. Dort muss Català in einer Fabrik Munition herstellen. Und setzt ihren Kampf fort: Mit anderen Zwangsarbeiterinnen und gedeckt von ihren Vorgesetzten verunreinigt sie – wie sie später schreibt – das Pulver und macht so rund zehn Millionen Schuss unbrauchbar.

Am 5. Mai 1945, drei Tage bevor die vollständige Kapitulation des Deutschen Reichs in Kraft tritt, befreien tschechische und polnische Partisanen die Frauen. Da ist Neus Catalàs Mann bereits in Gefangenschaft gestorben.

Wie viele ihrer Landsleute hat sie im Kampf gegen den deutschen Faschismus hohe Opfer gebracht. Doch die Hoffnung auf einen Niedergang der faschistischen Herrschaft auch in Spanien erfüllt sich nicht. Die westlichen Sieger des Krieges sehen in der kommunistischen Sowjetunion den gefährlicheren Gegner und arrangieren sich mit Francos Regime.

Neus Català geht zurück nach Frankreich, leitet dort unter anderem die Zeitung der „Union antifaschistischer spanischer Frauen“ – und erlebt nach Francos Tod im November 1975 schließlich doch noch die Rückkehr ihrer Heimat zur Demokratie. Sie zieht wieder nach Katalonien, stirbt dort 2019 im Alter von 103 Jahren.

„Ich war immer an der Seite derer“, schreibt sie einmal, „die sich nach Gerechtigkeit und Freiheit sehnten.“ ◊

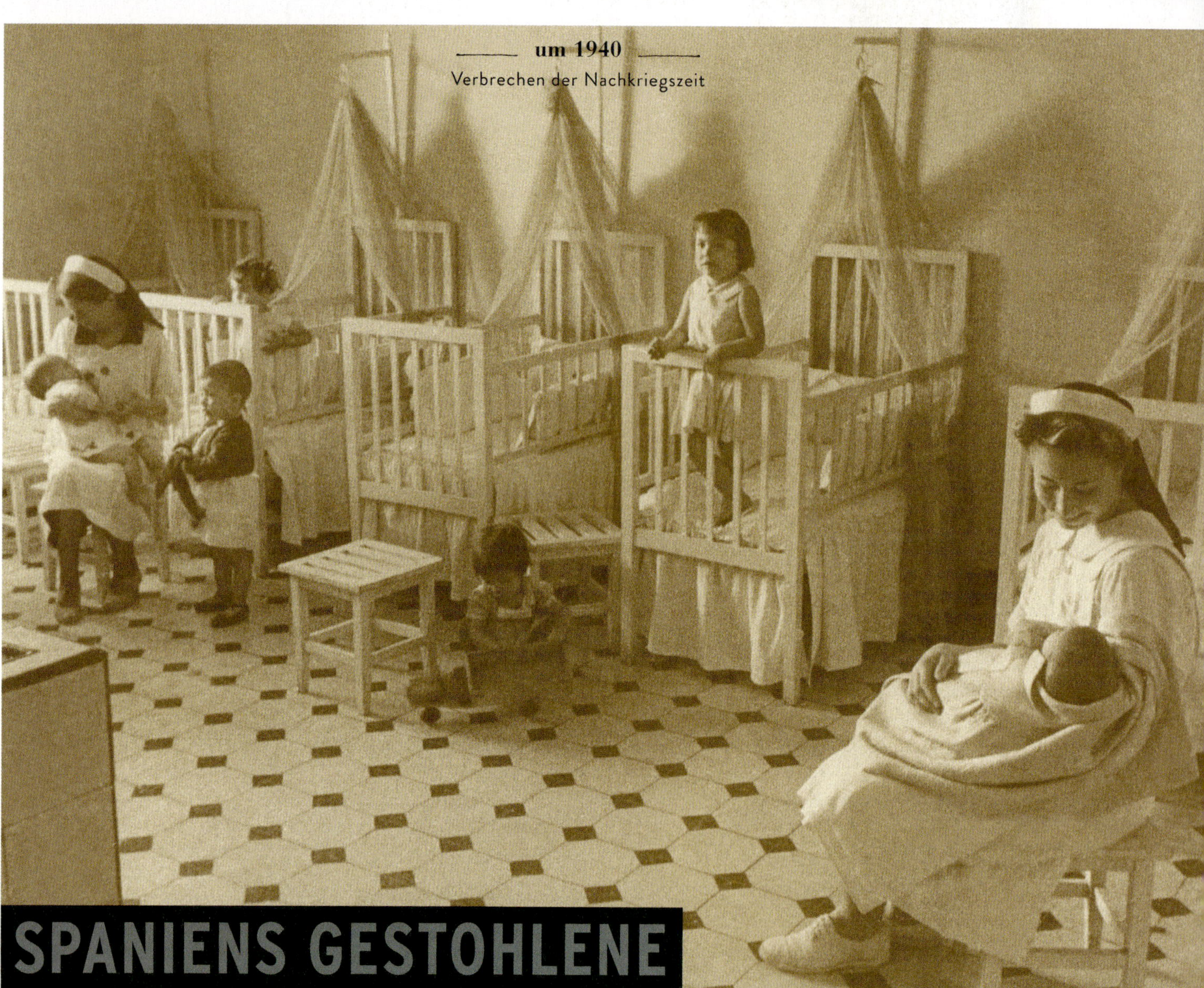

SPANIENS GESTOHLENE KINDER

Nach seinem Sieg im Bürgerkrieg will Francisco Franco alle verbliebenen widerständigen Kräfte in Spanien vernichten – und straft dabei vor allem die Wehrlosen: Junge Mütter lässt der Diktator in Foltergefängnissen verschwinden – und Zehntausende Kinder für immer von ihren Familien trennen

BESCHAULICH WIRKEN auf Fotos wie diesem Bild aus den 1940er Jahren die Kinderheime des Auxilio Social (»Sozialhilfe«), einer Organisation der faschistischen Bewegung. Doch ehemalige Bewohner berichten von Hunger, Schikanen und harten Strafen

TEXT: *Alexandra Gittermann*

Das Warten nimmt für Emilia Girón kein Ende. Es beginnt im Jahr 1942 in einem kargen Zimmer eines Krankenhauses in Salamanca, wo sie gerade einen Sohn zur Welt gebracht hat. Gleich nach der Geburt hat eine Schwester den Säugling mit sich genommen, um ihn taufen zu lassen. Darüber wundert sich Emilia Girón nicht, denn es ist in Spanien üblich, dass Kinder so schnell wie möglich in den Kreis der Christenheit aufgenommen werden. Der Krieg ist erst seit drei Jahren vorbei, und zu viele sterben in dieser schweren Zeit, in der es an allem mangelt, schon kurz nachdem sie auf die Welt gekommen sind.

Doch die Geburt ist gut verlaufen, der Junge scheint kerngesund. Beinahe ein Wunder, wenn man bedenkt, was Emilia hinter sich hat. Weil einer ihrer Brüder sich in die Berge geschlagen hat und trotz der Niederlage der Republik weiter gegen Franco kämpft, hat man sie und viele ihrer Familienangehörigen wieder und wieder verhört, gefoltert, brutal zusammengeschlagen, um aus ihnen herauszupressen, wo der Guerillero sich aufhält. Weil sie ihn dennoch nicht verraten haben, hat man die Familie noch mehr gepeinigt, sie auseinandergerissen, ihre Mitglieder an unterschiedliche Orte verbannt.

Emilia Girón lebt daraufhin in Salamanca, allein mit ihrem ersten Sohn Antonio, der zwei Jahre alt ist. Sie schlafen in einer Scheune, und Emilia muss betteln gehen, um sich und Antonio zu ernähren. Aber trotz ihrer Not freut sich die etwa 30-Jährige über ihren zweiten Sohn so sehr wie über den ersten. Jesús will sie ihn nennen.

Im Krankenhaus von Salamanca, kurz nach der Geburt von Jesús, kommt die Schwester nicht zurück. So lange kann die Taufe doch nicht dauern. Emilia fragt nach. Die Antwort muss sie treffen wie ein Schlag: Ihrem Sohn geht es nicht gut, sagt man ihr. Sehen darf sie ihn nicht.

Emilia ist eine einfache Frau, sie kann nicht lesen und schreiben. Zu protestieren wagt sie nicht. Zumal sie nach allem, was sie erlitten hat, weiß, dass sie als Schwester eines Widerstandskämpfers keine Ansprüche zu stellen hat. Sie fragt wieder nach und wieder, zunehmend flehend. Aber man sagt ihr nur, dass Jesús noch im Krankenhaus sei. Es ist das Letzte, was Emilia Girón über ihren Sohn hört.

Die Willkür, die Gewalt, die ihre Familie durchleiden muss, ist für viele Spanier in der Zeit nach dem Bürgerkrieg grausamer Alltag. Zwar schweigen seit dem 1. April 1939 offiziell die Waffen. Doch für etliche Verteidiger der Republik und ihre Angehörigen beginnt mit dem Sieg der Nationalisten um Franco der wahre Albtraum erst.

Bereits vor Kriegsende hat Franco deutlich gemacht, dass der militärische Triumph für ihn nur ein Etappenziel ist. Schon am darauffolgenden Tag, so teilt er einem Journalisten Ende 1938 mit, werde er den Kampf gegen seine Feinde mit anderen

ALS KIND war Vicenta Flores, die eigentlich Álvarez hieß, vom Regime umbenannt und zur Adoption freigegeben worden. Erst nach jahrzehntelanger Suche erfährt sie, wie ihr Vater umkam. Auf dem Bild hält sie seine Sterbeurkunde in den Händen

Mitteln fortsetzen. Dann gelte es zu verhindern, dass „politisch und moralisch schädliche, pervertierte und vergiftete Elemente" das Land zersetzen; deren „Wiedereingliederung in die Gemeinschaft der Spanier" könne den mühsam errungenen Sieg jederzeit wieder gefährden.

So fliehen Hunderttausende ins Ausland, als Francos Triumph sich immer klarer abzeichnet, aber viele schaffen es nicht: Versprengte Soldaten der sich auflösenden republikanischen Truppen, Familien mit Kindern, die sich in letzter Minute auf den Weg an die Grenzen machen, linke Politiker aller Ebenen – wer den Nationalisten in die Hände fällt, wird in überfüllte Gefängnisse und, da diese für die stetig anwachsende Zahl an Gefangenen nicht ausreichen, bald auch in Konzentrationslager gesteckt.

Zigtausende urteilen die franquistischen Militärgerichte in Massenprozessen ab und lassen unzählige davon hinrichten. Zahllose andere fallen Krankheiten zum Opfer, die durch die katastrophalen Bedingungen in den Kerkern und Lagern grassieren, sterben an Unterernährung, an den Folgen der Folter.

Wer den Todesurteilen und den Seuchen entgeht, verbüßt oft langjährige Haftstrafen. Die Sieger führen ein System der Zwangsarbeit ein, das sie „Erlösung durch Arbeit" nennen. Zehntausende Lagerinsassen sühnen in den folgenden Jahren ihre Schuld, so will es der offizielle Sprachgebrauch, indem sie Straßen, Eisenbahnlinien und Kanäle bauen, in Minen oder für regimetreue Unternehmer schuften – gegen einen geringen oder, wenn sie für den Staat arbeiten, oft auch gar keinen Lohn, dafür aber mitunter für eine Verkürzung ihrer Haft, was die Nationalisten als Großherzigkeit ihrerseits darstellen.

Etwa 20 000 der Zwangsarbeiter wirken an einem ganz besonderen Projekt mit: 1940 gibt Franco zur Erinnerung an seinen Sieg den Bau eines gewaltigen Mahnmals in Auftrag, in dem er einmal beerdigt werden wird. Nordwestlich von Madrid treiben Kriegsgefangene in jahrzehntelanger Arbeit einen der längsten Kirchenräume der Christenheit in den Felsen. In seiner goldenen Kuppel lässt ein Mosaik die Gefallenen des Bürgerkrieges bildlich in den Himmel aufsteigen – sofern sie auf der Seite der Nationalisten gekämpft haben. Überragt wird die Basilika von einem 150 Meter hohen Kreuz. Ein gigantisches Monument für die Sieger, errichtet von den Verlierern. Viele von ihnen büßen dabei ihre Gesundheit ein oder sogar ihr Leben.

Familien, die einen republikanischen Kämpfer in ihrer Mitte haben, ziehen die Nationalisten oft in Gänze zur Verantwortung. Alle Angehörigen müssen dann für die „Schuld" des einen bezahlen. Hunderttausende Unbeteiligte sind so betroffen, eine von ihnen: Emilia Girón.

Die Tochter armer Tagelöhner aus einem Dorf in der Provinz León im Nordwesten Spaniens zerrt man, nur eine Stunde nachdem sie 1940 ihren ersten Sohn geboren hat, durch zwei Polizeistationen. Während ihr noch das Blut die Beine hinabfließt, zwingt man sie, zwei tote Guerilleros anzusehen, fragt sie, ob einer der beiden ihr Bruder sei. Nachdem sie verneint,

EINE PFLEGERIN bringt vier Geschwister in eine Einrichtung des Auxilio Social. Einmal in einem Heim untergebracht, gelangen Kinder wie sie oft nicht mehr zu ihren Verwandten zurück

IM FRAUENGEFÄNGNIS von Las Ventas in Madrid knien Insassinnen während der Fronleichnamsprozession 1939. In Anstalten wie dieser werden Frauen von Francos Schergen gefoltert, manche auch ermordet

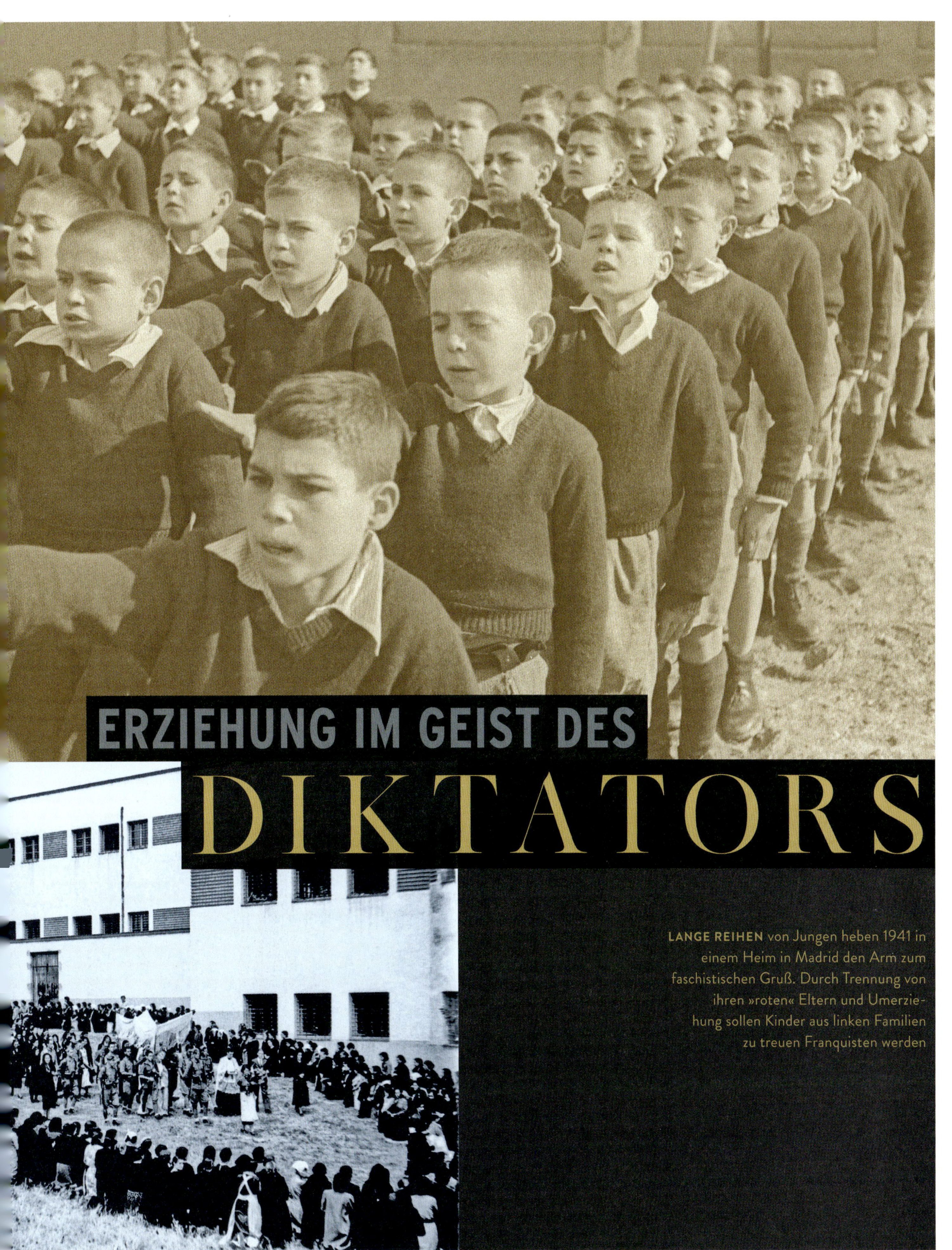

ERZIEHUNG IM GEIST DES DIKTATORS

LANGE REIHEN von Jungen heben 1941 in einem Heim in Madrid den Arm zum faschistischen Gruß. Durch Trennung von ihren »roten« Eltern und Umerziehung sollen Kinder aus linken Familien zu treuen Franquisten werden

EIN ARZT
IM RASSENWAHN

IN UNIFORM marschieren Jungen vor einer neu eröffneten Kinderkantine der Wohlfahrtsorganisation des Regimes vorbei. Die Erziehung in den Einrichtungen ist militärisch geprägt

DER VON FRANCO protegierte Psychiater Antonio Vallejo-Nágera ist überzeugt, dass ein »rotes Gen« existiert. Um die vermeintliche Erbanlage zu unterdrücken, müsse der Staat Kinder linksgerichteter Eltern von diesen separieren

schlägt man sie so brutal zusammen, dass ihr Rücken für immer geschädigt bleibt. Weil sie und ihre Verwandten das Versteck ihres Bruders trotz allem nie preisgeben (ob sie es überhaupt kennen, ist bis heute unklar), nimmt ihnen die Regierung alles, was sie haben. Stück für Stück, bis nichts mehr übrig ist.

Wenn die geschundenen Mitglieder der Familie Girón nach Hause kommen, gibt es höchstens ein paar Kartoffeln, die ihnen Nachbarn heimlich zustecken. Doch meist haben die auch nichts mehr zu teilen. Denn Lebensmittel sind knapp in Spanien, vor allem wegen einer fehlgeleiteten Agrarpolitik des Regimes. Viele leiden Hunger. Mehr als 200 000 Menschen, so schätzt man, erliegen in den Nachkriegsjahren dem Mangel.

Viele Spanier darben, auch weil es zur gängigen Taktik der Nationalisten gehört, in Gegenden, in denen Guerilleros noch Widerstand leisten, „die Roten auszuhungern". Für die Ehefrauen, Mütter oder Schwestern der Widerstandskämpfer bedeutet das vor allem, dass ihnen niemand Arbeit geben darf; so will man ihnen jede Möglichkeit nehmen, sich und ihre Familie zu ernähren. Oder man sperrt sie gleich ein. All dies, um die Kämpfer zum Aufgeben zu bewegen.

In den berüchtigten Frauengefängnissen, in denen die Gepeinigten landen, sind die Insassinnen geradezu unmenschlicher Gewalt ausgesetzt. Im Lauf des Krieges und in der Zeit danach werden so viele Frauen verhaftet – gleich ob sie selbst oder ihre Angehörigen sich gegen die Franquisten aufgelehnt haben –, dass Klöster, Festungen und andere Gebäude in aller Eile zu Haftanstalten umfunktioniert werden. Etwa 30 000 Frauen sitzen im Jahr 1940 in Francos Kerkern.

Das Frauengefängnis von Las Ventas in Madrid etwa ist auf 500 Insassinnen ausgelegt. In der Zeit nach dem Bürgerkrieg pfercht man dort etliche Tausend zusammen. 15 Frauen teilen sich mitunter eine Zelle, die für zwei gedacht ist. Geschlafen wird dicht gedrängt auf dem Fußboden. Zu essen gibt es wenig und nur einmal am Tag. In Waschräumen und Toiletten mancher Einrichtungen ist das Wasser abgedreht. In den Zellen stinkt es erbärmlich.

Doch noch schlimmer wird es, wenn die Insassinnen in die Verhörräume geführt werden. Folter und Vergewaltigungen, Schläge, Elektroschocks an Genitalien, Brustwarzen und Ohren – so versucht man, den Willen der Frauen zu brechen und sie dazu zu bewegen, Mitstreiter und Angehörige zu verraten.

Im Morgengrauen hören die Eingepferchten oft die Gewehrsalven, mit denen zum Tode verurteilte Frauen hingerichtet werden. Und danach die einzelnen Schüsse, mit denen der Anführer des Exekutionskommandos den Tod der Betroffenen sicherstellt. Mehr als 40 zählt eine Gefangene in Las Ventas an einem Morgen.

Inmitten dieses Grauens leiden auch Kinder, vor allem sehr kleine. Denn viele Frauen haben keine Wahl, als ihre Jungen und Mädchen mit in die Haft zu nehmen (und die Behörden lassen es zu). Angehörige, die sich der Kleinen annehmen könnten, sind in vielen Fällen durch den Krieg versprengt, sitzen selbst im Gefängnis oder sind tot.

So wartet auf die Kinder ein beispielloses Martyrium: Die hygienischen Zustände und die Unterernährung in den Gefängnissen fordern gerade unter den Kleinsten die meisten Opfer. Jeden Morgen, so erinnert sich eine Insassin, findet man zwischen den Frauen am Boden mehrere tote Kinder. Andere müssen mitansehen, wie ihre Mütter gefoltert werden. Oder werden selbst zu Opfern der Gewalt. Einmal nimmt ein Wärter einen kleinen Jungen an den Füßen und zertrümmert seinen Kopf an der Wand. Gleiches geschieht mit einem Jungen, als dessen Mutter von der Polizei verhaftet wird. Sein Vergehen: Seine Eltern hatten ihm den Vornamen Lenin gegeben.

Und zu dem Schmerz vieler Frauen angesichts von Brutalität, Hunger und Krankheiten, die die Kinder treffen, kommt die Angst, dass man ihnen den Nachwuchs ganz nimmt. Denn die Frauen in den Gefängnissen sind ideale Opfer für den Raub von Kindern, wie ihn auch Emilia Girón erleben muss. Vor allem trifft es die Mädchen und Jungen jener, die zum Tode verurteilt sind. Meistens – nicht immer – lassen die Schergen schwangere Frauen noch gebären, ehe sie sie innerhalb weniger Stunden hinrichten. Ein Geistlicher, der die Todeskandidatinnen in einem Gefängnis von Saragossa bis zum Ende begleitet, hält in seinem Tagebuch fest, was er nicht offen kritisieren darf: die verzweifelten Schreie der Frauen, denen ihre Kinder mit Gewalt aus den Armen gerissen werden, bevor sie, die bis zuletzt nach ihren Söhnen und Töchtern rufen, dem Erschießungskommando zugeführt werden.

Am 30. März 1940 erlässt das Justizministerium eine Verordnung, dass alle Kinder, die mindestens drei Jahre alt sind, aus den Gefängnissen geholt werden sollen. Wenn es keine Angehörigen gibt, die sie versorgen können, werden sie den Behörden übergeben. Das eigentliche Ziel: die Kinder dem schädlichen Einfluss ihrer „roten" Familien zu entziehen und sie zu Anhängern des Regimes zu machen.

Züge und Busse voller Kinder durchqueren von da an das Land. In den meisten Fällen endet ihre Reise in einem kirchlichen oder staatlichen Heim, oft auch in den Einrichtungen der Wohlfahrtsorganisation „Auxilio Social", die der faschistischen Bewegung Falange untersteht. Diese „Sozialhilfe" errichtet in den von den Putschisten eroberten Gebieten schon seit 1937 Armenküchen und Hilfsstationen für Bedürftige. Sie schreibt sich zudem die mildtätige Sorge um diejenigen Kinder auf die Fahnen, deren Eltern an der Front kämpfen, im Gefängnis sitzen oder hingerichtet worden sind. Ob Freund oder Feind spielt dabei vorgeblich keine Rolle.

Die Zeitungen berichten mit idyllischen Fotos aus den Kinderheimen des Auxilio Social, zeigen saubere Schlafsäle, weiß gekleidete Jungen und Mädchen, wohltätige Damen, die Geschenke überreichen. Ehemalige Insassen aber, vor allem Kinder von Republikanern, schildern Hunger, Erniedrigungen und harte Strafen für geringste Vergehen. Und Umerziehungsmaßnahmen. Gottesdienste, Religionsunterricht, aber auch das gemeinsame Singen faschistischer Hymnen gehören zum Alltag. Ein Betroffener erinnert sich später, wie er in einer Uniform der Faschisten und mit einer Fackel in der Hand durch die Straßen marschierte, während sein Vater zum Tode verurteilt im Gefängnis saß. „Sie haben mich gelehrt, gegen meinen Vater zu sein, gegen die Demokratie." Und: „Sie haben mir das Leben geraubt, das ich hätte führen sollen."

Hinter Kindsraub und Umerziehung steckt nicht zuletzt eine perfide Rassenlehre, erdacht vom Psychiater Antonio Vallejo-Nágera. Ab 1938 führt er mit ausdrücklicher Unterstützung von Franco persönlich, der ihn dafür mit üppigen Mitteln aus dem Militäretat ausstattet, psychologische Versuche an männlichen wie weiblichen Lager- und Gefängnisinsassen durch. Vallejo-Nágera sucht nach den „biopsychischen Wurzeln" des Marxismus, er glaubt an die Existenz eines „roten Gens", das die „Marxisten", wie er alle Gegner nennt, von denjenigen unterscheide, die für ihn die wahre spanische Rasse verkörpern. Die Reinheit dieser Rasse, so der Psychiater, gelte es wiederherzustellen.

Dabei sind für ihn weder „Gen" noch „Rasse" biologische Kategorien, sondern von gesellschaftlichen Umständen bestimmt. Die Eigenschaften der spanischen Rasse wurden nach seiner Theorie in jener Zeit geprägt, als die ritterliche Aristokratie Spaniens unter dem Banner des Glaubens ein Weltreich erschuf. Katholizismus, militärische Disziplin sowie eine stramm hierarchisch gegliederte Gesellschaftsordnung machen für Vallejo-Nágera das Wesen dieses „Spaniertums" aus.

In den vergangenen Jahrhunderten aber wäre die spanische Gesellschaft nach und nach verweichlicht, so der Mediziner, hätte sich zugleich immer mehr schädlichen Einflüssen aus dem Ausland geöffnet. Atheismus, Entmilitarisierung, eine geradezu unerträgliche demokratische Gleichmacherei und schließlich der Marxismus hätten sich so im Land breitgemacht und es von innen zersetzt.

Die Schlüsse, die Vallejo-Nágera aus Vermessungen von Schädel und Körper, Befragungen sowie psychologischen Experimenten an den Häftlingen zieht, bestätigen nur, was er längst in früheren Schriften ausgearbeitet hat: die vom „demokratisch-kommunistischen Fanatismus" Betroffenen seien nichts als psychisch labile, degenerierte Subjekte, die Spanien weiter in den Abgrund führten, wenn man sie nicht ausmerze oder zumindest vom Rest der Gesellschaft isoliere. Für viele von ihnen sei aber nicht alle Hoffnung verloren, denn das „rote Gen" könne offenbar durch die richtigen Methoden unterdrückt werden. Vor allem gelte dies bei Kindern.

Unter Franco darf Vallejo-Nágera Mediziner für den Gefängnisdienst ausbilden. Seine Frau ist mit Francos Frau befreundet, er selbst mit einem namhaften Kollegen und Mitglied der Falange, der als Fachberater des Auxilio Social tätig ist. Einer Organisation, die in Francos Augen einen wichtigen Beitrag zur „Erlösung" der Roten von ihren Irrtümern leistet.

Die der Welt des Glaubens entlehnte Sprache ist dabei kein Zufall. Nach den Versuchen der Republik, die jahrhundertealte Vormachtstellung der katholischen Kirche zu brechen, spätestens aber nach den Ausschreitungen gegen Geistliche im Krieg, beeilt sich die katholische Führung, die Aufständischen zu Rettern des Glaubens zu stilisieren. Den Putsch und den anschließenden Krieg gegen die Republik heben die Kirchenmänner zum heiligen Kreuzzug empor, Franco als siegreichen Anführer zum Werkzeug der göttlichen Vorsehung, dem selbst Papst Pius XII. seinen Segen erteilt.

Ab 1939 wird die katholische Kirche zur willigen Vollstreckerin der neuen Regierung. Auch beim Raub und der Umerziehung der Kinder. So betreiben Nonnen die Frauengefängnisse, in denen Mütter und Kinder Grauenvolles erleben. Nonnen arbeiten in Krankenhäusern, in Entbindungsanstalten und Waisenhäusern, in kirchlichen Kinderheimen und ebenso in denen des Auxilio Social. Kurz: Die Kirche ist überall da, wo sich hilflose Frauen und Kinder befinden.

Nicht alle Eltern verlieren ihre Sprösslinge aus den Augen, sobald die in solche Einrichtungen gelangt sind – und doch werden vielen ihre Kinder auf andere Weise entrissen: Eben indem man sie systematisch zu lehren versucht, ihre Eltern und deren Weltanschauung zu hassen. In den Heimen zwingt man sie, „die Lieder der Mörder ihres Vaters zu singen; die Uniformen derjenigen zu tragen, die ihn hingerichtet hatten, die Toten zu verfluchen und ihr Andenken zu schmähen", wie eine ehemalige Gefangene bereits 1939 erzählt. Ein weiterer Weg, gerade Töchter (die fast immer unter kirchliche Aufsicht kom-

ZÖGLINGE einer Einrichtung in Madrid am Tag ihrer Erstkommunion: Die Kirche ist eine wichtige Säule von Francos »Neuem Spanien«, Nonnen und Geistliche sind auch in den Heimen des Auxilio Social tätig

DIE GATTIN des *Caudillo* (mit Blumenstrauß) besucht gemeinsam mit ihrer Tochter Carmen Franco y Polo (r. von ihrer Mutter) die Einweihung eines Kinderheims. Mit solchen Auftritten will die Herrscherfamilie Fürsorglichkeit demonstrieren

men) von ihren Eltern zu entfremden, besteht darin, dass die Erzieher und Erzieherinnen sie davon überzeugen, in einen Orden einzutreten und selbst Nonne zu werden.

Wer sein Kind nach Hause holen möchte, muss womöglich entsetzt feststellen, dass er es nicht wiederbekommt. Ein Erlass des Innenministeriums aus dem November 1940 besagt, dass Kinder, deren Eltern und sonstige Angehörige nicht bekannt, nicht greifbar oder nicht in der Lage sind, sich um sie kümmern, bei Menschen in Obhut gegeben werden können, die in „religiöser, ethischer und nationaler" Hinsicht einen einwandfreien Ruf genießen. Für „Rote" ein klares Ausschlusskriterium.

Überdies erschweren die Behörden es Familien, deren Kinder in Einrichtungen untergebracht sind, oft erheblich, den Kontakt zu halten. Viele werden verlegt von Heim zu Heim, von Provinz zu Provinz. Im Dezember 1941 erlaubt die Regierung schließlich per Gesetz, diejenigen Kinder, die selbst nicht wissen, wie sie heißen, und deren Eltern als unauffindbar gelten, unter neuem Namen ins Personenstandsregister einzutragen. Spätestens dadurch werden sie für ihre Familien unauffindbar.

Oft bietet man sie regimetreuen Paaren zur Adoption an. Kinder wie Vicenta Álvarez, deren Mutter schon bei ihrer Geburt gestorben war und deren Vater als Offizier der republikanischen Armee gedient hat. 1940, als Vicenta fünf Jahre alt ist und ihr Vater um sein Leben fürchten muss, steckt eine Freundin sie in einen Zug voller anderer Kinder. Ohne zu verstehen, was mit ihr geschieht, findet sich das Mädchen wenige Tage später in einem katholischen Waisenhaus in Madrid wieder. Als sie bei der Ankunft sagt, wie sie heißt, geben ihr die Nonnen zu ihrer Verwunderung den neuen Nachnamen Flores.

Immer wieder wird sie in den folgenden Jahren in das Büro der Leitung gerufen, wo angeblich ihre Eltern auf sie warten. Doch trifft sie dort immer nur auf fremde Ehepaare, die sie unangenehm lange betrachten. Meist schickt man sie dann zu den anderen zurück. Dreimal aber nimmt man sie mit. Und dreimal bringt man das enttäuschte Kind, das trotz allem stets versucht, seinen neuen Eltern zu gefallen, nach kurzer Zeit wieder zurück. Erst beim vierten Versuch bietet ihr ein Bauernpaar dauerhaft ein neues Zuhause. Das Rätsel um ihren Vater und ihren neuen Namen aber lässt Vicenta nicht mehr los.

Doch so groß das Leid der vielen Tausend betroffenen Eltern und Kinder auch ist: Solange Franco an der Macht ist, wagt kaum jemand, sich öffentlich gegen die Verbrechen seines Regimes zur Wehr zu setzen. Die Verlierer des Bürgerkrieges schweigen aus Angst vor Repressionen, betrauern ihre Toten heimlich, ihre Vermissten auch. Für die Anhänger der Republik wandelt sich Spanien zu einem einzigen großen Gefängnis.

Offene Kritik an Franco kommt fast nur von außen. Mit Sorge beobachten die Alliierten, wie der *Caudillo* sich im Zwei-

FAST 20 JAHRE LANG bauen Zwangsarbeiter nordwestlich von Madrid an einer gigantischen Gedenkstätte für die gefallenen Nationalisten. Nach seinem Tod 1975 wird Franco hier beigesetzt. Mönche zelebrieren jahrzehntelang Messen an seinem Grab

ten Weltkrieg de facto auf die Seite der Achsenmächte stellt, sogar Truppen an Hitlers Ostfront entsendet. Als sich dann die Niederlage des nationalsozialistischen Deutschland abzeichnet und Franco versucht, sich den Westmächten als Partner anzudienen, machen ihm der britische Premier Winston Churchill sowie US-Präsident Franklin D. Roosevelt deutlich, dass eine faschistische Diktatur in der von ihnen angestrebten Nachkriegsordnung unerwünscht ist.

Doch in dem Maße, wie sich nach 1945 die Fronten zwischen den westlichen Siegermächten und der Sowjetunion verhärten, wird Franco als strategischer Partner für die USA und ihre Verbündeten immer interessanter, zumal sie sich ab 1949 mit Maos Volksrepublik China einem weiteren kommunistischen Widersacher gegenübersehen. 1953 schließen die USA mit Franco einen Vertrag, der es ihnen erlaubt, mehrere Stützpunkte auf spanischem Boden zu errichten, die sie im Falle eines militärischen Konflikts als Brückenköpfe in Europa nutzen können. Im selben Jahr unterzeichnet Franco auch ein Konkordat mit dem Vatikan, das ihm weitreichende Befugnisse über die spanische Kirche einräumt.

Beide Verträge feiert seine Propaganda als große Triumphe. Freunde und Feinde im Innern wie auch das Ausland sollen sehen, dass er ein anerkannter Staatsmann ist. Mehr noch: dass er von Anfang an im Recht war mit seinem harten Vorgehen gegen die linke Bedrohung. Der „Wächter des Abendlandes", wie ihn eine Biografie aus jener Zeit nennt, befindet sich auf dem Höhepunkt seiner Macht.

Francos Erfolg, die Festigung seiner Diktatur bedeuten für seine Gegner fortwährendes Leid. Noch jahrzehntelang werden in Spanien Familien auseinandergerissen, Kinder geraubt. Wie viele es insgesamt sind, weiß niemand. Dokumente sind zerstört worden oder werden, vor allem im Fall der Kirche, bis heute unter Verschluss gehalten. Aber allein im Jahrzehnt nach dem Bürgerkrieg, so schätzt man heute, verschwinden mindestens 30 000 Kinder.

Nachdem sich die Gefängnisse im Lauf der 1940er und 1950er Jahre leeren und die Repression langsam nachlässt, wird aus dem brutalen Kinderraub ein nicht weniger düsterer internationaler Handel mit Neugeborenen. Nunmehr ohne den ideologischen Überbau als „Erneuerung der spanischen Rasse", sondern als lukratives Geschäft für Nonnen, Priester, Ärzte und Notare, die Müttern unter Drohungen und Lügen ihre Säuglinge nehmen, die Spuren zwischen Geburt und Adoption verwischen und dafür von kinderlosen Ehepaaren aus etlichen Staaten in Europa und Amerika entlohnt werden.

Nach wie vor trifft es vor allem junge Frauen aus einfachen Verhältnissen, bei denen die Täter, allesamt Autoritätspersonen, keinen Widerstand erwarten. Und meist wagen es die Opfer tatsächlich nicht, sich aufzulehnen. Denen legt man mitunter, die Grausamkeit kennt anscheinend keine Grenzen, die Leiche eines Säuglings in den Arm und behauptet, es sei ihr kurz nach der Geburt verstorbenes Kind – wobei die toten Babys eben erst aufgetaut und manchmal sogar viel zu groß für ein Neugeborenes sind.

Noch nach Francos Tod im Jahr 1975, bis weit in die 1980er Jahre hinein, bleibt Spanien bekannt als Markt für illegale Adoptionen. Die allermeisten der geraubten Kinder erfahren nie, wo ihre wirklichen Wurzeln liegen.

Vicenta Flores, die eigentlich Vicenta Álvarez hieß, wenigstens gelingt es schließlich, Licht in ihre Vergangenheit zu bringen. In den 1990er Jahren macht sie einen Waffenbruder ihres Vaters ausfindig, der sie zu dessen Grab führt. Sie erfährt, dass ihr Vater vielen bei der Flucht geholfen hat, anstatt sich selbst zu retten. Kurz nachdem sie in Madrid angekommen war, richtete man ihn in Valencia hin. Eine Erkenntnis, die sie schmerzt. Aber es ist die Wahrheit, zumindest das.

Für Emilia Girón kommt solch ein Moment der Wahrheit nie. Obwohl sie noch weitere Kinder bekommt, vergeht kein Tag, an dem sie nicht an ihren geraubten Sohn denkt. „Ich habe ihn neun Monate bei mir getragen und ihn zur Welt gebracht, und ich habe ihn nicht einmal kennengelernt", sagt sie kurz nach 2000 in einem Dokumentarfilm. „Diese Qual wird andauern, bis ich im Jenseits bin."

2007 stirbt sie im Alter von 95 Jahren, ohne je zu erfahren, was aus Jesús geworden ist. ◊

LITERATURTIPPS

MICHAEL RICHARDS
»A Time of Silence – Civil War and the Culture of Repression in Franco's Spain, 1936–1945«
Umfassende Schilderung der Repressionspolitik Francos (Cambridge University Press).

GERALD BRENAN
»The Face of Spain«
Reisebericht eines britischen Schriftstellers über Armut und Unterdrückung in Spanien Ende der 1940er Jahre (Serif).

Lesen Sie auch **»Verbrechen der Kirche: Orte von Scham und Schande«** (aus GEO*EPOCHE* Nr. 90) über Mütterheime und Zwangsadoptionen in Irland auf *www.geo-epoche.de*

IN KÜRZE

Das Ende des Bürgerkriegs bringt Spanien keinen Frieden. Franco geht mit massiver Repression gegen Anhänger der Republik vor. Hunderttausende werden in Massenprozessen zum Tode oder zu jahrelanger Haft verurteilt. Gestützt auf wirre Rassentheorien trennt das Regime Kinder von ihren Eltern, gibt sie zur Adoption frei. Viele erfahren nie oder erst Jahrzehnte später von ihrer wahren Herkunft.

Januar 1969

Franco-Diktatur

AUFB

RUCH UND AGONIE

Es gärt im Spanien der sechziger Jahre: Arbeiter und Studenten, Bürger und Intellektuelle sind unzufrieden, fordern bei Demonstrationen mehr Mitsprache und Demokratie. Doch der alternde Diktator Francisco Franco klammert sich an die Macht – und lässt seine Nachfolge offen

TOURISTEN WIE HIER auf Mallorca bringen nicht nur Geld nach Spanien, sondern auch einen neuen, freizügigeren Lebensstil. Staatschef Franco (hier um 1970) wirkt mehr und mehr wie aus der Zeit gefallen

DIE JURA-STUDENTIN Dolores »Lola« González Ruiz und ihre Freunde Enrique Ruano und Javier Sauquillo (rechts) gehören einer illegalen Sozialistengruppe an und organisieren Proteste gegen den Franco-Staat

TEXT: *Mathias Mesenhöller*

Madrid, 17. Januar 1969, in den frühen Morgenstunden. Zwei Studenten und eine Studentin betreten eine Bar bei der Plaza de Castilla. Sie sind müde, aufgekratzt. Lange Stunden haben sie wohl diskutiert, wie sich die spanischen Arbeiter für den Sozialismus gewinnen lassen; anschließend haben sie wahrscheinlich die Dunkelheit genutzt und Flugblätter ausgelegt.

Zwei der drei sind ein Paar: Enrique Ruano und Dolores González Ruiz, „Lola". Beide hübsch, er ein wenig jungenhaft, melancholisch. Sie genießen das Leben aus Romanze und Revolte, das Abenteuer – und sind doch oft verzweifelt angesichts des übermächtigen Staates. Für den Moment indes wollen sie wohl nur einen weiteren Freund treffen, zu viert zusammensitzen, plaudern. Entspannt ein Bier trinken.

Der gefährliche Teil der Nacht scheint vorüber. So mag es sie überraschen, als Polizisten in der Tür erscheinen und auf ihre kleine Gruppe zukommen. Die Beamten sprechen die jungen Leute an: Sie hätten illegale Propaganda verteilt. Enrique, Lola und die beiden anderen bestreiten es. Doch die Polizisten wollen sie beobachtet haben – sie müssten mitkommen aufs Revier. Zur Überprüfung ihrer Identität.

Vermutlich haben die Freunde Angst. Jeder weiß, dass in den Untersuchungszellen gefoltert wird, zuweilen gemordet. Aufspringen, weglaufen? Aussichtslos. Die vier fügen sich und gehen mit. Für zwei von ihnen beginnt damit eine Tragödie, die ihr Leben zerstört.

Ihr Geschick spiegelt das Drama eines ganzen Landes. Wie viele westliche Staaten erlebt auch Spanien Ende der 1960er Jahre Universitätsrevolten, Aufbruch und Kulturkampf. In Francisco Francos Reich aber trifft das Neue auf die lange, lähmende Dämmerung der Diktatur. Der alternde Herrscher klammert zäh an der Macht, an längst überholten Ideen – und verlässt sich im Zweifel auf jenes Mittel, dem er seit jeher am meisten vertraut: Gewalt.

Polizei und Armee zerschlagen Proteste, machen Jagd auf Oppositionelle. Umgekehrt werfen Aktivisten Steine und Molotowcocktails, verüben Regimegegner Anschläge.

Derweil ringen die Männer und Frauen an Francos „Hof", aus dem Machtapparat und der alten Königsdynastie, um Vorteile für den Tag, an dem der *Caudillo* stirbt. Nicht anders als die Jugend auf den Straßen kämpfen sie um ihre Zukunft. Um das Spanien nach Franco.

Die Unruhe an Spaniens Universitäten entspringt einem tieferen, umfassenden Wandel. Seit den späten 1950er Jahren lässt Franco in Behörden und Staatskonzernen neue Männer an die Spitze gelangen, von denen viele der katholischen Verbindung Opus Dei („Werk Gottes") angehören. Politisch konservativ, sind sie zugleich wirtschaftsliberale Reformer, die auf Wettbewerb, Integration in die Weltwirtschaft, Investitionen aus dem Ausland setzen. Mit Erfolg: Das Land erlebt einen rasanten Aufschwung. Die Industrie wächst, bald steigen auch die Einkommen. Immer mehr Familien fahren ein Auto, wohnen in einer Eigentumswohnung, haben darin Telefon, Kühlschrank, Staubsauger und andere Elektrogeräte.

Die Gesellschaft wird indes nicht nur reicher, sondern im selben Zug städtischer, freizügiger. Auch dank einer weiteren Öffnung gegenüber dem Ausland. Der nach dem Wegfall aufwendiger Grenzkontrollen und lästiger Reisebeschränkungen boomende Tourismus bringt Millionen Fremde ins Land – die gewagte Bikinis tragen und keine Angst vor der Polizei haben. Umgekehrt gehen Spanier in großer Zahl zum Arbeiten etwa nach Frankreich oder in die Bundesrepublik; sie kehren regelmäßig heim und erzählen von Freiheit und Demokratie.

Andere wiederum ziehen innerhalb des Landes um, der Arbeit wegen oder um zu studieren, lassen die Aufsicht von Familie, Nachbarn, Pfarrer hinter sich und finden meist in den Städten neue Maßstäbe, eigene Wege.

So verschieben sich nicht zuletzt Geschlechterrollen. Frauen studieren öfter an der Universität, machen den Führerschein, haben Sex vor der Ehe. Die Antibabypille kommt in Umlauf und wird von vielen als Befreiung begrüßt – von der Kirche freilich als sündhaft verteufelt. Doch auch die Autorität des Klerus schwindet zusehends. Hingegen wächst die Zahl derjenigen, die sich zu ihrem veränderten Lebensstil weniger Gängelung, mehr Mitsprache, einen demokratischen Staat wünschen. Streiks und Proteste häufen sich, unter der Arbeiterschaft, an den Hochschulen.

Die Reformer nehmen es in Kauf. Sie hoffen, dass bei weiter steigendem Wohlstand die Unzufriedenen letztlich in der Minderheit bleiben, beherrschbar. Zunächst geht diese Rechnung auf. Zwar wird die Opposition stärker und lauter – in der übrigen Bevölkerung aber ist das Regime um 1965 vermutlich populärer denn je.

Franco will nur diese Seite sehen, nicht den sich abzeichnenden Riss durch die Gesellschaft. Wie viele autoritäre Herrscher lässt er sich von der eigenen Propaganda blenden: Große, jubelnde Menschenmengen, Wanderausstellungen über seine Erfolge, Huldigungen in Presse und TV vermitteln ihm den Eindruck, grenzenlos beliebt zu sein, ein nahezu unfehlbarer Chef. Für Misserfolge und Widerstand hat er stets dieselben Erklärungen: Auswärtige Mächte, Kommunisten, Freimaurer wollten sein Werk sabotieren. Francos Glaube an die eigene Vorbestimmung ist ungebrochen; längst lässt er sich „Führer Spaniens von Gottes Gnaden" nennen.

Doch während der Öffentlichkeit das Bild eines übermenschlich kräftigen Mittsiebzigers präsentiert wird, der Stunden um Stunden konzentriert arbeitet, zur Erholung große Mengen Hirsche und Rebhühner schießt, auf hoher See angelt, ja Wale jagt, nehmen seine Vertrauten immer öfter ein Zittern der Hände wahr. Dass der Caudillo abgespannt wirkt, ihm sogar bei Sitzungen der Regierung die Augen zufallen.

Franco leidet an der Parkinson-Krankheit.

Es sind vor allem die Jungen, denen es in der Diktatur zu eng wird. Studenten, deren Zahl im Zuge der Modernisierungspolitik rasch ansteigt, empören sich über akademische Unfreiheit, die Knebelung ihrer Vertretungen, willkürliche Gewalt – aber auch allgemein über die Konzentration von Macht und Reichtum bei wenigen. Viele christlich erzogene Kinder haben weniger die dogmatischen als die ethischen Lehren ihrer Religion beherzigt und mögen sich nun mit ungerechten Verhältnissen nicht abfinden.

Zu ihnen zählt Dolores González Ruiz, Lola. Eine lebensfrohe, auffällig gut aussehende junge Frau aus einer gemäßigt katholischen Kaufmannsfamilie; sie liest viel, hat eine Plattensammlung, liebt das Kino. 1963 beginnt sie ein Jura-Studium in Madrid. Bald lernt sie politische Aktivisten kennen, die für eine Universitätsreform werben, Franco verachten, die Erinnerung an die Republik und die Verlierer des Bürgerkriegs hochhalten. Sie gehören verbotenen Untergrundorganisationen an, unterwandern gezielt die offiziellen Studierendenvertretungen.

Zwar sind Frauen in diesen Kreisen eine Minderheit, geben Männer den Ton an, oft von oben herab. Doch es gibt Studentinnen und Dozentinnen, die sich davon nicht beeindrucken lassen, zu Anführerinnen aufsteigen.

Dazu fehlen Lola das Selbstbewusstsein oder der Ehrgeiz. Dennoch wird das Studium für sie wie für viele nicht nur zum Aufbruch in die akademische, sondern vor allem in die politische Welt – die eng verwoben ist mit persönlicher Freiheit. Mit den neuen Bekannten sitzt sie bis zum Morgen in den Madrider Bars, trinkt Bier, raucht, diskutiert über das Leben, Kunst, das korrupte System und die kommende Revolution. Sie wird umschwärmt, weiß es und genießt es, hat Liebschaften.

In fast ganz Europa gärt es unter der Jugend. Francos starres Regime aber provoziert einen besonders frühen und heftigen Ausbruch dieses Unmuts. Bereits in den frühen 1960er Jahren bildet sich ein beinahe ritualisierter Ablauf heraus: Die Studierenden rufen zu einer Versammlung, starten einen Umzug, die Polizei greift ein, dann folgen neuerliche, größere Kundgebungen, es gibt Krawalle und Verhaftungen, oft wird schließlich die betreffende Universität oder Fakultät für einige Zeit geschlossen.

Ab 1965 dann rufen die starken illegalen Studentenbünde der Christdemokraten und der Kommunisten gemeinsam zum Protest auf, bei Großdemonstrationen kommt es zu Straßenschlachten mit der Polizei, Festnahmen, Anzeigen. Im einem der ersten dieser Tumulte strömen Ende Februar Tausende in Madrid zusammen, unter ihnen ist auch Lola. Sie stürzt, wird liegend von einem Beamten gegen den Kopf geschlagen. Ihre „Feuertaufe", mögen die Kommilitonen sagen.

Indes fehlt dem Konflikt vonseiten der Sicherheitskräfte die letzte Härte. Weder feuern die scharf – noch behandeln sie die verhafteten, meist aus der mittleren und Oberschicht stammenden, zur zukünftigen Elite zählenden Studenten ähnlich brutal wie etwa rebellische Arbeiter. Nicht zuletzt aus Rücksicht auf Spaniens internationales Ansehen dosiert das Regime seine Gewalt. Ohnehin kombiniert Franco sie möglichst mit Strategien des „Teile und herrsche".

So sichert der Diktator seit Jahrzehnten seine Macht, indem er rivalisierende Gruppen gegeneinander ausspielt, ihren Einfluss kunstvoll im Gleichgewicht hält. Die wichtigsten widerstreitenden Lager waren dabei lange die Anhänger der Monarchie auf der einen Seite, die Vertreter des Movimiento Nacional, der aus der faschistischen Falange hervorgegangenen „Nationalen Bewegung" auf der anderen; neben Militär und Amtskirche sind zuletzt als weitere Kraft die katholischen Wirtschaftsreformer oder „Technokraten" hinzugekommen.

Die Blöcke und Seilschaften misstrauen einander, kämpfen um Pfründen und Einfluss, haben unterschiedliche Vorstellungen von der Zukunft des Staates. Allen gemeinsam ist die Sorge, Franco könnte etwas zustoßen, Chaos folgen – zumal er seine Nachfolge noch nicht abschließend geregelt hat. Doch der Caudillo scheut die Festlegung.

Zwar hat er 1947 offiziell erklären lassen, dass Spanien ein Königreich sei, um seinen Rückhalt bei den Monarchisten zu stärken – den Thron aber nie besetzt, sondern sich vorbehalten, beizeiten einen König zu berufen.

Wenig später hat er sich immerhin mit den exilierten Erben des ehemaligen Herrscherhauses geeinigt, dass ein damals zehnjähriger Enkel des 1930 außer Landes gegangenen Königs Alfons XIII. nach Spanien übersiedelt, um dort unter Aufsicht des Diktators erzogen zu werden: Prinz Juan Carlos de Borbón y Borbón.

Seither hat Juan Carlos eine gründliche militärische Ausbildung erhalten, eine Einführung in die Rechts- und Wirtschaftswissenschaften, und zuletzt ist er bei öffentlichen Auftritten an Francos Seite zu sehen, etwa 1964 bei den Feierlichkeiten zum 25-jährigen Jubiläum des Sieges im Bürgerkrieg. Dennoch lässt der Diktator es zu, dass auch die Namen anderer Verwandter früherer Könige als Nachfolgekandidaten kursieren. Er will sicher sein, dass der Erwählte ein verlässlicher Verteidiger des „Neuen Spanien" ist. Vor nichts graut es Franco mehr als vor der Vorstellung, er könnte sterben und das Land anschließend zurückkehren zur liberalen Demokratie.

Juan Carlos aber zeigt sich dermaßen loyal, dass die Opposition ihn bereits als rückgratlose Kreatur des Caudillo

DIE BAUTEN im Zentrum Madrids spiegeln die Pracht einer vergangenen Epoche. Doch 1968, als dieses Foto entsteht, ist bereits ein neuer Geist in die Stadt eingezogen: Junge Leute hören Rockmusik, diskutieren in Bars über Marx und Che Guevara

PHOTOKIN

verspottet. Andererseits liegen Franco Berichte der Geheimpolizei vor, dass der Prinz Kontakt zu fortschrittlichen Kreisen habe. In fast jeder Hinsicht um Welten voneinander entfernt, verbindet Juan Carlos und die rebellischen Studenten doch eines: Sie gehören in etwa derselben Generation an. Mit zwanzig, dreißig Jahren sind sie junge Leute in einem von alten Männern verwalteten, erstarrten System.

Wohl 1966 oder 1967 lernt Lola zwei Freunde aus dem Jahrgang unter ihr kennen, Enrique Ruano Casanova und Francisco Javier Sauquillo Pérez del Arco. Beide stammen wie sie aus dem abgesicherten Bürgertum; beide sind Parteigänger der linken Opposition. Enrique ist feinsinnig, mag Poesie, spielt mit Leidenschaft Tennis – während Javier mit Mühe die verpflichtenden Sportprüfungen besteht. Dafür ist er dem Freund intellektuell und rhetorisch überlegen, bisweilen drückend.

Entweder gemeinsam oder bevor sie sich näherkommen, treten die drei in die „Volksbefreiungsfront“ ein (Frente de Liberación Popular – FLP). Die zeitweilig führende unter den illegalen Gruppierungen verbindet linke Christen, unabhängige Marxisten und sozialistische Rebellen aus Bauchgefühl.

Mit anderen besuchen Lola, Enrique und Javier Ideologie-Seminare, vervielfältigen Flugblätter, stören einen politisch missliebigen Vortrag mit Parolen und Knallkörpern. Sie organisieren Proteste, um einen Arbeiterstreik zu unterstützen, oder gegen den Krieg der USA in Vietnam, gegen den Kapitalismus überhaupt. Schwärmen von Marx, Lenin und Che Guevara, erörtern Klassenkampf und Guerillataktik, den Befreiungskampf der vom Imperialismus bedrängten Länder in aller Welt. Darin unterscheiden sie sich kaum von den Studierendenbewegungen, die zur gleichen Zeit fast alle westlichen Länder erschüttern.

Allein, in Spanien hat die Revolte vor allem zwei Themen: kurzfristig mehr Freiheit an den Universitäten – langfristig eine Demokratie in Spanien insgesamt. Alle wissen, dass es gefährlich ist, was sie tun. Aber sie genießen auch das Abenteuer, das konspirative Spiel mit Decknamen, das Schwelgen in großen Worten und gerechter Empörung.

Bald treffen sich Lola, Enrique, Javier und weitere Mitstreiter beinahe täglich, reden über Politik, Bücher, sehen im Kino Filmklassiker aus den USA, setzen sich danach auf Zigaretten und Bier in eine Bar. Sie hören französische Chansons, dann vor allem britischen Rock und Pop. Vielleicht haben sie Karten für die Beatles oder eine der anderen Bands bekommen, die einreisen und live auftreten dürfen – während die Presse sich über die „Langhaarigen“ und die „Yeah-yeah-Musik“ mokiert. Und dann sind da stets die Protestsongs US-amerikanischer Musiker wie Bob Dylan und ihrer spanischen Pendants, etwa des katalanisch singenden Raimon, dessen Konzert Mitte Mai 1968 in Madrid vor 6000 meist jugendlichen Besuchern mit einer Demonstration und Gewalt endet – und bald schon als Fanal der Zeit gilt.

Im gleichen Frühjahr werden Enrique und Lola ein Paar. Für Javier ist es ein Stich, eine Zurücksetzung. Er lässt Enrique seinen intellektuellen Vorsprung spüren – der auch deshalb bedrückte Momente hat, Phasen des Selbstzweifels. Dennoch: Sie sind glücklich, sie leben intensiv mit reichlich Wut und Übermut, Hoffnung auf die Zukunft. Sie sind jung. Die Zeit ist vermeintlich auf ihrer Seite.

Ende 1968 gibt die FLP eine neue Taktik aus, der zufolge studentische Aktivisten aus höheren Jahrgängen eine spezielle Gruppe bilden sollen, um die Propaganda der Front in Fabriken und Arbeitervierteln zu verbreiten. Von ihrer Zelle an der juristischen Fakultät beteiligen sich unter anderem Enrique und Lola. Offenkundig sind es Flugblätter dieser Art, die sie in der Nacht zum 17. Januar 1969 auslegen.

Gegen Ende der 1960er Jahre zeichnet sich ab, dass die Kalkulation der Wirtschaftsreformer nicht aufgeht. Der weiterhin wachsende Wohlstand allein vermag die Gesellschaft nicht ruhigzustellen. Ähnlich den linken Intellektuellen und den angehenden Akademikern bilden Arbeiter lokale Kommissionen (die auch aktiv bleiben, nachdem sie vom Staat verboten werden), streiken zunehmend selbstbewusst für bessere Rechte und einen größeren Anteil am neuen Reichtum. Aber auch die Angehörigen der neuen Mittelschichten wagen öfter

den Arbeitskampf, Bank- und Postangestellte, Lehrer, Ärzte.

Schließlich regt sich Kritik von gänzlich unerwarteter Seite: Spätestens seitdem die katholische Kirche auf dem Zweiten Vatikanischen Konzil zwischen 1962 und 1965 ihre Dogmen liberalisiert und universale Menschenrechte anerkannt hat, sprechen sich immer mehr Geistliche gegen obrigkeitliche Gewalt aus, für soziale Rechte und demokratische Teilhabe – auch in Spanien. Langsam, aber spürbar wandelt die Kirche sich von einer Stütze der Diktatur im Volk zum Anwalt des Volkes gegenüber dem Regime.

Den spektakulärsten Angriffen jedoch ist das Regime vonseiten der baskischen Unabhängigkeitsbewegung ausgesetzt. Bereits 1959 hat sich der Geheimbund „Baskenland und Freiheit“ (Euskadi Ta Askatasuna – ETA) gegründet, der eine eigene souveräne, sozialistische Nation anstrebt. Die Strategie der radikalen Basken besteht darin, den Staat durch Terroranschläge zu Gegenterror zu reizen, der wiederum eine Massenerhebung provozieren soll.

AUF FLUGBLÄTTERN und Transparenten verlangen Madrids Studenten 1968 demokratische Reformen. Aber geblendet von der eigenen Propaganda nimmt der Diktator – hier bei der Jagd in Andalusien – die Proteste der Jugend kaum wahr

Als im August 1968 ETA-Attentäter einen hochrangigen, als Folterer geltenden Polizeioffizier erschießen, reagiert das Regime wie erhofft mit massiver Repression. Es ist der Auftakt zu einem jahrelangen Ringen, das zeitweilig an einen Bürgerkrieg erinnert. Und während sich nur wenige Basken – darunter etliche Priester – der ETA anschließen, sympathisieren tatsächlich viele andere mehr oder weniger offen mit dem Untergrund.

Derweil erhöhen seine Vertrauten den Druck auf Franco, endlich die Nachfolge zu regeln. Immer schwerer sind die Symptome der Krankheit zu verbergen, der unsichere Gang, eine starre Haltung, ein leeres Gesicht und ein offen stehender Mund. Seine Reden werden kürzer, seine Wortmeldungen im Ministerrat seltener. Zum allerersten Mal überhaupt leistet er sich die Schwäche, während einer Kabinettssitzung auszutreten.

Ende 1968 trifft Franco intern die Entscheidung für Juan Carlos als seinen Nachfolger. Offenbar hat er Vertrauen in den jungen Mann und seine Treue zum Regime gefasst. Der Caudillo hält ihn wohl für einen gelehrigen Schüler. Falls Franco dabei in den Sinn kommt, dass Juan Carlos von ihm auch doppeltes Spiel gelernt haben könnte, blendet er es aus.

Die Nacht auf den 17. Januar 1969, in der Enrique und Lola bei der Plaza de Castilla festgenommen werden, verändert für die Freunde alles. Auf der Wache überprüfen die Beamten die Polizeiakten der vier Studierenden, finden etliche politische Einträge. Anschließend überstellen sie die Verdächtigen an die Dirección General de Seguridad, das „Hauptdirektorat für Sicherheit“, dem auch die politische Polizei untersteht.

Dort werden die Freunde getrennt voneinander verhört. Mit Grausen begreift Lola während ihrer Befragung, dass dem Dienst ihr Leben bis in Details bekannt ist. Wie eng sie alle überwacht werden. Eines aber wissen die Sicherheitsleute nicht: zu welcher Tür der überzählige Satz Schlüssel in ihrer Tasche gehört. Sie schweigt.

Denn in der gemeinsam mit Enrique gemieteten Nebenwohnung sind zwei polizeilich gesuchte baskische Sozialisten untergeschlüpft. Erst als Lola nach zwei Tagen hoffen kann, dass die Genossen außer Gefahr sind, gibt sie die Adresse preis: General-Mola-Straße 60, 7. Stock.

Vielleicht, weil sie ihn für den Schwächeren halten, nehmen die Ermittler nicht Lola, sondern Enrique mit zur Durchsuchung des Apartments. Laut Polizeibericht ereignet sich dort am Nachmittag des 20. Januar Folgendes: Nachdem niemand angetroffen worden sei, sich indes Reste von verbrannten Papieren gefunden hätten, habe der Student unvermittelt einen Beamten im Flur zur Wohnungstür attackiert und zur Seite gestoßen, sei hinausgelaufen zum Treppenhaus und über das Geländer sieben Stockwerke hinab in den Tod gesprungen.

Die Presse übernimmt diese Version, schlachtet zudem private Notizen Enriques über seine seelischen Nöte aus, um den Selbstmord eines depressiven Kommunisten zu erklären. Allein, Freunde und Kommilitonen glauben nicht an einen Suizid. Schnell kursiert der Verdacht, dass die Obrigkeit einen politischen Mord verschleiert.

Wohl zu Recht. Viele Jahre später werden Untersuchungen ergeben, dass wahrscheinlich die Polizisten selbst ihren Gefangenen den Treppenhausschacht hinabgeworfen haben, vermutlich nachdem sie ihn geschlagen, eventuell systematisch gefoltert oder bereits getötet haben. Möglicherweise,

IM JULI 1971 feiert Franco mit seiner Frau in Madrid den 35. Jahrestag des Putsches, in dessen Folge er an die Macht gelangte. Doch bei solchen öffentlichen Auftritten lässt sich nur noch mühsam kaschieren, dass er an der Parkinson-Krankheit leidet

weil sie Ruano Verbindungen zur ETA unterstellten, ohne ihm etwas nachweisen zu können.

1969 reicht bereits der Verdacht, um den Zorn explodieren zu lassen. Tausende Universitätsangehörige strömen zu Versammlungen und Protestkundgebungen, skandieren: „Enrique Ruano wurde ermordet!" Am Flaggenmast einer Fakultät weht Trauerflor, bei einer anderen die Trikolore der Republik und die rote Fahne. Der Universitätsbetrieb kommt praktisch zum Erliegen. Demonstranten greifen Polizeiautos an, errichten Barrikaden, schleudern Steine, Beamte feuern in die Luft.

Am 24. Januar verhängt die Regierung den landesweiten Ausnahmezustand. Die ohnehin beschränkte Versammlungs- und Meinungsfreiheit, das Verbot willkürlicher Inhaftierung und Haussuchungen werden auch formal ausgesetzt, Universitäten geschlossen, Hunderte verhaftet. Es wird gefährlich, auf der Straße unordentlich auszusehen, nach „Hippie". Dennoch wagen kleinere Gruppen sich noch wiederholt vor, werfen Molotowcocktails und Steine.

Lola wird im April 1969 aus der Haft entlassen. Eine erschöpfte junge Frau, krank, ihr Leben scheinbar zerstört. Mühsam fängt sie sich, nimmt 1970 das Studium wieder auf, macht schließlich ihren Abschluss. Im Dezember des Jahres tritt sie der Untergrund-KP bei – jener Partei, die seit jeher wie keine andere für den Kampf gegen Franco und den Franquismus steht.

Noch bevor die Unruhe abklingt, macht im Sommer 1969 ein wirtschaftspolitischer Skandal die inneren Risse des Regimes sichtbar. Durch einen Zufall kommt heraus, dass die Pamploner Textilmaschinenfabrik Matesa ein Vermögen an Exportsubventionen erschlichen hat – und mehrere Minister der „Technokraten" in den Betrug verstrickt sind.

Daraufhin inszeniert das falangistische Lager eine Pressekampagne wider das „nationale Desaster": ein verzweifelter Versuch, die eigene Stellung zu stärken, bevor der absehbare Wechsel an der Spitze kommt.

Franco muss das Kabinett umbilden. Doch er verwehrt den Angreifern den Sieg, entlässt auch mehrere ihrer Minister und besetzt die frei gewordenen Posten erneut mit Leuten aus dem Umfeld des Opus Dei. Denn Korruption und Selbstbereicherung seiner Untergebenen schenkt er wenig Beachtung, die Missstände an die Öffentlichkeit zu zerren betrachtet der Diktator hingegen als Verrat.

Eine bleierne Zeit beginnt. Auf den Hochschulgeländen bleiben über Jahre Polizeitruppen präsent und erzwingen eine angespannte Ruhe. Trotzdem flammen Proteste und Streiks, Prüfungsboykotts immer wieder auf, weniger gewalthaft, aber flächendeckend. Von der Sache einer starken Minderheit wird politische Kritik zum Mainstream; Opposition wird guter Ton an den Universitäten.

Um so mehr verhärtet das Regime. Gerichte verhängen scharfe Urteile, geheime Kommandos machen abseits der Justiz Jagd auf Gegner. Vielleicht bereits weniger auf Betreiben des Diktators als seines Umfeldes.

Denn immer öfter dämmert Franco in Beratungen weg, sogar im Gespräch mit ausländischen Staatschefs. Vor allem fiebert er auf den Abend hin, den er mit einer wachsenden Leidenschaft verbringt: Fernsehen, bevorzugt Sport und Spielfilme, speziell Western. Es fällt ihm schwer, über längere Zeit zu stehen. Entscheidungen zu treffen.

Der Caudillo verliert die Kontrolle.

Mitte 1973 übergibt er das Amt des Ministerpräsidenten auch offiziell an einen seiner ältesten und engsten Vertrauten, Luis Carrero Blanco. Er selbst bleibt Staatschef. Bereits ein halbes Jahr später jedoch tötet eine Bombe der ETA Carrero.

Da tobt um ihn herum längst ein erbitterter Kampf zwischen *aperturistas*, „Öffnungsbefürwortern", die in liberalen Reformen die einzige Chance sehen, das franquistische System als Ganzes lebensfähig zu erhalten, und ultrakonservativen Hardlinern, von ihren Gegnern mit einem deutschen Wort geschmäht als der *búnker*. In einer hitzigen Endzeitatmosphäre bereichern sich insbesondere enge Angehörige des Diktators, ringen Gefolgsleute um Macht, persönliche Vorteile, Ausgangspositionen für die Zeit nach Franco.

Im selben Jahr heiraten Lola und Javier. Nach Ende ihres Studiums haben sie gemeinsam eine Kanzlei für Arbeitsrecht aufgemacht, sind sich nähergekommen. Die Kanzlei ist eine Möglichkeit, zugleich den Kampf für eine gerechtere Welt zu führen und ein bürgerliches Leben.

Allein, es wird keine einfache Ehe. Beide Partner sind stark, streitlustig, haben ihre Meinung. Und stets ist ein Dritter im Raum, mit ihm Schuldgefühl und Trauer, wohl auch alte Eifersucht. Der ermordete Enrique verschwindet nicht. Dennoch ist das Paar erfolgreich, verteidigt verfolgte Arbeiter und Aktivisten, bleibt in der Untergrund-KP aktiv. Und wartet wie beinahe ganz Spanien auf eine Zeitenwende.

Francos TV-Konsum ist längst exzessiv. Um ihm Bewegung zu verschaffen, spielen die Ärzte Militärmusik aus seiner Zeit als junger Offizier in Nordafrika vom Band, zu der ihr Patient im Zimmer auf und ab marschiert. Immer häufiger ist er geistig abwesend. Der Mund steht ihm nun fast dauerhaft offen, die Gesten sind fahrig. Bei der Verabschiedung eines Ministers flattert der mühsam zum faschistischen Gruß erhobene Arm.

Das Ende liegt in der Luft. Den Ton in seinem Umfeld jedoch gibt noch einmal der „Bunker" an. Im Spätsommer 1975 fällen Militärgerichte ein knappes Dutzend Todesurteile gegen Terrorverdächtige, die massiven internationalen Protest auslösen – zumal als Ende September fünf davon vollstreckt werden.

Trotzig wettert der Caudillo auf einer Kundgebung am 1. Oktober gegen die „verdorbenen Länder" fast ganz Westeuropas, die durch „freimaurerische-linke Verschwörung" und „kommunistisch-terroristische Unterwanderung" zersetzt seien. Seine Stimme leiert. Die ohnehin geringe Statur wirkt wie eingefallen. Es ist Francos letzter öffentlicher Auftritt.

Zwei Wochen später erleidet er einen Herzinfarkt. Da Spanien ihn vermeintlich braucht, leitet er dennoch das Kabinett, versehen mit Elektroden und Kabeln; im Nebenzimmer verfolgen Ärzte seinen Herzschlag auf einem Monitor.

Weitere Infarkte werfen ihn nieder. Innere Blutungen, Notoperationen: Anfang November ist von Francisco Franco ein geschundener Körper an lebenserhaltenden Maschinen geblieben. Doch noch hoffen enge Gefolgsleute auf etwas mehr Zeit.

Schließlich setzt Francos Tochter Carmen, genannt Nenuca, durch, dass ihr Vater sterben darf. Die Schläuche werden gezogen.

Als offiziellen Todeszeitpunkt hält die Krankenakte den 20. November 1975 fest, 5.25 Uhr am frühen Morgen.

Madrid, 22. November 1975. „Heute beginnt eine neue Etappe in der Geschichte Spaniens", verkündet Juan Carlos, gemäß Nachfolgeordnung frisch proklamierter König von Spanien. Eben hat er den Amtseid auf die franquistischen Grundgesetze und die Prinzipien der „Nationalen Bewegung" geschworen. Nun läutet er in seiner ersten Thronrede das Ende ebendieser autoritären Verfassung ein. Die Krone werde „soziale und wirtschaftliche Rechte anerkennen", und: „Eine freie und moderne Gesellschaft bedarf der Teilhabe aller."

Vage Worte, die jedoch eine klare Tendenz haben. Richtung Demokratie.

Lange war Juan Carlos vielen ein Rätsel. Zuverlässig an der Seite des Caudillo, galt er manchen gleichwohl als heimlicher Liberaler, vielen jedoch schlicht als mittelmäßige Figur

PRINZ JUAN CARLOS – hier 1972 im Garten seines Wohnsitzes, eines Palasts im Norden Madrids – soll Nachfolger Francos werden, verhält sich dem Diktator gegenüber zu dessen Lebzeiten loyal. Doch nach dessen Tod ruft er eine »neue Etappe« der spanischen Geschichte aus

ohne eigene Ansichten. Jetzt wählt der König die Seite jener, die einen echten Wandel wollen. Aus lange versteckter Überzeugung vielleicht – und in der Einsicht, dass die eben neu errichtete Monarchie anders nicht überleben wird. Zu stark sind die gesellschaftlichen Umwälzungen.

Aber er weiß auch, dass das alte Regime Millionen Anhänger und Nutznießer hat. Zur selben Stunde ziehen noch immer Massen an Francos aufgebahrtem Leichnam vorbei, bilden kilometerlange Schlangen, trauernd, wehmütig, binnen Tagen Hunderttausende.

Als Staatsoberhaupt hat der König weitreichende Machtbefugnisse – solange alle gehorchen. Wichtig ist deshalb, dass es Juan Carlos gelingt, nicht nur bei den Reformern innerhalb des franquistischen Systems Vertrauen aufzubauen, sondern auch bei der demokratischen Opposition, bei der Arbeiterbewegung ebenso wie im Militär. Eine Mehrheit aus den verfeindeten Lagern begreift, dass einerseits die Diktatur keine Zukunft hat – und andererseits ein radikaler Bruch, gar eine Abrechnung mit den alten Eliten ausbleiben muss, wenn sich nicht das Grauen des Bürgerkriegs wiederholen soll. Und dass es dafür einen ehrlichen Moderator braucht. Eben den König.

Im Dezember 1976 entscheidet das Volk per Referendum darüber, ob es freie Wahlen zu einem Parlament geben soll, zu dessen Aufgaben die Ausarbeitung einer neuen Verfassung gehören wird. Mehr als drei Viertel der Berechtigten nehmen teil, rund 95 Prozent stimmen mit Ja.

Ungeachtet solcher Zahlen und des geschickt handelnden Monarchen sind die Spannungen gewaltig. Erbitterter Meinungsstreit, massive Streiks, Straßenkämpfe und Anschläge mit etlichen Toten begleiten die *Transición*, den „Übergang“. Linke wie rechte Extremisten versuchen, mit Gewalt die Gegensätze aufzuheizen, um jedenfalls eines in Spanien zu verhindern: eine stabile Demokratie.

Am Abend des 24. Januar 1977 besprechen sich Lola und Javier noch spät mit anderen Aktivisten in der Kanzlei einer Kollegin und Genossin, als es zwischen 22.30 Uhr und 22.45 Uhr an der Tür klingelt. Einer der anderen Anwälte öffnet. Zwei Männer treten ein, ein dritter bleibt in der Tür stehen. Alle drei tragen Pistolen. Den Anwesenden, insgesamt neun Personen, befehlen sie, die Hände hochzuhalten. Sie fragen nach dem Gewerkschaftsführer Joaquín Navarro – der am früheren Abend in den Räumen war, aber längst fort ist. Javier erklärt, sie hätten sich wohl im Ort geirrt.

Ob der erste Schuss aus Nervosität fällt, einschüchtern soll oder einem vorgefassten Mordplan folgt, ist unklar. Jedenfalls krachen direkt danach die Waffen in rascher Folge, machen einen ungeheuren Lärm, in den sich das Stöhnen der Getroffenen mischt, das Geräusch fallender Körper, Schreie. Lola wirft sich auf eine Couch, will sich mit einem Mantel decken. Doch die Attentäter treffen alle, schießen noch auf die Liegenden. Dann hasten sie hinaus.

Vier der neun können im Krankenhaus gerettet werden, darunter Lola.

Nicht aber Javier.

Der Terror der Extremisten wird Jahre andauern. Doch sie stehen gegen viele: Wohl an die 100 000 Menschen begleiten in Madrid die Särge der Opfer des Anschlags, und weit mehr treten in ganz Spanien aus Protest gegen die Morde in den Streik.

Im Juni finden die Wahlen zu einem freien Parlament statt, aus denen die demokratischen Parteien als klare Sieger hervorgehen. Es erarbeitet eine Verfassung, die auf Ausgleich und Versöhnung zielt und die am 6. Dezember 1978 von den Spaniern in einer neuerlichen Volksabstimmung angenommen wird. An die Stelle der franquistischen Ordnung tritt damit vollends die parlamentarische Monarchie als Regierungssystem des Landes, das sich nun selbst als „sozialer und demokratischer Rechtsstaat“ definiert. Der Aufbruch in eine freie Gesellschaft hat begonnen.

Eine, die nie wirklich ankommen wird, ist Lola. Zwar werden Javiers Mörder gefasst und erhalten 1980 lebenslange Haftstrafen; ein Überlebender sagt später, es sei das erste Mal gewesen, „dass die extreme Rechte auf die Anklagebank gesetzt, gerichtet und verurteilt wurde“. Trotzdem gelingt es Dolores González Ruiz nicht, die toten Geliebten hinter sich zu lassen. Bis zu ihrem eigenen Tod 2015 werden die Morde, die Gewalt ihr Leben überschatten. Essstörungen, Depression, stets bleibt da diese Traurigkeit.

Bürgerkrieg und Diktatur mögen vorüber sein. Das Trauma bleibt. ◊

LITERATURTIPPS

JAVIER TUSELL
»Spain: From Dictatorship to Democracy – 1939 to the Present«
Kenntnisreicher Überblick (Wiley-Blackwell).

CARLOS COLLADO SEIDEL
»Franco: General – Diktator – Mythos«
Kompakte Biografie mit Einblicken in Francos Nachwirken (Kohlhammer).

Lesen Sie auch **»Militärdiktatur in Argentinien: Die Spur der Verschwundenen«** (aus GEO*EPOCHE* Nr. 71) auf *www.geo-epoche.de*

IN KÜRZE

Nach jahrzehntelanger Diktatur begehren in den 1960er Jahren immer mehr Spanier auf: Arbeiter und Studierende fordern eine gerechtere Gesellschaft, zu Wohlstand gekommene Bürger mehr Mitsprache, Separatisten Autonomie für ihre Regionen. Aber das Regime des alternden Franco verfolgt Oppositionelle mit oftmals tödlicher Gewalt. Erst unter seinem Nachfolger, König Juan Carlos, wird Spanien zu einem demokratischen Rechtsstaat.

November 1986

Carmen Franco

STETS ELEGANT und wohlfrisiert, pflegt Carmen Franco y Polo, Herzogin von Franco, jahrzehntelang das Vermächtnis ihres Vaters. Aber nicht nur das. Sie verfügt auch über das Millionenvermögen, das der Diktator hinterlassen hat

DIE HÜTERIN DES ERBES

Auch nach dem Ende der Diktatur verklären zahllose Anhänger Francos den Gewaltherrscher. Die Schlüsselfigur in ihrem Netzwerk ist Carmen Franco y Polo – die einzige Tochter des *Caudillo*

TEXT: *Janine Funke*

Auf den Tag genau seit elf Jahren liegt Francisco Franco nun schon in seinem Grab in der Basilika des Valle de los Caídos, die Demokratie hat gesiegt, und doch scheint die Diktatur an diesem 23. November 1986 sehr lebendig. Zehntausende haben sich zum Jahrestag der Beisetzung vor dem Reiterstandbild des *Caudillo* im Norden Madrids versammelt. Wie ein Kriegsherr aus der Renaissance sitzt Franco auf einem Pferd. Zu seinen Füßen schwenken die Leute die Staatsflagge aus franquistischer Zeit, rufen Parolen wie „Militär an die Macht!" und recken die Arme zum faschistischen Gruß.

An der Spitze der Demonstration steht eine Dame mit mittellangen dunkelbraunen Haaren und großen Perlenohrringen. Sie ist die Schlüsselfigur unter den Anhängern des vergangenen Regimes, von denen es auch im nunmehr demokratischen Spanien noch Unzählige gibt. Es ist Carmen Franco y Polo, das einzige Kind des Diktators, seine Erbin – und einflussreichste Apologetin.

Geboren wird Carmen Franco am 14. September 1926 in Oviedo, einige Monate nachdem der damals 33-jährige Franco zum General ernannt worden ist. Später wird er behaupten, seine Nenuca, sein „kleines Mädchen", sei sein Ein und Alles. In der Öffentlichkeit taucht sie erst 1937 auf – als Instrument der Kriegspropaganda. Ein Kurzfilm für die Wochenschau der Putschisten zeigt sie im weißen Kleid auf dem Schoß ihrer Mutter. Neben ihr steht Franco in Militäruniform: „Möchtest du den Kindern der Welt etwas sagen?", fragt er. Unsicher trägt die Tochter daraufhin ihren auswendig gelernten kurzen Text vor, den sie mit faschistischem Gruß und „Viva España!" – „Es lebe Spanien!" – beendet. Alles dient der Inszenierung als perfekte Kleinfamilie. Auf Fotos ist sie die brave Tochter, die im Sinne des franquistischen Ideals erzogen wird.

Nicht ganz in dieses Bild passt da ihre Hochzeit im April 1950 mit Cristóbal Martínez-Bordiú – einem als Playboy verschrienen Aristokraten und Arzt auf der Suche nach Anerkennung (er wird 1968 die erste Herztransplantation Spaniens durchführen). Die Feier im alten Königspalast El Pardo in Madrid glänzt mit royalem Pomp: 800 geladene Gäste schauen zu, wie Carmen vor den Altar tritt. Im Haar ein mit Diamanten und Perlen besetztes Diadem.

Nach der Hochzeit wechselt Carmen die Rollen: von der Diktatorentochter zur Mutter. Ihrem Vater schenkt sie in den folgenden Jahren sieben Enkelkinder. Sie führt das Leben einer royalen Prinzessin, gibt sich unpolitisch, ist stets gut gekleidet. Mit der Presse spricht sie nur selten.

Doch dann kommt der November 1975. Franco stirbt. Und mit ihm die Diktatur. Aber der Caudillo hat vorgesorgt, vor allem für seine Familie. König Juan Carlos, sein Nachfolger als Staatsoberhaupt, verleiht Carmen wenige Tage nach dem Ableben des Vaters den Titel einer „Herzogin von Franco" und die Grandenwürde von Spanien. Sie steht nun ganz weit oben in der Adelshierarchie und erbt ein millionenschweres Vermögen. Zugleich fungiert sie als ideologische Nachlassverwalterin ihres Vaters.

Im Oktober 1976 lässt Carmen die private Fundación Nacional Francisco Franco als gemeinnützige Organisation eintragen. Die Stiftung bündelt künftig die rechtsnationalen Kräfte Spaniens. Dank eines 1977 verabschiedeten Amnestiegesetzes können die Akteure des Franco-Regimes straffrei bleiben. Das Gesetz soll die aufkeimende Demokratie stabilisieren, macht aber gleichzeitig den Weg frei, um das Gedenken an den brutalen Diktator zu verklären.

Auch deshalb kann Carmen im November 1986 wie jedes Jahr seit Francos Tod dessen Gewaltherrschaft feiern. Doch je älter sie wird, desto größer wird der Druck, sich der franquistischen Vergangenheit zu stellen. 2005 wird schließlich die Reiterstatue auf der Plaza de San Juan de la Cruz entfernt. Zwei Jahre später folgt ein „Gesetz über das historische Andenken", dass die Aufarbeitung der Diktatur vorantreibt.

Carmen jedoch hält ihrem Vater die Treue. 2008 gibt sie ein ausführliches Interview. Man habe zu Hause nicht über Politik gesprochen, heißt es darin. Ihr Vater sei ein tapferer Katholik gewesen, intelligent und gemäßigt. Kurz vor ihrem Tod am 29. Dezember 2017 äußert sie sich noch einmal: „Ich werde meinen Vater nicht verurteilen. Ich werde sagen, dass er auf seine Weise immer das tat, was er für das Beste hielt für Spanien und die Spanier." Bei vielen indes verfängt ihre Botschaft nicht mehr: Zwei Jahre später wird Franco im Valle de los Caídos exhumiert und in der Familiengruft auf einem kleinen Friedhof im Norden Madrids beigesetzt. ◊

Bilanz einer Ära
DIE VERDRÄNGTE VERGANGENHEIT

Fast vier Jahrzehnte lang herrscht Francisco Franco in Spanien, danach hüllt sich das Land in Schweigen über seine Verbrechen. Ein Gespräch über das Wesen der faschistischen Diktatur, die Sehnsucht nach Harmonie nach ihrem Ende – und die bis heute spürbaren Folgen jener dunklen Zeit

INTERVIEW: *Johannes Teschner und Joachim Telgenbüscher*

GEOEPOCHE: *Herr Collado Seidel, Sie sind 1966 geboren, haben in Valladolid die späten Jahre der Franco-Diktatur als Kind erlebt. Wie erinnern Sie diese Zeit heute?*

DR. CARLOS COLLADO SEIDEL: Valladolid war damals eine Stadt, in der der Franquismus sehr stark zu spüren war. Meine Eltern waren zwar nicht sonderlich politisch und keinesfalls erklärte Franco-Anhänger, aber katholisch-bürgerlich geprägt, vom Milieu her standen sie also eher auf der Seite der Sieger. Und dennoch ist mir aus der Kindheit das Gefühl in Erinnerung geblieben, dass man sich vor Menschen in Uniform besser in Acht nehmen sollte, und wenn es nur der Parkwächter war. Lieber unauffällig sein. Das war für mich eine eher bedrückende Atmosphäre. Außerdem war da die Allgegenwart der Kirche, zumal ich auf eine katholische Privatschule ging. Auch das war einengend.

Gab es für dieses bedrückende Gefühl konkrete Gründe? Hat ihre Familie Repressionen erlebt?

Mein Vater hatte einmal Probleme, er hatte sich wohl flapsig über Franco geäußert. Er wurde angezeigt und musste vor Gericht. Zum Glück konnten oder wollten sich die Zeugen dann nicht mehr an den Wortlaut erinnern, so kam er ungeschoren davon. Aber die Angelegenheit hat mich als Kind stark aufgewühlt.

Welches Bild hatten Sie damals von Franco selbst?

Er war der Staatschef, vor dem man Hochachtung hatte, so hatte ich es aus den Schulbüchern gelernt. Als ich in der zweiten Klasse war, besuchte Franco unsere Stadt, um ein Denkmal einzuweihen, fuhr in der Staatskarosse in einem langen Autokorso an unserer Schule vorbei – und wir klebten an den Fensterscheiben. Und ich erinnere mich, wie die Lehrerin die Bemerkung machte: Das ist doch auch nur ein Mensch. Das hat mich verwirrt, denn für mich war Franco damals irgendwie mehr als ein Mensch, ein Übervater sozusagen.

DR. CARLOS COLLADO SEIDEL
Der an der Universität Marburg lehrende deutsch-spanische Historiker hat als Student in Madrid erlebt, welches Tabu die Franco-Zeit lange war

Mit zwölf Jahren sind Sie dann mit Ihren Eltern nach Deutschland gezogen, zum Studium in den späten 1980er Jahren aber wieder nach Spanien gegangen, nach Madrid. Wie war es damals, dort Geschichte zu studieren, wie war der Umgang mit dem vergangenen Franco-Regime?

Was die historische Forschung betraf, war es eigentlich einwandfrei. Zumindest das Archiv des Außenministeriums, das ich für meine Promotion brauchte, war voll zugänglich, es gab keine Restriktionen. Und doch zögerten die Studierenden, sich außer im engeren Freundeskreis über Politisches auszutauschen, erst recht, wenn es um Franco ging. Einmal bei einer internationalen Konferenz fing ein junger Italiener beim Mittagessen an, über Faschisten zu schimpfen. Wir schwiegen. Danach sagte eine spanische Kommilitonin zu mir: Das kann man doch nicht machen – stell dir mal vor, einer von den Faschisten sitzt am Tisch. Das war schon merkwürdig: Man forschte in die Tiefe, deckte Zusammenhänge auf. Aber im persönlichen Umgang miteinander war da eine sehr große Zurückhaltung.

Der Wunsch nach Harmonie nach Jahrzehnten der gesellschaftlichen Spaltung und des Kampfes?

Ganz sicher. Diese Spaltung hatte ja auch schon lange vor dem Bürgerkrieg begonnen. Bereits seit Beginn des 19. Jahrhunderts kam es mit dem Erstarken des Liberalismus zu enormen und oft von Gewalt und Putschen begleiteten Verwerfungen in der spanischen Gesellschaft. Eine Entwicklung, die mit dem Begriff der „Zwei Spanien" beschrieben wird, welcher, grob gesagt, die Polarisierung in ein rechtskonservatives und ein linksprogressives Lager meint.

Ist es diese Spaltung, an der die spanische Republik 1936 gescheitert ist?

Die Republik ist an den Folgen des Putsches gescheitert. Punkt.

Sie halten also nichts von Erklärungsansätzen, nach denen die Republik zu weit links positioniert war, um dauerhaft die Unterstützung der Mehrheit der Spanier zu haben, die Gesellschaft versöhnen zu können?

Die Verfassung der Republik war von linksbürgerlichen Kräften ausgearbeitet worden, die mit dem brechen wollten, was aus ihrer Sicht seit Jahrhunderten die große Last Spaniens war, nämlich die Monarchie und deren starkes Bündnis mit der Kirche. Insofern war sie antiklerikal und antimonarchistisch eingestellt, das schon. Aber war sie deswegen und wegen der zunehmenden Polarisierung in der Gesellschaft zum Scheitern verurteilt? Nein, das glaube ich nicht, es gibt genügend Studien, die plausibel darlegen, dass die Republik im Juli 36 nicht am Ende war. Sie hätte weiter bestehen können, hätte es den Putsch nicht gegeben.

Obwohl vor allem die spanischen Faschisten sie verdammten?

Der spanische Faschismus war im Vergleich zu Deutschland und Italien ein Nachzügler, er etablierte sich erst Anfang der 1930er Jahre und war zunächst eine kleine Randerscheinung. Er agitierte, hatte aber kaum politisches Gewicht. Erst mit Kriegsbeginn bekam er einen massiven Zulauf.

Der Bürgerkrieg, in den Spanien durch den Staatsstreich im Juli 1936 rutschte, wurde äußerst brutal geführt, auch gegen die Zivilbevölkerung, und zwar von beiden Seiten. Dennoch: Gibt es aus ihrer Sicht einen qualitativen Unterschied zwischen der Gewalt von Nationalisten und Republikanern?

Ja, den gibt es durchaus. Zwar verübte auch die republikanische Seite massive Verbrechen hinter den Frontlinien, ermordete Tausende echte oder vermeintliche ideologische Gegner, darunter sehr viele Kleriker. Aber das war hauptsächlich eine Erscheinung der ersten Kriegswochen, als die staatliche Zentralgewalt vorübergehend zusammengebrochen war. Je mehr die republikanische Regierung in ihren Gebieten wieder die Kontrolle erlangte, desto mehr verringerten sich diese Gewaltexzesse.

° » Franco nutzte geschickt Rivalitäten aus « °

Und die Gewalt der Putschisten?

Die ist grundsätzlich anders zu bewerten: Sie war ein von oben angeordnetes systematisches Mittel, um den ideologischen Gegner, insbesondere Sozialisten, Kommunisten, Anarchisten, aber auch gemäßigtere Republikaner, zu vernichten. Und anders als auf republikanischer Seite nahmen die durch Nationalisten begangenen Liquidierungen, die sogenannten „Säuberungen", im Laufe des Krieges zu. Heute geht man davon aus, dass die Nationalisten etwa 135 000 Menschen hinter den Frontlinien gezielt ermordet haben aufgrund ihrer politischen Einstellung, das übersteigt die Zahl der derartigen Opfer durch die Republikaner um ein Mehrfaches. Kein Wunder: Franco hat im Bürgerkrieg immer wieder betont, er wolle das Land „reinigen" – selbst wenn es die Auslöschung der Hälfte der spanischen Bevölkerung bedeute.

Aus ideologischem Furor? Oder aus Kalkül, um die unangefochtene Macht zu erlangen?

Beides. Das oft sehr langsame militärische Vorrücken Francos, über das sich Verbündete von ihm wie Benito Mussolini oder Hermann Göring übrigens fürchterlich aufgeregt haben, war für Franco ein probates Mittel, um den Gegner, selbst unter Inkaufnahme hoher eigener Verluste, nach und nach möglichst weitgehend zu vernichten. Das war Kalkül, aber dahinter stand Francos radikaler Antikommunismus, der bei seinen Parteigängern nicht minder ausgeprägt war. Kommunismus, Sozialismus, aber auch der Liberalismus sollten in Spanien für alle Zeiten ausgelöscht werden. Militärisch ging es freilich zunächst einmal um die Zerschlagung der Republik.

Was hätte denn geschehen müssen, dass die Republik den Krieg gewinnt?

Es hätten gleich zu Beginn Waffenlieferungen erfolgen müssen, Flugzeuge vor allem. Dann hätte der Krieg schnell zugunsten der Republik entschieden werden können. Die linksgerichtete Regierung in Paris war durchaus aufgeschlossen, aber in London bestand die Sorge, der

Konflikt könnte sich zu einem internationalen Krieg ausweiten – und so hat London Druck auf Paris ausgeübt, keine Waffen zu liefern. Nachdem Hitler und Mussolini die Putschisten schnell und massiv unterstützten, die Sowjetunion die Republik dagegen erst später und dann auch nicht kontinuierlich, waren die Aufständischen beim Kriegsgerät bald überlegen.

Und wenn kein Land Waffen geliefert hätte?

Man geht davon aus, dass der Krieg dann mangels Munition nach wenigen Wochen zu Ende gewesen wäre.

Stattdessen dauerte er knapp drei Jahre lang und endete im April 1939 mit dem Sieg der Nationalisten. Als kurz darauf der Zweite Weltkrieg ausbrach, trat Franco aber nicht aufseiten der Achsenmächte in ihn ein, obwohl die seinen Triumph erst möglich gemacht hatten. Wieso nicht?

Er wäre gern, denn er glaubte an den Sieg der Achsenmächte. Aber erstens wollte er Französisch-Marokko als Kriegsbeute haben, was für Hitler und Mussolini völlig überzogen war. Und zweitens war Spanien gar nicht in der Lage, langfristig zu kämpfen. Zu schlecht war die Ausrüstung des Militärs, zu angespannt die Versorgungslage im vom Bürgerkrieg verheerten Land. Das wusste Franco, und so wäre er erst im letzten Moment in den Krieg gezogen, um sich einen Platz am Tisch der Sieger zu sichern. Dennoch tat er alles, um die Achsenmächte zu unterstützen. Dazu gehört die sogenannte Blaue Division, die an der Seite der Wehrmacht in Russland kämpfte, aber auch die Lieferung von kriegswichtigen Rohstoffen oder die Versorgung von U-Booten an der Küste. Franco-Spanien war offiziell neutral, in der Praxis aber keinesfalls. Es war Teil der faschistischen Ordnung.

Umso bemerkenswerter, dass sich Franco nach der Niederlage der Achsenmächte als faschistischer Diktator an der Macht halten konnte – und in den 1950er Jahren sogar vom Westen als strategischer Partner umworben wurde.

Er hat das Glück gehabt, dass die Iberische Halbinsel für die USA im Kalten Krieg strategisch wichtig war – als Basis, von der Bomber im Kriegsfall in die Sowjetunion fliegen konnten. So kam es 1953 zum Abkommen mit Washington, in dem Franco den USA mehrere Militärstützpunkte in Spanien einräumte. Das war für ihn wie eine Lebensversicherung, und dabei hat er, das haben Forschungen erwiesen, am Ende alles unterschrieben, was ihm vorgelegt wurde. Jedenfalls wehre ich mich entschieden gegen die oft verbreitete Annahme, Franco hätte eine geschickte Außenpolitik betrieben.

» Die Opfer waren zum Schweigen verdammt «

Ist er eine überschätzte Figur?

Ja, aufgrund der geopolitischen Lage und seines Antikommunismus konnte er im Grunde nicht viel falsch machen. Wobei man schon einräumen kann, dass er bei der Festigung seines Regimes nach innen eine der wenigen Qualitäten ausgespielt hat, die ich ihm zugestehen würde.

Nämlich?

Er hat es immer wieder verstanden, die Gruppierungen, auf denen seine Diktatur maßgeblich basierte, also die Faschisten, die Monarchisten und die Klerikalen, bei der Stange zu halten. Dabei nutzte er geschickt Rivalitäten zwischen diesen Fraktionen aus, agierte als Schiedsrichter und gab jeder der Gruppen das Gefühl, dass er auf ihrer Seite stand. Dasselbe Prinzip hat er übrigens schon als junger Offizier im Rifkrieg in Marokko angewendet, als er miteinander rivalisierende Berberstämme gegeneinander ausspielte.

Franco, der Puppenspieler?

Zumindest in einigermaßen überschaubaren Kontexten. Als die spanische Gesellschaft und die Wirtschaft ab den späten 1950er Jahren komplexer und moderner wurden, verlor Franco zusehends den Überblick. Und in den letzten Jahren war er zudem durch Parkinson gezeichnet.

Und blieb dennoch bis zu seinem Tod 1975 an der Macht. Wie hat er das geschafft?

Durch massive Repression gegen seine innenpolitischen Gegner, in späteren Jahren gegen die sich formierende Opposition. Aber auch durch den in den 1960er Jahren enormen Wirtschaftsaufschwung im Land. Und aufgrund einer gewissen Alternativlosigkeit im Lager seiner Unterstützer. Sie haben am Status quo festgehalten, weil sie von ihm profitierten.

Wieso haben diese Eliten dann zugelassen, dass Spanien nach Francos Tod zur Demokratie wurde?

Weil sie ihre ökonomische und gesellschaftliche Stellung dabei weitgehend bewahren konnten, zumal sie aufgrund des Amnestiegesetzes von 1977 keine Strafverfolgung für die in der Diktatur begangenen Verbrechen befürchten mussten. Noch entscheidender für den friedlichen Übergang zur Demokratie aber war die auf allen

Seiten weitverbreitete Sorge, man könne wieder in gewaltsame Konflikte rutschen. Man mied die Extreme aus Sorge vor einer Polarisierung. Der Schlüsselbegriff war Konsens, vom Großteil der Gesellschaft mitgetragen.

Dieser Konsensgedanke ging dann zulasten der Erinnerungskultur?

In jedem Fall, denn mit der Amnestie ging auch eine Amnesie einher. Der Franquismus wurde verdrängt. In Meinungsumfragen aus dieser Zeit sprach sich eine deutliche Mehrheit dafür aus, den Bürgerkrieg und die Diktatur hinter sich zu lassen, nicht an der Vergangenheit zu rühren. Da herrschte diese Atmosphäre, die ich auch im Studium und danach erlebt habe.

Das muss für die Zehntausenden Betroffenen, die während der Diktatur Repressionen erlitten haben, doch unerträglich gewesen sein. Für Menschen, denen etwa die Kinder genommen wurden, die Jahre im Gefängnis waren oder deren Verwandte ermordet wurden.

Allerdings. Diese Menschen waren zum Schweigen verdammt, ihre Geschichten wollte man nicht hören. Das änderte sich erst ab Mitte der 1990er Jahre. Da kam langsam Kritik auf am Konsens, an der selbst verordneten Amnesie.

Was hat diesen Wandel befördert?

Sicherlich der Generationenwechsel: Die erste Generation, die in einer demokratischen Gesellschaftsordnung aufgewachsen ist, fühlte sich nicht mehr belastet von der Vergangenheit und deswegen auch nicht mehr gebunden an den Konsens des Schweigens. Dann kam die Exhumierung von Mordopfern der Diktatur ab dem Jahr 2000, Opfern, die überall im Land in Massengräbern verscharrt lagen und größtenteils noch liegen. Mit den Knochen trat die Vergangenheit an die Oberfläche. Was vorher eher wissenschaftlich diskutiert wurde, war auf einmal greifbar, und nun trauten sich auch mehr und mehr betroffene Familien, von ihrem Leid zu berichten. Das hat die Gesellschaft massiv aufgewühlt. Die Illusion, dass man die Vergangenheit endgültig hinter sich gelassen hatte, war ein Trugschluss, einer momentanen Situation geschuldet, die 20 Jahre währte.

Mit dem Ende des Konsenses wurden dann auch die Gräben in der Gesellschaft wieder sichtbarer.

Ja, es zeigte sich, dass es in Spanien trotz des auf den Lippen getragenen Begriffs des Konsenses in Wirklichkeit keinen Konsens in der Deutung des Bürgerkriegs und der Diktatur gab. Nun wurde immer deutlicher, dass Spanien in dieser Frage tief gespalten ist. Jene, die vom Franquismus profitiert haben, sind häufig bis heute nicht willens, mit ihm zu brechen. Wer von ihnen sich nicht offen zum Franquismus bekennt, der spricht dann lieber von den damals gebauten Stauseen, vom Wirtschaftsaufschwung oder von der Sicherheit, die auf den Straßen herrschte. Die katholische Kirche sieht sich wiederum als das erste Opfer des Bürgerkrieges. Von einem Schuldeingeständnis, eine der Säulen der Diktatur gewesen zu sein, keine Spur. Ich habe den Eindruck, dass sich diese Gräben in der Gesellschaft immer weiter vertiefen.

DIE EXHUMIERUNG von Mordopfern der Diktatur – hier in Villamayor de los Montes – löst ab dem Jahr 2000 das Schweigen über die Vergangenheit: Nun erst berichten Betroffene über erlittenes Leid

Woran machen Sie das fest?

Spanien galt nach Franco lange als immun gegen Rechtsextremismus. Bis vor wenigen Jahren hätte es niemand für möglich gehalten, dass eine rechtsextreme Partei wie Vox aufkommen könnte. Dabei saßen die politischen Erben der Diktatur davor schon in der konservativen Volksallianz. Bereits ab Mitte der 1990er Jahre war der Nationalismus wieder auf dem Vormarsch, und damit die Polarisierung. Die tiefe gesellschaftliche Spaltung ist das Erbe des Krieges und der Diktatur.

Was prognostizieren Sie angesichts dieser Problematik für Spaniens Zukunft?

Leider nichts Gutes. Spanien ringt um die eigene Identität, und die Auseinandersetzungen zwischen den Extremen nehmen an Schärfe zu. Das Gespenst der „Zwei Spanien" ist längst wieder da. ◊

— 6 x GEO EPOCHE portofrei nach Hause

— DVD auf Wunsch zu jedem Heft

— Inkl. digitaler Ausgabe

> Zum Lesen auf Tablet, Smartphone oder PC

GEO-Baumspende

GEO pflanzt für Sie im Rahmen des Projektes „GEO schützt den Regenwald e. V." einen Baum in Sunaulo Bazaar, Nepal. Mehr dazu unter: www.regenwald.de

Ohne Zuzahlung

GEO EPOCHE-Sammelschuber

- Schuber aus robustem Hartkarton
- Perfekt für Ihr Archiv zu Hause
- Fasst bis zu 8 Ausgaben

Zuzahlung: nur 1,– €

www.geo-epoche.de/abo | +49 (0) 40 / 55 55 89 90

Bitte Bestell-Nr. angeben: ohne DVD selbst lesen 183 3806, mit DVD selbst lesen 183 3845 · ohne DVD verschenken 183 3807, mit DVD verschenken 183 3846 · ohne DVD Studierende (selbst lesen) 183 3807, mit DVD Studierende (selbst lesen) 183 3846

POLEN

1000 JAHRE EUROPÄISCHE GESCHICHTE

Im weiten Land an Weichsel und Warthe betritt um 960 eine neue Macht die Bühne der Weltgeschichte: Der westslawische Stammesherzog Mieszko lässt sich taufen und legt damit das Fundament für das spätere Königreich Polen. Unter seinen Nachfolgern steigt der Staat zur Großmacht auf, doch auf Polens Glanzzeit während der Renaissance folgt ein langer, blutiger Abstieg. 1795 verschwindet das Königreich ganz von der Landkarte. Es beginnt ein leidvoller Kampf um Selbstbestimmung – und ein überaus wechselvoller Lauf der Ereignisse, in dem sich auch die großen Konflikte des 20. Jahrhunderts spiegeln

AUF DEM ZENIT: POLEN IN DER RENAISSANCE